VISIBLE LEARNING FOR MATHEMATICS

What Works Best
to Optimize
Student Learning

(GRADES K–12)

可见的学习

K—12数学版

[新西兰]约翰·哈蒂（John Hattie）
[美]道格拉斯·费希尔（Douglas Fisher） 等 著
[美]南希·弗雷（Nancy Frey）

徐斌艳 王鸯雨 等 译

教育科学出版社
·北 京·

作者介绍

约翰·哈蒂（John Hattie），博士，2011年3月以来担任澳大利亚墨尔本大学教育研究所主任，教育学荣誉教授。此前，他曾在新西兰奥克兰大学、美国北卡罗来纳大学和澳大利亚西澳大学担任教育学教授。他的研究兴趣主要是应用测量模型来解决教育问题。他曾任国际测验委员会（International Test Commission）主席，做过多位部长的顾问，并担任澳大利亚教师和校长协会（Australian Institute for Teachers and School Leaders）主席。在2011年的英国女王诞辰嘉奖中，他获颁“新西兰荣誉奖章”，以表彰他对教育的贡献。此外他还是一名板球裁判兼教练，享受其父亲的身份，对他的几条爱犬痴迷不已。当他的妻子在墨尔本获得晋升时，他追随太太搬到了墨尔本。

道格拉斯·费希尔（Douglas Fisher），博士，美国圣地亚哥州立大学教育领导学教授，健康科学学院的领袖教师。他拥有研究方法和生物统计学的公共卫生硕士学位和多元文化教育博士学位，是美国加利福尼亚州的早期干预教师、小学教师、健康教育家和管理者。

南希·弗雷（Nancy Frey），博士，美国圣地亚哥州立大学教育领导学教授，加利福尼亚州健康科学学院的领袖教师和经过认证的特殊教育教师及管理者，于2016年获颁国际教育协会的“青少年教育思想领袖奖”。

琳达·M. 戈亚克（Linda M. Gojak），教育硕士，全美数学教师理事会的前任主席，致力于规划和促进基础教育阶段数学教师的专业发展。她曾在美国俄亥俄州林德赫斯特的霍肯学校负责幼儿园到 8 年级（K—8）的数学部门并且教授 4—8 年级的数学，也担任过约翰卡罗尔大学数学和科学的教育、教学、技术中心主任。

琳达一直积极参与数学科学教育委员会、数学科学会议委员会、数学总统奖获得者委员会、美国 6—8 年级数学竞赛 MathCounts 董事会等专业机构的工作。她曾担任全美数学教师委员会主席和俄亥俄州数学教师理事会主席，获颁数学与科学教学卓越总统奖以及克里斯托弗森 - 福塞特奖（Christofferson-Fawcett Award）的数学教育终身贡献奖。

萨拉·德拉诺·穆尔（Sara Delano Moore），博士，SDM 学习机构的独立教育顾问。作为第四代的教育家，她专注于通过深刻理解和多重表征学习，帮助师生从统一、联系的观点理解数学学科。她的兴趣领域包括为支持流畅的程序和应用而建立数学概念的理解，将有吸引力且高质量的文献融入数学和科学教学，并以有意义的方式将数学和工程设计联系起来。她曾担任小学和中学的数学及科学教师、数学教师教育者、肯塔基州中学学术成就中心主任，以及教师资源和学校装备（ETA hand2mind）数学与科学部主任。

威廉·梅尔曼（William Mellman），教育博士，曾担任健康科学学院的数学和科学教师、副校长、教学负责人、项目主管，负责整个数学系的工作，是其他学区和教师努力效仿的典范。目前，他在加利福尼亚州纳雄耐尔城某小学担任校长，并显著提升了学生的成绩。

致　谢

科温（Corwin）出版社非常感谢下列评论家的贡献：

克里斯滕·阿夸雷利（Kristen Acquarelli），顾问；小学数学教师发展小组前主任；美国俄勒冈州，西林市。

琳内勒·梅萨（Lyneille Meza），数据和评估主任；丹敦学区前数学教师；美国得克萨斯州，丹敦市。

埃伦·阿斯莱加多（Ellen Asregadoo），小学教师；美国纽约城市教育厅；纽约市。

南奇·N. 史密斯（Nanci N. Smith），教育顾问；课堂教育咨询；美国亚利桑那州，凯夫克里克市。

乔安·希亚特（JoAnn Hiatt），贝尔顿高中数学教师；美国密苏里州，贝尔顿市。

戴维·韦斯（David Weiss），梅龙镇小学校长；美国科罗拉多州，莱克伍德市。

卡伦·克西（Karen Kersey），卡诺瓦县学校小学教师；美国西弗吉尼亚州，圣阿尔本。

译者序

《可见的学习（K—12 数学版）》的作者们一方面基于约翰·哈蒂对 800 多项关于学业成就的元分析的成果，另一方面根据判断影响学习有效性的效应量，联通了由期望课程走向实施课程的路径，提炼出最佳数学教学实践准则，让学生有意义的数学学习发生且可见。本书将学生可见的有意义学习分为表层学习、深层学习和迁移学习三个阶段，为每个阶段设计并实施有启发意义且有效的教学策略与实践。

本书有三方面的核心贡献。一是基于证据（效应量）为支持教师开展有效教学，呈现丰富的实践性策略，为教师设计精准教学打开了理论与实践视野。二是为教师如何站在理解学生学习的角度评价各自的课堂教学提供框架，提升教师对教学评价意义的认识，即支持学生有意义学习。三是为评价期望课程与实施课程之间差距提供有启发意义的方法。

本书共有七章，第一章至第三章论述可见数学学习的特征以及发生的条件；第四章至第六章分析可见学习的三个阶段；第七章则聚焦基于证据的学习者中心的评价与反馈。

一、何谓可见的数学学习？如何让学习可见？

学生学习数学不仅在于积累知识和训练技能，而且要体验或经历数学的美妙、逻辑、用途和乐趣。本书指出，数学对于每个人每天要处理的事务来说非常重要，数学是现代社会的重要守护，理解数学的人生活质量会更高。为了让学生经历到并能积累有意义的数学学习经验，应该给他们提供高质量的教学。约翰·哈蒂利用元分析工具，对 70000 多项研究进行综合元分析，提出用聚合信息的工具——效应量——来量化影响教与学效应的量级或大小。这些效应量为数学学习的可见提供依据，数学学习从表层学习开始，逐步走向深层学习及迁移学习（见第一章）。基于各种效应量，教师能够精准设计表层学习、深层学习及迁移学习的各种策略，优化各种教学实践技能和技巧，以促进学生在每个阶段的学习。第一章从相应的较强的效应量出发，阐述三种学习阶段平衡与协同的意义。表层学习不是浅薄的学习，不是死记硬背技巧和算法的学习。表层学习旨在引发新的思考，发展概念性理解。深层学习在于帮助学生巩固数学概念和程序性理解，并在思想方法之间建立联系。迁移学习是指学生将他们的知识、技能和策略运用或迁移到新的任务和新的情境中。

如何让数学学习可见？本书从较强效应量出发，提出教师清晰表达（效应量=0.75）是有效数学课堂教学的基础（见第二章）。教师应该明确地将学习目标传达给学生，让学生可以根据目标衡量自己的进步，使得学习可见。对学生而言，当他知道学习目标是什么，就增加了实现目标的可能性。为了让学生了解自己是否已经达到了预期学习目标或是否取得进步，教师应该将成功标准清晰地传达给学生。成功标准应该是明确的、实在的、可测量的表述，它描述了当达到学习目标时，成功是什么样的。第 2 章聚焦于教师如何清晰地向学生传达学习目标和成功标准。对照学习目标以及成功标准，教师和学生积极地寻找证据，判断课堂学习的目标达成度，学生的自我反思和元认知水平得到提升。

第三章提出通过数学任务的设计，实现可见的数学学习，本章以效应量为依据，提出促进可见学习的数学任务的特征。哈蒂的元分析表明，分散练习和集中练习的效应量为 0.71，因此数学任务的合理分配对学生数学学习有较大影响力，要区分作为习题和作为问题的数学任务，不能以牺牲学生数学理解为代价来训练程序性知识。本章对数学任务的难度和复杂度加以区分，构建“四象限”模型，以生动的数学样例，阐释数学任务特征与数学思维培养的联系。另外数学交流有助于学习的可见。本章展示了颇有创意的数学课堂言语交流活动，并说明如何帮助学生自主分析、构建以及深化自己的数学理解。

二、可见的数学学习如何递进？

《可见的学习（K—12 数学版）》将“可见的学习”的三个学习阶段理论应用于数学学科，翔实地分析可见的数学学习的表层学习、深层学习和迁移学习的各自特征，并说明这三个阶段如何层层递进。

可见的数学学习的第一阶段为表层学习（见第四章），它是学生掌握初始数学概念、技能以及策略的阶段。在表层学习阶段，学生会发展概念性理解，形成概念结构，养成数学思维的习惯，开始形成熟练的技能，为更深入思考提供基础。例如，儿童早期依赖记忆和训练掌握计数技能，他们要学习如何按正确的顺序背诵数字，同时也要学习对计数对象进行一一对应。表层学习也侧重于符号和规则的操作，学生对符号的含义有一定的理解。例如，学生观察到一个系数和变量之间的乘法记为 $3x$，他们知道 $3x$ 代表 3 倍的 x。

第四章以生动的案例呈现教师在数学表层学习阶段采用的教学策略：数字对话、指导性提问、使用样例、直接教学、词汇教学、使用教具或提供反馈后的练习等。例如数字对话是让学生出声分享他们思维的一种方法，会鼓励学生运用数字间的关系和结构来表达加、减、乘、除的思维过程，旨在帮助学生发展计算的流畅性。指导性提问是为帮助学生理解数学操作，并引导他们进行自我总结，例如学生在探究二维平面图形性质，教师提供图形的不同线索，然后提问“从哪条线索开始做？”，鼓励学生积极探究并主动比较不同类型活动的优劣。表层学习阶段，教师给学生提供各种教具（如数轴或条形图）和解决问题的策略（如何创造一个有组织的列表或简单的案例），帮助学生掌握基本的数学符号和规则，把他们从表层学习向深层学习推进。

可见的数学学习的第二阶段是深层学习（见第五章）。当学生表述、考察和反思数学概念性理解时，他们进入深层学习阶段。第五章提出了推进深层学习的教学策略：包括分组策略、合作学习和负责任对话的小组合作与讨论；全班合作与讨论；多种呈现方式（视觉、符号、口头表达、情境、实体）的使用。在这一阶段，学生巩固对数学概念和程序的理解，拓展某些表层学习中获得的知识，并在数学思想之间建立联系。例如，学生探索函数，尤其是探索直线斜率的意义时，表层学习的重点在于理解直线函数式（$y=mx+b$）中截距 mx 表示变量 x 的 m 倍，深层学习则要求学生能够理解和说明 mx 的意义，也即它直观地表示直线的斜率或倾斜度和变量的变化率。学生合作探索以多种方式表示的函数，如方程式、表格式或图形，并说明每种表示方法中的斜率。这时，学生需要将已学的关于系数的概念知识和代数符号的表层知识以及作图过程联系起来，学生开始深层学习。

第三阶段是迁移学习（见第六章），它要求学生能够将自己的知识、技能和策略运用或迁移到新的任务和新的情境中。此时，学生有一定的元认知能力，会反思自己的学习过程和理解深度。自我反思和自我提问是迁移学习的关键要素，第六章提出问题解决教学和交互式教学是促进迁移学习的有效策略。学生是从表层学习和深层学习过渡到迁移学习的，如果没有表层知识和深层知识，学生很难进行迁移学习。例如，学生面对某个科学或工程任务时要理解线性函数及其斜率的意义，他要利用对符号和公式的表层知识以及对斜率（即比例）的深刻理解，来完成使用各种材料设计电路的挑战性任务。欧姆定律（如 $U=IR$，U 表示电压，I 代表电流，R 代表电阻）是一个与电路相关的线性函数模型，学生将使用他们的数学知识找到电路设计方案，在这一解决问题过程中，学生进行数学的迁移学习。

三、如何评价可见的数学学习?

本书根据可见的数学学习的特点，给出丰富的资源和教学实践片段，说明在三个不同的学习阶段，教师设置学习目标、设计数学任务、组织学生开展数学交流等的各种策略。教师要认识到学习不是线性的，而是递归的。因此，实施有效教学需要教师了解学生处在哪个学习阶段，以及在表层学习、深层学习或迁移学习的哪个环节，然后有针对性地给出学习主题，选择和使用数学任务、组织教学策略等。

本书第七章指出，课堂教学要对教室里每个学生都是可见的，也就是说，学生需要见证自己的学习过程与结果，评价应该成为课堂的一个显著特征。本章提出要重视嵌于教学的形成性评价，当然也不能忽视总结性评价。哈蒂的研究发现，反馈的效应量为 0.75，也就是说，教师给学生反馈对数学学习有不小的影响力。本章建议，基于从形成性评价过程中收集到的证据，教师进行有效的反馈。第七章通过大量案例，说明教师如何在教学中组织形成性评价以及提供学生反馈。根据哈蒂的研究成果，反馈包括四个方面：关于任务的反馈、关于过程的反馈、自我调节的反馈以及关于自我的反馈。可见的学习旨在满足学生个体的学习需要，第七章最后提出通过差异教学满足学生个体需求，并通过生动的例子说明差异教学中的干预回应模式。

《可见的学习（K—12 数学版）》以元分析研究结论为基石，构建可见的数学学习的实践策略，为教师有效数学教学打开视野，为落实可见的数学教学提出思维框架。

四、本书的翻译及致谢

本书的翻译过程也是一次对“可见的学习”的探索与研讨过程，感谢那些已经入职在各个教育岗位上的研究生们，他们积极参与本书的翻译，不断研讨，力求精准表达本书作者们的观点，保证翻译的质量。他们是高翔、王鸯雨、李沐慧、郑欣、赵凌云、任丹阳、赵阳、聂雨薇和郑鸿琴。尤其感谢裴新宁教授对本书翻译和校对工作的细心指导，感谢教育科学出版社郑莉编辑的辛苦且认真的编辑工作。

徐斌艳

华东师范大学教师教育学院

序 言

有效教学是数学课程毋庸置疑的核心。作为数学教育工作者，我们不断努力改善教学，以使每个孩子都能发展未来所需要的数学能力。所谓数学能力（mathematical proficiency），我们指的是五个相互关联的方面：概念性理解（conceptual understanding）、过程的流畅性（procedural fluency）、策略性能力（strategic competence）、合适的推理（adaptive reasoning）以及积极的取向（productive disposition）（National Research Council，2001）。

目前有大量“基于研究”的教学实践建议来指导教师如何培养学生的能力，如同伴辅导、有价值的任务、元认知、教具使用、基于项目的学习、直接教学……；而且以后还会不断涌现新的建议。但究竟哪些实践有扎实的研究基础？哪些实践可能对学生的学习最有效？

最近一些报告指明了大家在过去二十年，对基于数学教育和认知科学研究的有效数学教学的关键要素达成的共识。全美数学教师理事会（The National Council of Teachers of Mathematics，NCTM）出版的《行动准则：为了所有学生的数学成功》（*Principle to Actions: Ensuring Mathematical Success for All*），将有效教学描述为“教学就是通过个体或协作学习的经验使学生进行有意义的学习，促使他们提高数学化地理解数学思想和数学推理的能力”（NCTM，2014）[5]。他们还提出了以下八个支持有意义学习的高质量的教学实践做法（NCTM，2014）[10]：

1. 建立聚焦学习的数学目标；
2. 实施促进推理和问题解决的任务；
3. 使用和联结数学表征；
4. 促进有意义的数学对话；
5. 提出有目的的问题；
6. 从概念理解出发构建过程的流畅性；
7. 支持数学学习中有成效的努力；
8. 激发学生思维并以此为证据。

美国国家研究协会（National Research Council，2012）[6]的报告《为了生活和工作的教育》（*Education for Life and Work*），针对 21 世纪应具备的能力，“迁移知识的能力，包括数学、科学以及英语 / 语言艺术学科领域的内容知识，以及如何、为何、何时运用这些知识回答问题和解决问题的知识”，提出了如下有助于学生获得能力的教学本质特征：

- 鼓励学生参与挑战性任务，并提供支持性的指导和反馈；
- 使用多元和各种不同的概念和任务表征；
- 鼓励阐述、提问和自我解释；
- 采用样例和案例教学；
- 激发学生的学习动机；
- 使用形成性评价。

这些特征和上述全美数学教师理事会描述的有效教学实践的特点非常相似。

虽然这些关于有效教学的共识至关重要，但同时也留下了有关相对有效性、最有效的条件以及课堂实施细则等方面的问题。《可见的学习（K—12 数学版）》则会阐述这些问题，并且它会因此成为各类数学教育工作者的宝贵资源。

首先，本书拓展了约翰·哈蒂（John Hattie）在《可见的学习》（2009）中针对数学教学而开创性地提出的教育实践元分析。这本书超越了以研究为基础的实践，通过效应量（effect size）来量化教学实践对学生学习的效果。例如，针对上文第二个有效教学实践做法倡导实施促进推理和问题解决的任务，本书作者阐述了如何通过将已有知识技能应用于新情境中的任务，来吸引学生进行基于问题的学习，而这对学生的学习很有效（效应量为 0.61）。作者强调了根据学生已有知识和课堂学习目标来选择合适的任务的重要性，并给出了这样做的相关标准。

开展高质量的教学意味着既要实施有效实践，还要避免无效实践。因此，本书的第二个价值是：帮助你辨别出哪些是无效实践，包括那些表面看起来有效并在实际中有广泛应用的实践，如在小学阶段按学生能力分组（效应量仅 0.12），以及在高风险测试前停下教学而专门进行复习的做法（效应量仅 0.27）。作者针对这些无效实践提供了相应的替代方案，如有效归类策略和代替考前辅导的间隔练习（效应量 0.71）。

此外，本书将有效教学实践置于学习的三个阶段——表层学习、深层学习及迁移学习来考虑。它建设性地重新定义“表层学习”，认为在这个阶段学生对数学思想形成初始的概念性理解，学习相关词汇与程序性技能。不幸的是，许多教师在这个阶段停滞不前，没有给学生展示学习的全貌。正是通过后续的深层和迁移学习阶段，学生才开始关联思考，进行抽象概括，并将知识运用到新的情境中。

这个框架为我们提供了一个精确的方法，通过思考学生在学习过程中处于怎样的位置，来考虑何时进行什么样的教学最有益于学生的学习。例如，它为各个阶段的教学都推荐了多种适用的数学任务及讨论活动。它阐明了何时及为何直接教学或基于问题的学习是最有用和有效的，并且给出了具体的工具来落实。简而言之，它帮助我们更具体地了解做什么、何时做以及为何做，能够使得教学效果最优化。作者通过图片和具体工具向我们展示了如何将某种特定做法与个人教学实际结合起来。

最后，本书旨在支持个人和团队合作的专业学习，因为我们知道，教师一起工作时会更有效率。另外，每章末尾的反思和问题讨论，让教师有机会在每章结束后及时消化内容，思考和讨论如何将他们所学到的东西应用于他们自己的情境中。这是对《行动原则》（*Principles to Actions*）中支持采取行动的观点的极富价值的拓展。

虽然本书是为教师编写的，但它无疑对所有数学教育工作者，包括领导者、管理者以及教师教育者来说，都同样是宝贵的资源。

总之，本书聚焦真正以学生为中心的教学，将所有研究放置在一个可以指导我们实践的相关且精确的结构中，使我们及我们学生的学习都变得清晰可见。这是我们的必读书目，我强烈推荐！

黛安娜·J. 布赖尔斯（Diane J. Briars）

全美数学教师理事会前任主席（2014—2016）

目　录

前　言 / 001

第一章　让数学学习清晰可见 / 001

忘记过去 / 001
什么是有效教学？ / 004
证据基础 / 005
记录什么有效和什么无效 / 007
直接教学法与对话教学法 / 009
表层学习、深层学习和迁移学习的平衡 / 013
让表层学习、深层学习和迁移学习协同工作 / 020
结　论 / 020
反思与讨论问题 / 021

第二章　从教师表达的清晰度开始让学习可见 / 022

数学学习的目的 / 024
数学成功标准 / 038
前　测 / 047
结　论 / 048
反思与讨论问题 / 049

第三章 引导学习的数学任务与数学交谈 / 050

通过适当的数学任务实现可见的学习 / 050
通过数学交谈使学习可见 / 061
结 论 / 072
反思与讨论问题 / 072

第四章 可见的表层数学学习 / 074

表层学习的本质 / 076
选择促进表层学习的数学任务 / 078
引导表层学习的数学交谈 / 079
数学交谈与元认知 / 090
词汇教学策略 / 092
为促进表层学习的教具使用策略 / 096
带有反馈的间隔练习的使用策略 / 098
记忆术策略的使用 / 100
结 论 / 101
反思与讨论问题 / 101

第五章 可见的深层数学学习 / 102

深层学习的本质 / 103
选择促进深层学习的数学任务 / 108
引导深层学习的数学交谈 / 109
整班或者小组言语交流中的数学思维 / 115
小组合作与讨论策略 / 116
全班合作与讨论策略 / 128

使用多元表征促进深层学习 / 131
策略性地使用教具促进深层学习 / 132
结 论 / 132
反思与讨论问题 / 133

第六章 迁移学习让数学学习可见 / 134

迁移学习的本质 / 135
迁移的路径：低路环绕和高路跨越 / 139
选择促进迁移学习的数学任务 / 140
迁移学习的必要条件 / 142
元认知促进迁移学习 / 143
数学交谈促进迁移学习 / 147
帮助学生联结数学理解 / 148
帮助学生转变数学理解 / 150
结 论 / 153
反思与讨论问题 / 153

第七章 评价、反馈以及满足所有学习者的需求 / 154

评价学习和提供反馈 / 155
通过差异教学满足个体需求 / 166
从无效的事物中学习 / 179
可见的数学教学和可见的数学学习 / 184
结 论 / 185
反思与讨论问题 / 186

附录 A：效应量 / 187

附录 B：数学实践标准 / 192

附录 C：一系列国际数学实践或过程标准 / 195

附录 D：八项有效的数学教学实践 / 197

附录 E：帮助可见的数学学习的网站 / 200

参考文献 / 202

前言

我们相信每个人都可以并且应该学习数学。我们相信我们所理解的数与数学是令人感到惊奇和美妙的。但我们目前某些数学教学方式无法让人进入那个美妙的空间。如果你热爱数学和你所体验到的好的教学方式，那么这本书就是为你而作。它将帮助你拓展和验证你所体验的教学妙处。如果你因为某些教法而讨厌数学，那么这本书仍然适合你，因为它会让你产生改善学生学习的想法，也许还会提高你自己的理解力。总之，这是一本关于如何让学生感受到数学的美妙、逻辑、有用和乐趣的教学理念的书。

为什么学习数学？

数学知识是现代社会重要的守护人之一。在中学（高中）加强数学理解将会为学生打开大学之门。完成大学数学课程会增加学生实际获得学位的可能性。我们大多数人可能看到，那些在学校表现好并且上学时间长的人，会活得更久、更健康、更幸福。不幸的是，那些在数学上表现不好的人常常被剥夺了这些益处（Stinson，2004）。这也许是显而易见的，但无论如何我们会说：理解数学的人的生活质量会更高。

根据福布斯杂志统计，收入最高的大学专业排名前十位分别是计算机工程、经济学、电气工程、计算机科学、机械工程、金融、数学、土木工程师、政治科学和市场营销。这些专业有一个共同点——数学。旨在帮助年轻人选择大学专业的网站 www.payscale.com（世界雇员薪酬数据库信息网），发现薪酬最高的大学专业排名前四十八位都与数学相关。成人对高水平数学理解的缺乏一直使得“数学教师”成为颇具挑战性的职业。（Ingersoll，2011）

认为数学至关重要的观点至少可以追溯到柏拉图的理想国（Plato’s Republic）时代。柏拉图（Plato，1996）[215] 主张，虽然数学对于人们每天要处理的事务来说非常重要，但数学学习会把你“从地狱带到天堂”。不过，柏拉图和许多同时代人一样，认为数学教育应该留给那些“天生有计算才能”的人。

柏拉图把数学看作未来成功的决定性因素，这一分析至今仍非常正确。但我们现在知道，他认为数学应该留给那些“天生有计算才能”的人的论断是绝对错误的。这一观点延续了几个世纪，将传统意义上的弱势群体，包括妇女和贫困学生，拒于高水平数学课堂之外（Stinson，2004），从而使他们难以进入社会的中上阶层。神经学和脑科学研究对教育研究做出了贡献。研究显示，对于大多数学生——除了少数有重度认知障碍的学生，只要给予他们正确的教学和资源支持，他们就能在高水平数学学习的课堂中取得成功。（Boaler，2015）如果认为某些学生群体不擅长数学，那不仅对于学生的数学学习有害，而且观点本身就不正确。但是，正如博尔（Boaler）所指出的，要取得成功，学生就必须获得高质量的教学。

许多数学教师和学生共同存在的一个主要问题是，他们认为想要成功地从事数学方面的职业，就必须有才华或智慧。但如果查阅那些伟大的数学家们的传记，你就会发现，他们的共同特征是努力奋斗。他们知道，并不是杰出的天才就一定能够取得成功，他们也需要坚持不懈，努力奋斗，明白学习成长的过程需要寻求他人帮助和倾听他人是如何解决问题的，并且不断尝试。（Lin-Siegler，Ahn，Chen，Fang & Luna-Lucero，2016）

让数学教学有效的要素

关于什么是好的数学教学，好的数学教学与其他学科教学，如英语语言艺术、科学或历史，有着怎样的相似性或差异性，一直存在着争论。有的传统数学教学方法会明确强调程序性规则和算法，通过大量重复练习让学生达到熟练程度。这通常被认为是“演示和告诉”或者“训练和折磨”的数学，有时被（错误地）称为“直接教学”。其实直接教学的定义不仅仅包括演示并告诉学生如何操练他们正在学习的运算技能。在第四章，我们会论证、拓展直接教学的定义和作用，并且论述何时以及如何在一节课中恰当地进行直接教学，以开展最有效的学习。

> 直接教学远不止演示并告诉学生如何操练他们正在学习的运算技能。

一些研究者认为，大多数孩子在试图解决复杂问题时，会在数学方面表现得更好，能很好地将数学应用于真实生活情境，并在解决问题的过程中认识概念的意义，建构概念性理解；然后通过学习相关的程序和技能来巩固理解，并且将那些理解应用于现实生活情境。有些人可能会把这称为“基于探究的”或“基于问题的”教学。

我们相信这个故事并不那么“黑白分明”。根据学习目标，以及学生学习进程情况，高效教学和有效学习这两个方面需要达到平衡。实际上，在美国，由《美国州际核心数学课程标准》以及其他州立数学课程标准提出的三个教学转变之一就是——聚焦**严谨性**，它认为要寻求概念性理解、程序性技能和熟练程度以及应用之间同等程度的平衡。（National Governors Association Center for Best Practice and Council of Chief State School Officers，2010）

数学的**严谨性**体现了一种教学转变，即要寻求概念性理解、程序性技能和熟练程度以及应用之间同等程度的平衡。

虽然研究者和专家努力达成了关于高质量教学的共识，但是教师为学生设计和实施教学仍然是需要的。这就是我们写这本书的原因。我们知道“教数学的方法不是唯一的”（NCTM，2000）[18]。我们既要对什么是高质量数学教学有共同的视角和基于研究形成的原则，也要对什么是不好的数学教学有共同的认识。在我们看来，数学教学就像任何好的教学一样，必须有目标地进行设计并在课堂上精心安排，而且应该始终关注如何促进学生学习。我们相信，如果数学教学配以适当的挑战性学习目标和成功标准，那么教学就会非常给力。教师要清楚自己学生的学习状况、需要努力的方向，以及在学习进程中可能达到的学习成就。我们也相信，良好的数学学习扎根于讨论与合作——既包括与教师的讨论，又包括同伴间的合作，并且围绕着适当的挑战性任务而有序展开。我们认为学生应该比教师有更多的思考与表达。最后，我们相信学生应该拥有自己的学习。他们可以通过同伴合作进行元认知理解（对自己认知的认知），评价自己的学习进程、学习方法以及下一步学习计划。前文序言中提到的八个有效教学实践就强调了这些理念。

为可见的学习提供证据

希望本书能帮助指导你如何设计你的数学教学。我们将概述那些特定的有助于学生建立数学自信和建构能力的活动，你可以根据学生的学习需要，在恰当的时机，组合性地、策略性地使用这些活动。本书和其他图书的区别在于，我们借鉴了约翰·哈蒂在《可见的学习》（Hattie, 2009）中首次开发及发表并进行拓展（如 2012 年）的丰富的研究成果。我们认为本书中提出的建议是最有力的建议，因为它们源于哈蒂所做的研究分析，代表了 3 亿多名学生的情况。这些建议也通过近 15 年来相关数学教育研究者们的研究得到佐证，我们将在本书引用那些相关研究。

鉴于教师们可能不太熟悉可见的学习，我们在此对它做些介绍和解释。可见的学习的数据库由 1200 多个元分析构成，包括 70000 多项研究，涉及 3 亿多名学生。这在教育上可被称为大数据。实际上，也有人称这是迄今为止最大的教育研究数据库。为了理解如此多的数据，哈蒂聚焦于综合元分析。这是一种将来自不同研究的结论综合起来以辨识出能指导实践的有效模式的统计工具。换句话说，元分析是对研究的研究，其中用来聚合信息的工具就是效应量。效应量指的是给定效应的量级或大小，旨在帮助读者依据测量术语理解其影响力大小。

例如，设想在一项研究中，学生一边学习数学一边嚼口香糖，结果导致统计意义上的显著性发现（如 $p < 0.01$）。由此人们可能会去买口香糖公司的股票，同时一种新的教学风格也可能就此诞生。

但是如果继续深入分析研究，你发现边嚼口香糖边学数学的学生比对照组的学生只有 0.03 个月的收获，效应量接近于 0；你也知道尽管样本量非常庞大，并且即使结果是有重要统计意义的，但这个影响力并不是很有价值，那么你会继续买口香糖并让学生嚼吗？可能不会，虽然这个例子是我们编造的。

理解效应量使我们知道一个特定的影响对学习效果的改变有多强大，或者如果你抵制它便会受到多大的冲击。有些事情很难实现，而且影响力很小；有些事情很容易实现，但影响力有限。即使有较大影响力的事情，也有些较难实现，有些较易实现。当你要决定如何去做以影响学生数学学习的时候，你难道不想知道效应量是多少吗？通过效应量，你就可以知道这是否值得你付出努力。哈蒂能够说明效应量大于 0.40 的影响、策略或行动等以让学生用适当的速度学习，这意味着学生在学校学习的一整年都能获得成长。在这个水平被确立之前，教师和研究者都无法确定一个可接受的阈值，因此那些伴随有统计学意义的研究的无效实践往往仍在继续。

我们举两个实例。

首先，让我们来看考前辅导策略。为帮助学生在重要考试（如学业能力评估测试 SAT 或联邦义务评估）中取得好成绩，人们已经付出了很多努力来帮助学生复习，例如给学生重新讲授或辅导。为了帮助人们理解效应量，哈蒂创建了一个指示表（barometer）以便直观地呈现信息。这个考前辅导策略的影响指示表如图 0.1 所示，我们可以看到，它的效应量为 0.27，远低于期望效应 0.40。这是基于 10 个元分析得出的结论，涉及 267 个研究以及 15772 人。尽管在学生考试前指导学生复习的做法很常见，但证据表明，其实有更多更有效的方法来帮助学生学习。

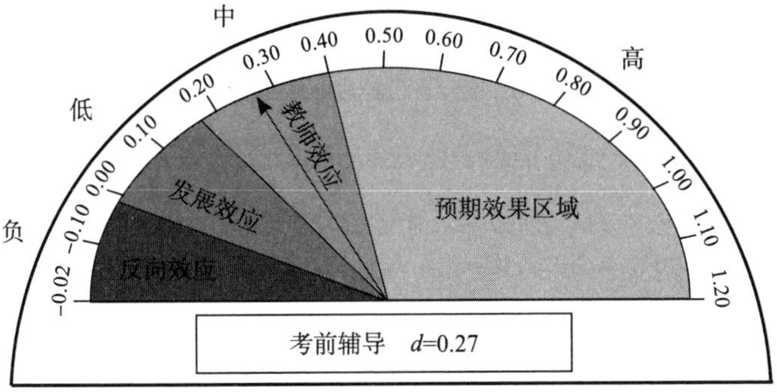

图 0.1 考前辅导策略的影响指示表（Hattie，2012）

下面让我们看看增加课堂话语（即课堂讨论或课堂言语交流等）策略的效应量。学生们被要求与合作小组里的同伴交流，解决复杂而丰富的任务。学生不是按能力分组，而是由教师按一定意图进行分组，以确保每组学生在学业水平上有差异，语言表达上有支持，以及兴趣和动机的程度不同。由图 0.2 可以看出，课堂言语交流——或者我们更喜欢称之为课堂讨论——的效应量，达到了 0.82，远高于我们的阈值，并且可能使学生在校一年就获得在校两年才能取得的学习成果。请注意，这个教学实践策略与 NCTM 提出的促进有意义的数学对话的有效教学实践策略相当，与《美国州际核心数学课程标准》中的数学实践标准（简称“实践标准”）提出的建构切实可行的论证，评判他人的推理（“实践标准”第 3 条）一致。其他州和国家的课程标准用“数学交流”或“交流与解释”来表示这种实践（见附录 C）。所以，作为一名教师，你应该将精力集中在构建课堂话语上，而不是努力为应试而教。

课堂讨论的效应量 =0.82

你可以分别在本书的附录 B、附录 C 和附录 D 中找到完整的数学实践标准、国际数学实践或过程标准以及数学教学实践的对照。

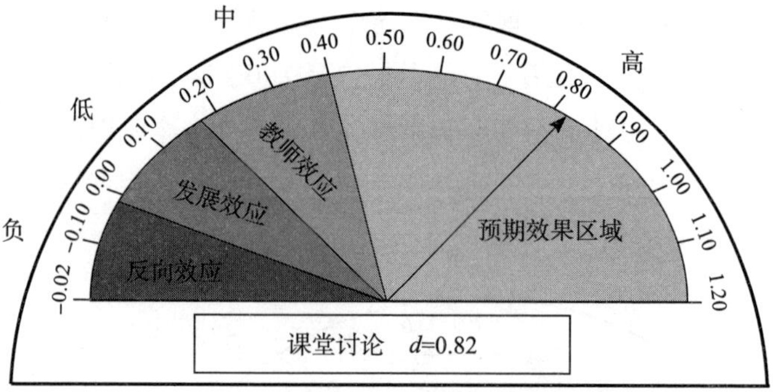

图 0.2 课堂讨论策略的影响指示表（Hattie，2012）

可见的数学学习的结构

本书的第一章，我们将聚焦于哈蒂创建可见的学习时所使用的方法，更深入地探讨元分析和效应量的概念，并且开始讨论表层、深层以及迁移学习的重要性，包括各种教学活动对不同学习类型的影响。我们声明，在所有学科中，学生如果要进行深层学习，则他们必须发展表层水平的理解。很重要的一点是，在本书中，我们没有将表层水平的学习定义为对计算和运算法则的肤浅学习。相反，我们将其定义为概念性理解、程序性技能以及对新领域词语的初步发展。深层学习是指学生开始在概念思想、实践应用以及更流畅地运用程序性技能之间建立联系，他们开始计划、研究、详细阐述他们对概念的理解，并基于他们的经验进行概括。我们知道深层学习可以促进迁移能力的提升，即将深层的概念理解和技能独立应用到新情境中，这一直以来都是我们追寻的目标。特别是对于数学，我们发现这个框架的设计有助于教师决策，即作为教师应该何时以及如何实施特定的任务，包括提问技巧和教学策略的应用，以促进学生在每个阶段的学习。后面章节我们还会对此继续探讨。

在第二章，我们将围绕学习目标以及成功标准，探讨具有较强效应量的教师清晰表达的重要性。因为教师在教学之初会问自己："学生今天需要学习什么？我怎样才知道他们是否学会了？"如果没有清晰的路径，学习便是偶然发生的。所以我们要确保教师和学生知道他们在学什么以及学会后是什么样的。

在第三章，我们将会分享对不同认知要求下的数学任务的思考，讨论不同学习阶段适用哪些任务，这取决于特定的学习目标和完成标准。这一章会提供一些问题，让教师用于鼓励积极的数学对话的发生。

第四章到第六章将讨论三个学习阶段——表层、深层以及迁移，并讨论这些学习阶段如何与课堂学习的目的（如教学目标）联系起来或者实现平衡（Hattie，2012）。第四章将会详细讨论学习的表层阶段。要注意，表层学习并不意味着肤浅的学习。相反地，表层学习是学生学习概念、技能以及策略的初始时期。表层学习是至关重要的，因为它要为学生进行更深入的思考奠定基础。此外，有时候——但并非总是，教师在表层学习中的投入反而更多。

表层学习并不意味着肤浅的学习。

在第五章中，我们将深层学习定义为学生对某些表层学习的知识进行巩固、理解、应用和拓展，以支持更深层的概念理解。本章包括帮助学生发展深层学习的策略，并举例说明了小组和全班讨论是如何支持深层学习的。我们认为这是一个“最佳击球点”，它往往会占用更多的教学时间，而且只有当学生具备进一步学习的必要知识时才算完成。

在第六章，你将会读到有关迁移学习的内容。迁移学习是指学生巩固知识和技能，并将他们掌握的内容运用到新场景和多种不同的情境中去。此时，学生能够运用元认知策略进行思考，反思自己的学习和理解情况。

我们要反复强调的关键点是，教师必须很好地了解学生以及他们对学生的影响力。在备课时，教师要能够选择合适的任务和方法，以使其教学发挥最大影响力。如果布置的任务或采用的教学方法与预期的学习本质不匹配，将不会产生预期的影响力。当教学要作用于学习时，教什么与何时教是同等重要的。促进学生表层学习的方法并不一定对深层学习同样有效，反之亦然。将正确的方法与适当的学习阶段相匹配，是我们需要学习的关键课程。

从第四章到第六章，我们也将更深入地探讨，什么、何时以及如何给你提供一个清晰的蓝图，如何根据学习者的需求和明确的学习意图来精心设计你的教学，以求达到最大的影响力。在这些章节中，我们将更加深入地探讨各种任务、讨论和提问技术以及适合每个学习阶段的教学策略。

重要的是，我们也要指出学习不是线性的，而是递归的。你有权了解你的学生处在学习循环中的哪个位置，这样你就可以针对任意给定的学习主题，根据个体学习者在表层—深层—迁移循环中所处的位置，及时并有策略地选择和使用正确的任务和方式方法。

在本书的最后一章，我们将更加深入地关注持续性评价的作用，帮助学生回答“我在哪儿？”“我是怎么做的？”“下一步我该往哪儿走？”。我们将讨论关于差异教学的需求，并对干预做出回应，以帮助教师确保他们满足了所有学生的需求，还会提供可供教师更深入探索这些主题的资源。同时，本书的最后会提供一些附录供大家查阅，包括：

1. 约翰·哈蒂关于干预和其效应量的完整列表；
2. 一份关于数学实践标准以及教师该做的和学生该做的内容列表；
3. 关于其他州以及国际数学实践或过程标准的非常详尽的列表；
4. NCTM 的八个有效数学教学实践要素，以及教师该做的和学生该做的内容列表；
5. 一套我们推荐的资源和网站信息，以帮助你让数学学习可见。

为了便于参考，我们在页边空白处给出了效应量，以便于查阅，也给出了一些教学提示、专业术语的定义，等等。

为什么会出现这本书？

这本书有六位作者，但没有人是学习的专家。作为作者，我们来自不同的学科，有着多种教学背景。我们将丰富的经验、研究和观点汇集在一起，来帮助我们拓展思维以及挑战假设。我们将竭力把我们的知识和对优秀教学的理解结合在一起，识别做什么与何时做的细微差别，并提供最好的指导。这些指导得到哈蒂的元分析和一些来自数学教育界的优秀研究的支持。我们喜欢把自己看作“教育人”（education people），而不把自己标榜为“研究者”（researchers）、“有素养的人”（literacy people）或“数学人”（math people）。我们努力与你分享那些有证据支持的最适合学生学习数学的教学实践，以及何时、如何开展实践。

最后，我们觉得教学始于承诺。罗宾·杰克逊（Robyn Jackson）是一名专家教师同时是一名领导，她建议教师要给学生做一个承诺。她的承诺见下文。（Jackson，2015）这些也是你想给学生的承诺吗？如果是，那么这本书将会对你有所帮助。

1. 我承诺：无论你是谁，我都会关注你，并尊重你给班级带来的价值。

2. 我承诺：不干涉你的学习方法，以便你可以承担学习任务并且享受学习果实。

3. 我承诺：为你提供一个身心安全的学习环境。

4. 我承诺：会听取你给我的口头、非口头和在作业中写下的反馈意见，并利用这些反馈更好地满足你学习的需求。

5. 我承诺：会一直努力，直到我们一起找出帮助你学习的最好方法。

6. 我承诺：要竭尽全力让你成功。

7. 我承诺：帮助你从错误中学习，并向你展示如何更好地学习。

8. 我承诺：慎重选择我给你的任务，以便明确地提升你的理解度和熟练度，并且不会让你做毫无意义的、死记硬背式的、对你的学习毫无用处的练习。

9. 我承诺：给你提供有挑战性和吸引力的教学，让你处在你能力极限的范围内。这样，我能帮助你成长为学习者。

10. 我承诺：和你一起学习。

第一章　让数学学习清晰可见

2+2=4。

这只是加起来，对吗？但是想想你怎么知道二加二等于四？是你记住了教学卡片上的答案？是有人告诉你，然后希望你接受这个事实？是你在参与完成相关任务时发现了答案？还是有人要求你探究概念，当你掌握了这个概念后，有人给这些想法贴上了标签？在所有可能的原因中，是所有这些可能性的结合使你理解了数字 2 这个概念，理解了项可以组合的可能性，并且理解了求和这个概念是这些组合的结果。随着时间的推移，你能够探索未知项问题，如方程 $2+x=4$ 中的 x，并逐渐能掌握基于代数思维的复杂问题。你的学习对你自己、你的老师和你的家人来说变得可见。

这就是本书的内容——使学习可见。可见的学习，首先是学生和教师应该能够看见并记录学习。教师应该了解他们自身及其行为对学生产生的影响。学生也应该能看到他们朝着学习目标的实实在在的进步。可见的学习有助于教师发现起作用的维度和影响因素；也有助于教师更好地了解他们对学生学习的影响，并帮助学生成为自己的老师。由此，教师和学生都将成为终身学习者，并形成对学习的热爱。重要的是，这不是一本关于可见的教学的书。当然，我们为教师的各种行动提供证据，但其目标不是让教学可见，而是让学习可见。在探索关于可见的学习的研究之前，让我们回顾一下你教数学时可能采用的方法。我们需要接受和理解高质量学习的要求，这可能需要我们抛弃以前我们学习数学时经历过的无效教学法。

忘记过去

你还记得电影《黑衣人》（*Men in Black*）吗？保护宇宙的特警拥有可以抹去记忆的记忆消除棒。为了保护地球上的人类，让他们不知道自己的世界正面临威胁，特警们便用记忆消除棒来抹去人类关于遭遇过外星人的记忆。我们也希望自己有那种小神器。如果有的话，我们会抹去教师对年少时经历的数学教学方法的记忆，会用有目的的教学来代替那些记忆，会强调合作学习，要热烈讨论数学概念，在解决复杂问题过程中保持热情，并将这些观念应用到相关情境和问题中。我们无意冒犯任何人，但生活中，我们都经历过一些糟糕的数学教学。南希（Nancy）记得有成堆的学习单。三年级时老师每月初都会布置一堆数学作业，学生每晚都必须完成特定的计算类问题，一页页的计算练习中很少或根本没有情境。无论学生是做对还是做错，大量课堂时间都会被用在巩固复习作业上。实际上，南希问过老师是否能跳过那些大家解答都正确的题目，但随后她被请去和老师与校长谈话。

代数课上，道格（Doug）的老师曾指定学生在黑板上写出所做家庭作业中的一个问题，然后他会公开表扬或批评学生。道格一开始的代数基础没有打好，所以他每天躲在教室外面，直到老师讲解完问题后才进教室。道格采取迟到的策略躲避老师的批评，而不是向大家说明自己做作业中的困惑。这一惯例结束后，这位老师就开始讲教科书中接下来的内容，并让学生记笔记。老师会把要讲的内容写在胶片上并通过投影仪来展示，一页页翻得很快。道格学会了用康奈尔笔记法[①]将老师投影的内容快速记下来，因为老师是左手写字，常常会意外抹去胶片上的许多内容。讲课结束后，学生会被要求在教室中安静地完成教科书上指定的奇数号题目。所有课堂上没有完成的题目将自动变为家庭作业。道格在每天回家的巴士上会抄他朋友罗伯（Rob）的作业，而且每次考试道格都不及格。这种旁观性的代数教学对那些不了解内容的学生来说并不奏效。道格的学习对他自己或他的老师来说是不可见的。

你是否正在为道格担心？别担心，九年级代数考试不及格后，他遇到了一位对学生学习充满热情的老师。这位老师每天示范她是如何思考的，构建小组合作任务，并设置相关且有趣的问题。最终道格不断学习，获得了生物统计学硕士学位。

约翰（John）在数学方面做得还不错，并且喜欢这种日常学习，但如果可以，他会首先放弃数学学习。但他所在的学校要求所有学生都要学数学直到高中最后一年。正是在这最后一年，他遇到了汤姆林森（Tomlinson）老师，一位相当严格、有点令人生畏的数学教师，但这位老师让每个学生都感受到他对数

---

① 康奈尔笔记法是由康奈尔大学的沃尔特·波克（Walter Pauk）博士发明的，它通过三栏格式优化做笔记的方法，使笔记系统化，以提高工作、学习效率。——译者注

学的热情。在年初时，他让学生做年末高风险测试的题目，以便让学生明确他们需要学习什么。尽管这次考试全班都不及格，但汤姆林森老师说："这就是考试要求的标准，我要让你们达到这个标准。"这一年中，汤姆林森老师一直让学生努力学习如何进行数学思考，如何发现数学问题的异同点，因此他们每次都不会犯同样的错误。当然这位教师在约翰身上还看到了约翰自己没有看到的东西。约翰最后读到了博士，其间辅修统计学，主修心理测量学。

这些不幸的数学教学回忆需要由黑衣人特警用记忆消除棒给抹去，因为我们知道，影响教师教法的重要因素之一是他们以前接受的教学。我们要关注好的范例，关注那些我们记得的曾引导我们理解和热爱数学的教师。

既然已经要求你忘记那些不太有效的学习经验了，那我们觉得就可以顺理成章地让你再忘记些东西——忘记规定的课程、编写的教案和工作计划表。学习不是线性的，而是递归的。规定课程与学生的学习需求并不一定匹配。有时学生已经知道的比课程内容还多，有时则需要为他们理解课程内容搭建大量的脚手架，以支持他们的深刻理解和技能发展。本书接下来将讨论，如何判定教师对学生产生的影响，以及如何调整才能确保这些产生重要影响。

学习不是线性的，而是递归的。

照本宣科上课的一大缺陷是教师无法愉快地回应学生的错误。是的，愉快地。学生的错误有助于教师了解学生的思考过程并给予有针对性的解释。教师应表扬学生提出自己的错误，因为它们为教学提供了时机，也为学习提供了时机。正如迈克尔·乔丹（Michael Jordan）在耐克的广告词中所说："在我的职业生涯中，我投篮失误超过 9000 次，输掉了将近 300 场比赛。曾经 26 次，别人相信我能赢得比赛，而我输了。我一生中经历过一次又一次的失败，这就是我成功的原因。"

琳达（Linda）记得和学生用积木块玩逻辑游戏的情景。游戏开始时，要求学生仔细聆听别人的想法，并判断那些想法是否正确或严密。有一次，她针对一个错误回答评论道："这是一个非常重要的错误。我希望你们都听到了！"几乎每个学生的脸上都是惊讶的表情，好像在想："你疯了吗？数学学习的目标是要得到正确的！"学生的这一反应让琳达很受触动，她认识到，让学生发现从错误中学习和发展对数学的理解是多么重要（事实上，到今天她仍然这样说！）。最好的数学家沉浸于数学思想论辩的愉悦之中，这应该也成为数学教师的教学目标之一，即让学生享受数学论辩。

错误有助于教师了解学生的思考过程，并有针对性地进行解释。它们为教学和学习提供了时机。

当学生没有错误的时候，可能是因为他们已经知道了内容而不需要上课了。我们不是说要扔掉教材，它们也是一种有用的资源；但是要明智地使用教材，当你认为有必要回应学生的需求时，就要做出调整。记住，在你的课堂上直接进行学习的是你的学生，而不是教材编写者。

什么是有效教学？

当我们谈论高质量教学时，总是会被问到鸡和蛋的问题："哪个先出现？"数学课应该从教师主导的教学开始，还是从学生尝试自己解决问题开始？我们的答案是：视情况而定。这取决于学习的目的，取决于师生期望，取决于学生的背景知识，取决于学生的认知、社会和情感发展及意愿，取决于你下一步去向何方（需要有下一步目标），取决于具体的学习任务。有时候，课堂从合作完成任务开始。有时候，让全班学生讨论或者观察已经学习过的例子会更有效。还有些时候，让学生独立学习更有效。大部分的教学选择取决于对学生数据的实时反应，同时每位老师都有自己的优势和个性，这会在高品质课堂上大放异彩。优秀的教师很像爵士音乐家，他们会精心布置舞台，然后即兴表演，有计划地实时回应学生的学习需求。

即使是最优秀的表演者，在表演之前也必须学习相关技巧。即便爵士音乐家选择打破规则，他们也必须先理解音乐标准才行。优秀教师在创造最有效的教学之前，需要熟悉他们的教学工具。下面就让我们进入"可见的学习"。

证据基础

我们探索数学学习的起点是约翰·哈蒂的书——《可见的学习》(2009)和《可见的学习（教师版）》(2012)。这两本书的出版是基于世界各地的研究者进行的800多个元分析，其中涉及5万多个研究以及2.5亿多名学生。这两本书被认为是迄今为止最全面的教育研究总结。事实上，总结还在继续。就在我们写作这本书的时候，数据库的元分析已达到1200个，涉及超过7万项研究和3亿名学生。相当大量的数据，对不对？但数据背后的故事才是关键问题，从2009年出版第一本书到现在，这一点始终没有改变。

元分析

在探究这些发现之前，我们先来讨论一下元分析，因为它是本书建议的基石。从根本上来说，**元分析**是一种能够从不同研究中整合信息，以识别特定模式，从而指导实践的统计工具。我们找到的证据已不再具有优势，因为单一的研究很难说服人们做出改变。但是元分析综合了当前已知的关于某一特定主题的信息，并可能对某一特定实践的影响或效果给出强有力的建议。例如，一些关于牙周炎（牙齿周围组织炎症）是否与冠心病风险正相关的证据存在争议，因为其中包含冲突，而且关于治疗的建议是零碎的。而一个囊括五项前瞻性研究、包含86092例患者的元分析则表明，牙周炎患者患冠心病的风险比对照组高1.14倍。(Bahekar, Singh, Saha, Molnar, & Arora, 2007)元分析明确给出了治疗牙周炎的一系列建议，如在初始阶段可以进行龈下刮治和根面平整术（SRP）或深度清洁牙齿。证据表明，这样很可能显著降低心脏病的发病率。虽然我们这本书并不是关于卫生保健或商业的，但我们举这个例子是希望大家能明确元分析在实践变革方面的价值。

元分析是一种能够从不同研究中整合信息，以识别特定模式，从而指导实践的统计工具。

如何进行元分析的统计方法不在我们这本书的讨论范围，但我们可以大概了解一下，因为让大家知道这个工具可以帮助研究者通过许多不同的研究案例及其参与者来明确发展趋势这点很重要。

效应量

元分析被用来计算每个研究的效应量。你可能还记得统计课上老师讲的研究报告的统计意义。研究者认为，当可能性减少到5%（如 $p < 0.05$）或 1%（如 $p < 0.01$）时，案例中的某些因素“有效”。他们真正的意思是从概率角度来看事件，即看到事件结果的概率很低，小于 5% 或小于 1%。增加统计显著性的一种方法是增加研究中的人数（也被称为样本量）——我们并不是说研究者要扩大研究小组的规模才能获得调查结果的显著性，而是想说，仅仅因为统计上的显著性并不说明它一定值得实施。例如，如果样本大小为 1000，那么相关性需要超过 0.044 才被认为有统计学意义，这才能说明结果并不是偶然的；如果扩大到 10000 个参与者，相关性可以是 0.014；如果再扩大到 100000 个参与者，相关性是 0.004 就可以说明事件的发生并非偶然了。没错，你可以确信这些值都大于零，但是它们有什么实际价值呢？它们就是效应量的来源。

例如，某个数字应用程序在促进学生几何学习方面被发现存在统计学意义。你对自己说：“这听起来不错。”你考虑购买或使用它。但之后你了解到，25 道选择题中它仅在 3 道选择题上帮助学生的成绩有所提高（研究组的数据来自 9000 名学生）。如果这个程序免费开放或者容易上手，它可能还值得去使用，以让学生在几何知识学习上表现得更好。但如果它用起来很耗时、很麻烦或者费用很高，你会问自己为了这么小的收获却要面对这么多的麻烦，值得吗？这时我们就要去看**效应量**——它表示某种方法带来的影响力。

效应量表示某种方法带来的影响力。

《可见的学习》基于调查，为读者提供了许多影响因素的效应量。举个例子，自我表达和自我提问与学生思考和讨论自己的学习过程之间有一个相当大的效应量——0.64（下一节我们会进一步讨论效应量大小能够告诉我们什么）。可以从影响最大到影响最小对效应量排名。但是，这并不意味着教师应该立即采用效应量排名前十或二十的做法。我们会在后面讨论，一些非常有用的做法其实在表层学习（最初获得的知识）阶段实施会更有效，而有些做法对深层学习（巩固知识）会更有效，还有一些方法会促进

自我表达和自我提问的效应量 =0.64

迁移（应用于全新的情境之中）。

记录什么有效和什么无效

如果你去参加会议或者看专业杂志，不关注博客或者不登录照片分享网站，你会觉得很正常。然而，教育工作者需要从那些无效的实践中来学习。事实上，我们要从无效实践中吸取教训，不重复那些错误，这是对时间的可贵的利用。为了确定什么无效，我们再次把注意力转移到效应量上。效应量可以是消极的也可以是积极的，它们从低到高排列。直观地说，0.60 的效应量是优于 0.20 的效应量的，我们应该欢迎大于 0 的任何影响，因为 0 意味着“没有增长”，显然任何消极的影响都意味着负增长，这很好理解。

事实证明，我们在学校所做的**影响因素**（教学策略、思想或工具）中大约 95% 或者更多会有积极的效果，也就是说，几乎所有事情的效应量会大于 0。这有助于解释为什么这么多人可以用“证据”来证明他们喜欢的项目是有效的。如果你把筛选条件设置为增长超过零，确实是很难找到无效的项目和实践的。正如《可见的学习》（2009）所描述的，我们必须拒绝以 0 为起点。学生会自然成长，且在一年的课程中得到发展，因此教师采取的行动、活动和干预应该会拓展学生在校一年所能获得的学习。

这就是为什么约翰·哈蒂要设置更高的认可度（acceptability）——高于他提到的所有影响因素的效应量的平均水平，如来自家庭、家长、学校、教师、课程和教学策略的影响。这些影响因素的效应量平均值是 0.40，哈蒂称之为“**关键点**”（hinge point）。之后他着手研究潜在属性，这些属性能够解释为什么那些高于 0.40 的影响力会比那些低于 0.40 的更有效。这些发现是促成可见的学习策略的动力。我们期望，至少学生在校学习的每一年都能有进步，并且希望学生有更多收获。要确保这种增长，就需要我们坚持不懈地专注于学习而不是教学。

借用可见的学习，**影响因素的指示表**和关键点能够有效地解释本书中我们重点关注什么以及为什么关注。这里有一个例子，

影响因素包括我们在学校所使用的教学策略、思想或工具。

关键点体现了平均水平，它可以帮助我们了解哪些事情能够让学生通过一年的学习有进步。

影响因素的指示表是一个可视化的量规，可以帮助我们了解根据效应量，影响因素应该位于哪个区域。

志愿者老师的效应量 =0.26

它可以说明这在数学学习中是如何起作用的。让我们关注志愿者老师，一些人认为，可以让志愿者来帮助学生解决数学基本技能学习的问题。从本质上讲，教学生的志愿者往往是家长或大学生，教学内容的重点是分数加法、长除法或者其他技能。重要的是，我们不反对基于技能的教学，而是会利用例子来突出对效应量的运用。与大部分教育研究一样，有些研究与研究之间相互矛盾。例如，斯科特（Scott，2007）描述了一个家长志愿者帮助孩子进行数学学习的实验。研究者认为努力是值得的，但是在超过一年的实验中，没有给出影响学习的相关信息。同样，卡莫迪和伍德（Carmody & Wood，2009）描述了一个志愿者辅导项目——大学高年级学生辅导低年级学生的高等数学课。报告中说大家的努力普遍受到好评，但没有提供关于学生学习影响因素的具体信息。而元分析和效应量的数据可以告诉我们这些。志愿者老师的指示表和关键点如图 1.1 所示。请注意，这种方法位于“教师效应”区域，它低于预期效果的水平，但高于反向效应。我们在本书中的关注点就是落在 0.40 及以上的预期效果区域的行动。当行动的效应量是在 0.40 以上时，表明付出的努力超出了预期在校一年所获得的东西。

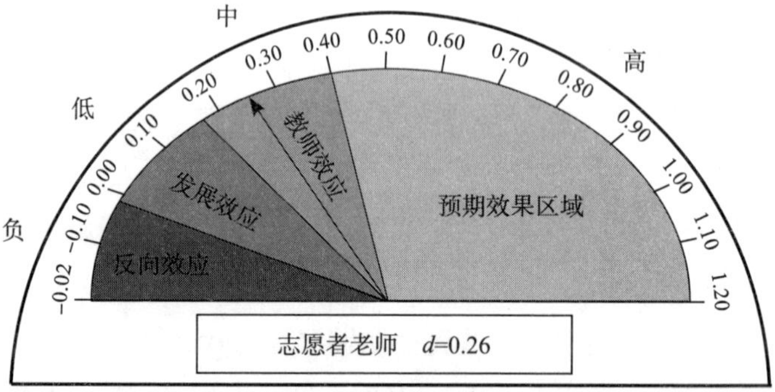

图 1.1 志愿者老师影响因素指示表（Hattie，2012）

我们希望，学生在学校学习的每一年都能有进步。

注意：这并不意味着所有效应量低于 0.40 的事情都不值得被关注。哈蒂（Hattie，2012）指出，0.40 的关键点不是绝对的。事实上，每个影响因素都有自己的关键点；因此 0.40 的关键点是一个很好的出发点，可以用来讨论研究的细微差别、变化性、质量以及其他影响效应量大小的因素。这并不是非黑即白的，而且可能有些有用的教学方式和学习方法没有高于平均水平。例如，戏剧和艺术项目的效应量为 0.35，差不多刚能确保学生经过一年的学习而获得相应的成绩。我们并不是说就要把戏剧和艺术从课程中移除。事实上，艺术表达和审美理解也许对学生来说是有价值的。

同样重要的是要认识到，有些得分会掩盖某些情境，而在这些情境下，可能有策略地采取具体行动才会促进学生的理解。模拟就是一个很好的例子。模拟的效应量为 0.33，低于我们设置的门槛。如果模拟能真正有效地加深理解，但用于表层学习（参见第四章和第五章关于表层和深层学习的内容）却不那么有效怎么办？在这种情况下，有策略地进行模拟很重要。我们将在这本书中碰到这样的情景，与深层学习或迁移学习相比，我们对于表层学习更关注其平衡性和次序。现在，让我们把注意力转移到教师可以采取的促进学生学习的行动上。我们将直接讨论数学教育中的一个主要争论：直接教学法与对话教学法的比较。

模拟的效应量 =0.33

直接教学法与对话教学法

关于数学教学的争论已经持续了几十年。一般来说，争论的中心在直接教学法与对话教学法的作用方面。教师和研究人员有的主张这种教学，有的主张那种教学。两种教学模式的支持者都认可这样的目标——让学生精通数学。但是这两种教学模式组织学习的方式是有差别的。蒙特、施泰因和史密斯（Munter，Stein，& Smith，2015b）[6] 就曾说：

> 直接教学模式中，当学生有预备性概念和程序性知识时，他们会这样来学习：
>
> （1）观看完整的问题解决过程的清晰演示，演示过程附带解释和准确的定义；

（2）依据难度有序解决类似的问题；

（3）收到及时纠正的反馈。

而在对话教学模式中，学生必须：

（1）积极投入新的数学探索；

（2）参与有关猜想、解释和论证的对话；

（3）努力进行概括和抽象，给出有效的问题解决策略，将他们的想法与常规方法相关联，并能够流畅地使用技能；

（4）进行一定量的实践练习。

正如作者所指出的，这两种教学模式有相似之处，也有一些重要的区别。在相似性方面，二者都注重学生的概念性理解和过程的流畅性。换句话说，学生必须知道数学是什么以及如何做。两种模式都不主张学生只记住公式和步骤。正如全美数学教师理事会（National Council of Teachers of Mathematics，2014）提出的，过程的流畅性是建立在概念性理解基础上的。学生需要发展策略性推理和问题解决能力。为了达到这一点，这两种教学法都建议：

（1）围绕严密的数学任务精心设计教学；

（2）检测学生的推理过程；

（3）给学生提供足够的机会进行基于技能和应用的实践。

蒙特、施泰因和史密斯（Munter，Stein，& Smith，2015b）[9] 也辨识出两种模式的一些差异，即主要表现在学生被邀请完成任务的类型、课堂讨论的作用、合作学习的作用，以及反馈的作用。表 1.1 呈现了两种模式的异同点。重要的是，研究者们也认识到教师可以有选择地采用每个模式中的一些方面。正如他们所指出的，“在对话课堂中，教师可以很好地展示一些程序步骤；同样在直接教学的课堂中，学生也可能很好地开展项目活动”。他们认为，采用模式的不同方面可能出发点不同，结果也不同，但需要注意的是：“高质量的教学必须既要尝试教学实践，又要有理论支撑相关的实践。”

我们认为，直接教学不应被认为等同于大面积的说教表演和知识传达的教学。无论是直接教学还是对话教学，都不应该与过多的讨论或说教混淆。约翰·哈蒂（Hattie，2009）[206] 定义**直接教学法**为一种有目的的、精心计划的、以学生为中心的引导式教学方法。“一言以蔽之，教师确定学习目标和成功标准，展示给学生，并举例阐释；通过检测学生对所学内容的理解程度和让学生概括总结等方式来评价学生。”

直接教学法是指，教师确定学习目标和成功标准，展示给学生，并举例阐释；通过检测学生对所学内容的理解程度和概括总结等方式来评价学生。

这样来理解的直接教学的效应量为 0.59，对话教学可达到 0.82 的效应量。这并不意味着两种方法中教师只能选择其中一种、非此即彼。要进一步讨论的是，本书的目的是展示教师应该如何在适当的时间选择正确的方法来确保学习，以及如何让对话教学和直接教学以不同的方式在整个学习过程中自始至终都发挥作用。

直接教学的效应量 =0.59

对话教学的效应量 =0.82

表 1.1　直接教学与对话教学的比较（Munter et al.，2015b）

对话教学	区别	直接教学
了解数学与学习数学的基础。学生需要在小组内和全班讨论他们的思考、问题和论据	**对话**的重要性和作用	最重要的是，老师在学生向他们解释如何解决问题后要对学生有指导，以确保学生对新知识的内化
与完全由教师引领的课堂相比，提供了更多的讨论和聆听情境。学生常会与同伴合作讨论解决问题	**小组学习**的重要性和作用	课堂可选择性使用；若使用，请进行有指导的解决问题的教学实践，并主要集中在检验、验证方面，同时提供更多练习
取决于学科及其发展进阶（如从先验知识中建构新知识）	**主题的序列**	主要由学科进程决定（如由数学结构决定的先决条件）
有两个重要的任务类型：（1）教会学生思考和深化他们对概念的理解（并没有一个快速的解决方案）；（2）帮助学生在他们已有知识的基础上变得更有能力（一般先完成前一个类型，两者都涉及推理）	**教学任务**的性质与顺序	应该给学生机会使用那些他们看到的教师在实践类似的、有梯度问题时的演示。这些任务给学生提供了机会去发展适应新情境的方法及区别问题类别的能力。学生做的练习越多样化，他们越能发展更多的应用能力

续表

对话教学	区别	直接教学
应该给学生时间，让他们对那些蕴含重要思想的任务而进行论辩，这期间老师不要干涉。之后老师可以对小组或整个班级进行反馈。这样做的目的不仅仅是纠正迷思概念，也增强了判断自己观点和他人推理是否正确的专业权威	**反馈**的性质、时机、资源和目的	学生应立即收到老师的反馈，知道他们的方法需要如何改正（而不是强调犯过的错误）。除了一对一的反馈，当多个学生有一个特定的错误，教师应该让全班学生都注意到这个问题，以纠正所有的错误
学生的学习路径是自然发生的。学生应该提出猜想，在证据的基础上探索猜想并运用各种推理和证明来确认或否定这些猜想（“实践标准”第 3 条），提出教学驱动的问题，进而产生新的研究问题	对**创造力的重视**	学生的学习路径是预先确定并精心设计的。“提出猜想，然后建立一个合乎逻辑的进程去探索猜想的正确性过程”（“实践标准”第 3 条），限制了学生尝试运用其他策略来解决问题的机会
学生的思维和活动都是经过精心设计的：通过灵活地遵循学生的推理路径，教师可以从学生最初的想法出发，让学生领会学科的重要思想	**诊断学生思维**的目的	通过有效的教学设计和密切的监测（或访谈），教师应诊断出现错误的原因（往往是缺少先决条件技能），准确干预策略中可能造成错误的部分
学生参与下定义的过程，教师确保定义有数学意义，并在学生理解的适当时机帮助学生形成有数学意义的书面定义	**定义**的引入和作用	在学习一个新的课题时，应该给学生提供相关概念的准确定义
表征不仅用于说明数学思想，而且也用于思考本身。在支持 / 关注特定的问题空间及其关联时，进行表征	**表征**的性质和作用	表征是用来说明数学思想（如在教算法后，引入一个多位数乘法模型），而不是用来思考或进行解决问题的对话的

许多《可见的学习》（Hattie，2009）的读者关注效应量和测量某因素影响力的细节（这肯定是重要的），但是很少有人会注意到研究什么时候起作用，以

及起什么作用。知道用什么策略来实现最大效果，就是我们认为的**精准教学**。

精准教学是知道用什么策略来实现最大效果。

表层学习、深层学习和迁移学习的平衡

正如序言中提到的，在计划精准教学时，要考虑到表层学习、深层学习和迁移学习的本质。精准学习是一个决策性框架设置，用于帮助你决定如何以及何时采用特定的教学任务、提问技巧和教学策略。理解这三类学习最有效的模型是比格斯和科利斯（Biggs & Collis，1982）提出的 SOLO（可观察的学习成果结构）模型。在这个模型中有四个层次，它们分别为：单一结构水平、多元结构水平、关联结构水平和抽象拓展结构水平。① 简单地说，这意味着“一个想法”和“很多想法”（这些是表层），以及“相关思想”和“延伸思想”（这些意味着深层）。迁移是学生在新情境下学习和使用的过程。表 1.2 展示了数学 SOLO 模型的两个例子。

教学小贴士

问题不应该是直接针对对话，而是要在正确的时间用正确的方法来确保学习的发生。

有效教学的关键是设计明确的学习目标和成功标准（我们将会在第二章讨论），其中包括表层学习、深层学习和迁移学习的组合。这是一种精确组合，它的效果取决于教师的决策、课堂融入课程的程度、长期或短期学习目标以及学习欲望的复杂性。我们也认识到，学习不是一个事件，它是一个过程。说起来很容易——表层的、深层的和迁移的学习总是按这个顺序发生的，或者说表层学习应该发生在一个单元的开始，而迁移学习则发生在单元结束的时候。事实上，这三种学习螺旋式地在不断扩大的平面上相互盘旋着上升。因此，我们要明确的是，学习不是线性和重复，并且对不同的学生来说是不同的，我们绝不对一种方法建议特定的顺序或脚手架。在教育中，我们花了大量的时间来讨论特定的教学方法和某些策略的优缺点，以及它们在不同内容领域的进展情况。问题是关于学习有许多阶段的划分，但并没有一种

① 一般认为 SOLO 模型包括五个层次，还有前结构水平（pre-structural），指对题目或任务并未理解而给出的逻辑混乱、没有论据支撑的答案的情况。——译者注

方式或一套理解来揭示学习过程。我们应该把注意力更多地放在教师对学生学习的影响上。有时，这意味着我们需要多种策略；更多的时候，很多学生需要那些不同于他们以往使用的教学策略。（Hattie，2012）在进一步讨论如何将这些不同阶段的学习交织之前，让我们从数学方面深入理解每一种方法。

表 1.2　应用于数学的 SOLO 模型（Biggs & Collis，1982）

学习目标		成功标准
SOLO 1：表示和解决涉及加减法的问题		
单一 / 多元结构水平	知道加法和减法的基本事实。使用多模型表示加减法（教具、数轴、条形图等）	知道运用加减法算得算式的结果为 20； 可以使用教具和图片展示想法
关联结构水平	通过情境模型理解加法或减法的意义（Carpenter et al.，2014）。认识加减法是用来解决不同情境中的问题的	当阅读文字题时，可以描述发生了什么，并用加法或减法找到答案
抽象拓展结构水平	用加减法解决各种情况下的问题	可以用所知道的加减法内容来解决课堂之外的问题
SOLO 2：用形状和特征来推理		
单一 / 多元结构水平	了解定义和关键形状特征	可以识别和说出形状的特征
关联结构水平	认识形状之间的关系	可以解释两个形状是如何互相关联的
抽象拓展结构水平	基于特征对二维形状分类	可以创建一个图表来显示不同的四边形之间的关联

表层学习

在数学中，我们可以认为**表层学习**有两个部分。首先，它是对概念和技能的初步学习。由于内容是新的，我们的理解有限。但这并不意味着我们没有在处理复杂的问题，只是思考的深度还没有到。不论学生是通过初步探索还是教师结构化的教学抑或是两者的结合，来理解新的概念或获得新的信息，这都只是学习的入门水平——是对新概念的初始理解，并会随着对概念理解的发展而发展——在恰当的时间可以直接介绍特点和过程，从而使概念结构化。我们要明确：表层学习不是浅薄的学习，不是死记硬背的技巧和毫无意义的算法。表层学习与低层次技能和高层次技能没有谁优先谁一说，更不应该被误认为进行程序性活动就不需要以概念性理解为基础。

表层学习引发新的思考。首先它会发展概念性理解，然后在适当的时候直接引入特点与过程，使概念结构化。

其次，概念和技能的表层学习不是仅仅入门就完成了，学生还需要时间和空间来巩固他们新的学习。正是通过这种早期的巩固，他们可以有效地检索信息，从而帮助他们更有效地解决更复杂的问题。例如，计数是儿童早期的一项技能，最初他们必须依赖记忆和训练才能掌握。非常年幼的孩子要学习如何按正确的顺序背诵数字，同时也要学习将数字与计数对象进行一一对应。在形式代数中，表层学习可能侧重于符号和规则。虽然学生要进行的操作是相似的，但是符号的含义其实是不同的。例如，一个系数和变量之间的乘法记为 $3x$，意味着 3 倍的 x。在整个学校教育过程中，引入的新的技能、概念和程序步骤，随着时间的推移，学习者应该会更容易回溯。

表层学习不是浅薄的学习，不是死记硬背的技巧和毫无意义的算法。

重要的是，通过发展表层学习，学生可以发展初步的概念性理解，养成数学思维习惯，磨炼策略思维，并开始形成熟练的技能。例如，表层学习策略可以用来帮助学生发展他们的元认知技能（思考他们的思维）。另外，表层学习策略还可以帮助学生为他们发现或探索到的概念做标记（词汇）。此外，表层学习策略可以用来发现学生的迷思概念和错误。

对表层学习经常性的过分依赖是表层学习带来的一个挑战，我们必须把数学教学的目标视为比表层学习更重要的东西。当学习停留在表层时，学生就没有机会将对概念的理解从一个主题迁移到其他主题，然后应用到更复杂或现实世界的情境中。毕竟，这是学习和做数学的目标之一。表层学习给学生一个他们需要的工具箱以建立一些东西。在数学方面，这个工具箱包括了多种表现形式（例如，各种教具和图像，如数轴或条形图）和解决问题的策略（例如，如何创造一个规范的列表或简单的案例），同时也帮助掌握基本的数学符号和规则。但真正的工匠不仅有一系列工具，还知道哪些工具最适合手头的工作。能够做出这些决定的地方就是深层学习的前沿，作为教师，我们应该始终专注于把学生从表层学习向**深层学习**推进。

深层学习

深层学习帮助学生巩固数学概念和程序性理解，并在思想方法之间建立联系。

学习的深层阶段为学生提供了机会巩固他们的数学概念和程序性理解以及在思想方法之间建立更深层次的联系。通常情况下，当学生与他们的同伴合作时，使用学术语言，并以更丰富的方式进行思想和信息交流时，深层学习就实现了。

格雷厄姆（Graham）夫人在学年伊始教四年级的学生因数和倍数，她把这项工作与三年级时教学生以数组模型来学习乘法的经验联系起来，并拓展开来帮助学生理解质数和合数。学生开始从 1 到 50（一些学生继续到 100）建立和描述矩形数组，然后讨论了各种问题，这些问题发展了学生关于质数和合数的思想。课堂讨论中不可缺少数学名词，因此它们自然成为学生对话的一部分（表层学习）。第二天，格雷厄姆夫人组织学生玩分解因子的游戏。在这个游戏中，理解质数与合数对策略选择来说至关重要（深层学习就是这时发生的）。故事并没有结束。第二年三月，学生们开始研究长方形的面积和周长。经过初步探索，一些学生对格雷厄姆夫人说："这就像我们去年九月做的，我们当时就在建立矩阵和寻找质数、合数！"通过讨论，将它们建立起联系！

当学生开始做计划、进行研究和对概念进行阐述时，他们就转移到深层学习阶段，开始总结概括了。

正如你所见，当学生开始做计划、进行研究和对概念进行阐述时，他们就转移到深层学习阶段，开始总结概括了。这不是死记硬背规则或过程。它是通过老师有目的的教学设计，让学生利用表层知识（包括概念性理解）看到他们的概念性理解如何链接到更高效、灵活的思考方式上。在格雷厄姆夫人的课堂上，学生们开始通过具体模型来学习因素和倍数的表层知识，并与质数和合数建立联系。格雷厄姆夫人通过分解因子游戏，让学生练习了如何应用学到的表层知识赢得游戏的策略——这已进入深层知识领域。一整个学年都在培养学生策略思维和行动的教师，也会培养出知道什么时候使用表层知识、什么时候需要深层知识的学生。

我们需要平衡我们的期望与现实。这意味着老师希望学生达到的成功、与之相匹配的分配给学生的任务，同期末测评或任务评价要互相协调一致。这不是一个需要表层学习还是深层学习的问题，而是一个需要明确什么时候真正需要表层学习、什么时候需要深层学习的问题。

我们来看看代数中的这个例子。代数的一个深层学习方面是：当学生探索函数时，尤其是探索直线斜率的意义时，表层知识的重点在于理解斜截式（$y = mx + b$）中 mx 表示变量 x 的 m 倍，深层学习则要求学生能够理解和说明它直观地表示直线的斜率或平坦度和变量的变化率。这样的学习可能需要学生合作探索一组以多种方式表示的函数（方式如方程、表格、图象等），并对每种表示方法中的斜率进行推论。在这一点上，学生把他们学到的关于系数的概念知识和代数符号的表层知识以及作图过程联系起来。这就是在进行深层学习了。

迁移学习

迁移是一个最终目标，也是一个很难实现的目标。学习要求学生能够将他们的知识、技能和策略运用或迁移到新的任务和新的情境中。我们缄口不提这种迁移是多么难实现，反倒经常宣称学生可以迁移，但对如何教会学生这一技能的过程往往没有讨论。对此，我们将在第六章讨论。

迁移既是学习的目的，又推动学习的发生。迁移作为目标意味着老师希望学生们采取自己的学习方式，从元认知思考，把他们的想法应用到新的内容或新的情境中。当学生达到这个水平时，学习就已经完成了。

迁移是学生采取自己的学习方式并且能够应用自己的想法到新的内容或新的情境的学习阶段。

本书作者之一南希（Nancy）曾经听一位数学老师说过，当学生在没有人告诉他们应用数学的情况下应用数学，迁移就会发生。当他们进入自己的工具箱并决定用什么工具来解决新的复杂问题时，迁移也会发生。

例如，迁移发生在，当学生在一个科学或工程的任务中要理解线性函数及其斜率的意义时。他们要利用对符号和公式的表层知识以及对斜率即比例的深刻理解，来解决使用各种材料设计电路的挑战。欧姆定律（如 $U = IR$，U 表示电压，I 代表电流，R 代表电阻）是线性函数，涉及电路的相关方面，学生将使用他们的数学知识找到解决方案。

其中一个问题是，学生（往往是那些学困生）尝试迁移，但因为没有察觉出概念和情境之间的异同，所以迁移不起作用（他们认为这是他们表现差的证据）。回忆知识，通过测试，并进入下一年级水平或课程不是学校教育的真正目的，但可悲的是，许多学生认为这是学校教育的真正目的。学校的日子其实是使学生成为自己老师的时间。我们希望学生能够具有自我导向，提出自己可能面临的问题，并拥有工具去探求那些问题。换句话说，当学生的学习对他们来说变得可见时，我们希望不管教师是否在场，它都能成为学生持续学习的催化剂。但是，我们没有给这样的学习留下机会。之前所学的任务与新情境之间的密切联系是促进迁移学习发生的必要条件。因此，我们要有目的地教学，确保学生获得和巩固所需的技能、过程和元认知意识，使自我导向的学习成为可能。

数学教学的难点之一是如何确定应该告知学生多少内容，当学生陷入困境时应该提供多少支持，以及什么时候应该知道下一步怎么做。让我们来看看如何帮助小学生建立一个问题解决策略的工具箱。琳达（Linda）曾经参加了一个教师研讨会，这个研讨会为她打开了一个解决非常规或开放式问题时所使用策略的新世界。她很兴奋能把这些高阶思维问题带给她的学生解决，这个过程绝不仅仅是简单的计算。经过精心设计，她在星期一的课堂上对五年级的学生提出以下问题：

> 汤普森（Thompson）夫人是学校的厨师，她正在为五年级学生做煎饼早餐。她需要 49 磅面粉。她能买到 3 磅和 5 磅两种规格的整袋面粉，并且只要整袋面粉。那么汤普森夫人怎样购买才能恰好得到她需要的面粉？

以前从未解决过这类问题，学生们非常抗拒。“我不知道他们想要我做什么！”的喊声响彻教室。“但在研讨会上，他们说孩子们可以做到这一点！”琳达思考着。

不能向学生对这个难题的抱怨投降，所以琳达决定以不同的方式去处理这件事。首先，她决定每个星期一都介绍一个特殊的策略，并提出一个问题，带领学生采用这个策略解决问题，并且讨论他们的想法。其次，她会提出一个独立的“本周的问题”让学生解决。在给学生介绍这些策略（表层学习）和让学生对这些策略独立应用（深层学习）后，学生继续用他们选择的策略独立或小组合作解决各种各样的开放式问题（迁移学习）。在学年后期时，一群女孩走近琳达并问她，为什么她把所有容易解决的问题放在学年末。那就是迁移！

需要注意到，有证据证明在一年内，一个单元，甚至一节课，都会产生三种学习类型的证据，当学生独立学习时，他们可能会在各种学习类型之间切换。图 1.2 描述了表层学习、深层学习和迁移学习之间的关系。

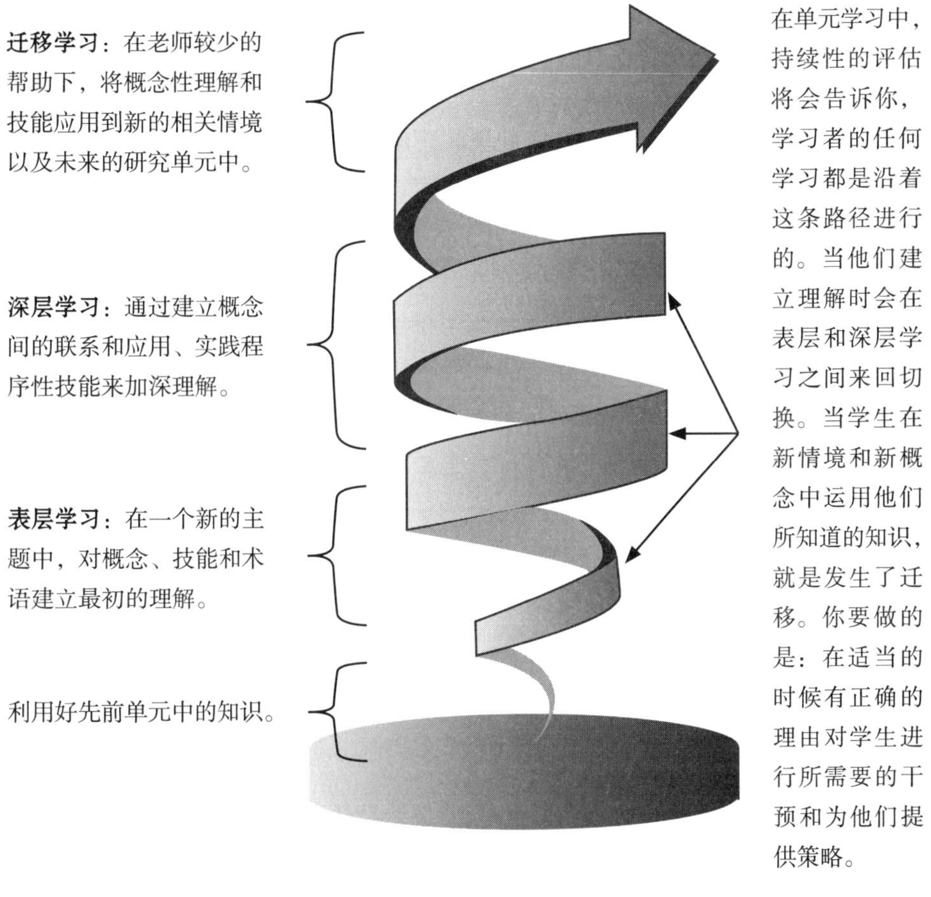

图 1.2　数学中表层学习、深层学习和迁移学习之间的关系

来源：螺旋图像版权属于 iStock/EssentialsCollection/ 83158933。

让表层学习、深层学习和迁移学习协同工作

如前所述，当涉及表层、深层和迁移学习时，关键是要知道应该实施什么样的策略才能最大限度地影响学习。那么，当学习是我们的目标时，我们应该如何定义学习？哈蒂把学习定义为这样一个过程：

> 发展充分的表层知识后，转换到更深层的理解，使得学生可以适当地将这种学习迁移到新的任务和情境中去。

自我监控的效应量=0.45

自评成绩/学生期望的效应量=1.44

学习必须从基本的概念理解、技能和术语开始。在你能做某事之前，你必须知道某些内容。然后，适当教学生如何联系和延伸想法，将表层学习转化为深层学习。深层学习对学生来说是一个重要的基础，他们可以在迁移阶段将所学到的运用到全新的和新奇的情境中。对教师和学生来说，尝试落实所有这些过程，学习成果和成功的标准就都变清晰了。如果学生知道他们学习的方向，并知道如何判断他们何时会达到目标，他们就能够更好地设定自己的期望，进行自我监控，预测或自评学习成果。所有这些阶段可以在单节课或多天、多周的单元课程以及整个学年的课程中开展。

结　　论

教师有选择权。作为一名教师，你可以毫无意识地使用不起作用或者对预期目标没作用的常规教学方式；你也可以选择更加关注学习，寻求证据，来更新你的课堂，并采用积极的方式影响学生的学习。为此，你可以考虑表层、深层和迁移学习阶段的本质特征，更准确和更有策略地组织你的课堂，并通过利用在高于0.40的关键点的预期效果区域的活动，来调整你的课堂。通过检验证据来理解学习阶段，将有助于你在课堂上做出对学生学习有积极影响的教学选择。

下面的章节会帮助你设计课堂教学，并恰当采取尊重学生需要的教学措施来发展学生对主题的表层理解，帮助你拓展学生数学学习的深度，并帮助学生将他们的学习迁移到新的任务和项目中去。下一阶段的旅程就从下一页最重要的主题开始吧：确立学习目的和成功标准。让我们开始接下来的旅程，使学生的数学学习清晰可见。

反思与讨论问题

1. 思考你最经常使用的教学策略，你认为哪些最有效？你对它们的影响判断来自什么证据的支持？记下来并保留，你可以看到本书中的证据是如何支持或挑战你对有效教学的思考的。

2. 明确一个你教过的重要的数学主题。在本章讨论的 SOLO 模型下思考这个主题的目标。你的学习目标和成功标准倾向于表层（单一结构和多元结构）还是深层（关联结构和抽象拓展结构）？这两者之间平衡吗？

3. 迁移学习产生的一个关键因素是，让学生有机会离开数学课堂后，可以利用他们的知识来解决自己的问题。想想你教过的重要数学思想。针对每个思想，列出可能鼓励学习迁移的情境。这些也许可以应用到另一个学科领域或与数学相关的现实生活中。

第二章　从教师表达的清晰度开始让学习可见

威尔（Will）执教初中的第二年年初，在学习了常规工作和程序的重要性后，他确信自己已能够顺利开展课堂教学。他的教学模式是：学生走进教室，拿出笔记本，打开桌子上的教材，然后做指定页面的热身练习。当学生完成热身练习之后，教师介绍每天的目标——“学生将能够”[也就是 SWBAT（student will be able to）]，然后威尔会解释一些数学知识，接着就让学生解决教材中的问题——这些问题通常是针对某个技巧的练习。大约三分之二的学生完成后（一些学生是在威尔的个别指导下完成的），全班会一起回顾这些问题，这时做错的学生可以把其答案改为正确答案。接着威尔会布置家庭作业，然后下课铃就响了。尽管威尔的学生表现得比较好而且似乎很忙碌，但是他们并没有学到应学的内容。像很多新手教师一样，威尔认为遵守学习规则非常重要。这里有以下五点原因限制了真实学习的发生：

- 威尔的学生不知道应学习什么或者为什么学习这些。所以，他们不太可能去学习它，更不用说想去学习它了。
- 即使威尔的学生真的决定去记黑板上 SWBAT 的目标并且理解其意思，但到课程结束，他们也不会知道自己是否已经学习了。
- 学生并没有真正从威尔的专业知识讲解中受益。
- 威尔的学生没有意识到，这种学习会指向哪里，或如何与已经学习的内容进行联系。
- 威尔的学生从来没有学习过如何管理自己的学习。

在开始这次可见的学习的旅程前，我们先来思考一下教师表达清晰度的重要性吧。教师表达的清晰度包括教师所做的全部教学行为：从精心设计一节课开始，到让教师自己和学生都很清楚那节课或那个单元的学习目标，再到持续地评价学生到达学习过程的哪一阶段，描述成功标准，学生可以据此评价自己的进步，教师可以据此评价学生在数学思想或概念方面的进步。威尔的早期教学经验中缺乏的正是这种表达的清晰度！

当威尔接触到“可见的学习”，并应用其中的一些关键思想时，他就开始大幅度地改进教学。他早期的努力使他能更有效地指导和带领其他老师在以后的课堂上取得成功。这次旅程的重要一步是他开始检查进行教学设计的方式。

进行课堂教学设计的起点是确定**学习目标**，或者是期待学生从这节课中学习到什么。给定一节课的学习目标，以及将其清楚地传达给学生，从而让学生可以衡量自己的进步，是学习科学的基本要求。简单来说，当一个人知道目标是什么时，他实现目标的可能性就会增加。所以知道自己的学习目标对学习数学的学生来说至关重要。

学习目标描述了教师想让学生学习什么。

如果把学习目标作为学习的一关，那么其他的关卡则由测量成功的标准组成。你怎么知道学生是否成功学习了你想要他们学的内容呢？他们怎么知道自己是否成功学习了呢？他们怎么知道是否已经达到了预期的学习目标或者取得了进步呢？要用成功标准。**成功标准**描述了当达到学习目标的时候，成功是什么样的。它们是明确的、实实在在的、可以测量的。本章将聚焦于知道且向学生传达学习目标和成功标准的重要性。当成功标准被清晰传达时，教师和学生会积极地寻找学习的证据，学生也会理解这节课的重要性。更进一步，学习目标和成功标准的策略性使用，可以促进学生的自我反思和元认知——也就是思考自己的想法。这是两大重要但经常被忽视的课堂教学结果。对学生来说，这意味着知道自己被期望学习什么（学习目标），明白在学习了之后完成学习目标的样子（成功标准），了解有助于实现学习目标的学习路径和策略，以及当他们不知道怎么做时应该做什么。（Bransford，Brown，& Cocking，2000）

成功标准是明确的、实实在在的、可测量的陈述，它描述了当达到学习目标的时候，成功是什么样的。

元认知的效应量=0.69

学习目标和成功标准的策略性使用可以促进学生的自我反思和元认知。

正如前一章所言，哈蒂承担了艰巨的研究任务，综合了比之前积累的更多的关于高质量教和学的研究。在完成这项不朽的壮举之后，哈蒂意识到教师能做的最重要的一件事就是了解他们对学生学习的影响。

教师需要知道他们对学生的影响。（Hattie，2009）因此，教师必须评价学生的理解情况。为了确定学习是否发生，教师首先可以通过前测去鉴别学生理解和表现的状况。

教师表达的清晰度是对能被学生看见的组织、解释、教学和评价表达的清晰度。

学习目标、成功标准、前测和对理解的检验共同构成了**教师表达的清晰度**。芬迪克（Fendick，1990）[10] 把教师表达的清晰度定义为"对教师与学生之间双向交流的清晰性的一种测量"，并从以下四个方面做了进一步描述：

1. 组织表达的清晰度，即结构化的课堂教学包含与学习目标和学习结果的连接。

2. 解释表达的清晰度，即解释对学生来说是正确的和可以理解的。

3. 例题和指导性练习表达的清晰度，即例题是说明性的和具有启发性的，学生慢慢变得独立，"在没有帮助的情况下取得快速而准确的进展"（Fendick，1990）[10]。指导性练习包括在整个教学过程中，教师对每个学生可以进行的合适的练习类型做出策略性决定。

4. 学生学习评价表达的清晰度，即教师定期寻求学生的反馈并据此开展评价，尤其是基于学生口头和书面回答的反馈。

教师表达的清晰度的效应量=0.75

数学学习的目的

高效的教师知道学生在学习周期中处于什么位置，并基于此来设计教学以促进学生的学习。正如我们在第一章提到的，学习的目的是表层学习、深层学习和迁移学习的组合，这种组合的精确性取决于教师基于学生在学习周期中的位置和教师想要学生到达的地方所做的多种选择。如果教师无法判断出学生在数学学习中所处的位置，那就有可能对学生产生过低或过高的期望。科学中经常发生那样的情况，并且有一个术语可以描述它：专家盲点（Nathan et al.，2003）。它描述的是这样一种情况：教师非常熟悉教学内容，但是却无法甄别学生学习新概念时的起点和适合方式。这在数学学习中经常发生，例如学生学习了一个程序，却不知道他们所做的计算的含义。第一章对深层学习所举的一个代数例子是对斜率意义的讨论。有专家盲点的教师可能会误认为学生可以在不理解斜率的意思，并且不能解释斜率的意义时，就辨别或计算斜率。“我已经教过斜率了，为什么学生还没有掌握呢？”这是有专家盲点的教师发出的哀叹。这就是为什么要在学生学习周期的正确时间点安排正确的教学练习，而这是非常必要的。科尔布（Kolb，1984）定义学习周期有四个要素：具体经验、对具体经验的反思性观察、抽象概括（基于经验和反思）和积极实践（将新学习到的内容应用到日常生活中）。对学习周期不同阶段的学习有不同的策略予以支持。学习周期的前三个要素包含表层学习和深层学习，而积极实践要素和迁移学习有关。教师传达的日常学习目标，是教师在确定期望学习的类型（表层学习、深层学习还是迁移学习）并思考如何对其开展教学后，仔细设计教学的最终结果。成功标准则为师生提供了“测量”学习过程的方法，因而使得学习清晰可见。

学习目标是教师做教学计划的起点。学习目标和标准不同。标准是指教师鉴别学生应该学习什么和在将来某个时间点能够做什么。标准对于尚未接受教育的学生来说很难理解，并且要在一节课上就掌握标准会显得太空泛。高效的教师会从标准入手，把标准中要求的学习内容划分成每节课的模块，然后对这些模块进行分解，以便于学生理解。被划分的每一个模块——也就是日常说的学生在一节课上应该学习的内容——是一个学习目标。学习目标应聚焦在知识、技能或概念上，并且应该与数学课程标准和相关课程的学习目的相一致。正如数学研究者和教育者玛格丽特·史密斯（Margaret Smith）和玛丽·凯·斯坦（Mary Kay Stein）提醒我们的，“关键是要详细描述目标，以让学生清楚地知道学习这节课后他们会了解和理解数学的什么内容”（Smith & Stein，2011）[13]。以下是我们在数学课堂上观察到的一些有关学习目标的例子：

- 知道 10 是由 10 个 1 组成的。
- 认识到面积是一类具体的测量二维空间的量（由单位方块构成），理解为什么将长方形的长乘宽就得到面积。
- 在一条数轴上来演示学习两个同分母分数的相加。
- 通过考虑位值，理解如何用一个小数除以另一个小数。

- 对给定的一列数据进行检验，通过观察函数在相等组距下的变化，确定函数是线性的还是指数的，并且将这种变化和学生在给定的情境中的知识联系起来。

一些数学教师可能会认为类似这样的表达会占用学生调查和探究的时间。其实学习目标不一定要在一节课开始的时候呈现，可以随着时间的推移重新回顾。也就是说，教师可以等到学生探索结束后再给出学习目标。教师也可以请学生解释他们在课堂上学习到什么，并和最初设定的学习目标做比较。对二者实现的一致性（或者还不够一致）的有趣的课堂讨论有助于看出学生的理解情况。

学习目标本身就是一类证据，它佐证了课上发生的帮助学生搭建脚手架的过程。为一节课进行教学设计的关键是了解你的学生目前在学习中所处的位置。如果学生不理解 1 的意义，那么教他们 10 是由 10 个 1 组成的就会很难，就像如果他们不是真的理解函数是什么或者为什么函数很有用，他们就很难确定函数的增减性。但是，学习目标可以（并且经常应该）有一个内在的递推元素，那就是它们建立了先前学习的内容和新知识之间的联系。聪明有见识的教师会把先前的知识嵌入新内容。教师不仅是在帮助学生打磨学习技巧，更给学生提供了一种机会，让他们经历将概念和先前课程内容联系起来的顿悟的时刻。通过这种方式，学生可以不断地联系他们学过的数学知识并深化理解。

克拉克、廷珀利和哈蒂提出好的学习目标具有以下几个特点（Clarke et al., 2003）：

- 学习目标应该和学生共享，这样学生能够理解并知道成功是怎样的。课堂上不是所有的学生都可以以同一速度学习或从同一个起点开始学习的，所以重要的是要根据学习目标调整学习计划并让所有学生都清楚。
- 学习不是按照线性顺序发生的；因此，从课程目标（标准）通过培养目标（单元目标）到学习目标（一节具体的课）传达的信息有时是很复杂的。
- 如果一项活动能够达成多种学习目标，或者一个学习目标需要几个活动来让学生完全理解，那么学习目标和活动是可以组合的。
- 学习目标是我们想让学生去学习的内容，但是学生可能学习到其他不在计划内的内容，所以教师也需要知道计划外的内容。

学生有权知晓学习目标

道格环游世界给所有学习者讲述质量教学（quality instruction）。他和教师和管理人员交谈，经常告诉他们教师应该相互交流学习目标，因为已有大量的研究表明，这种做法可以促进学生的学习和成就发展。（Hattie，2012）此外，这和NCTM（2014）的第一条关于有效数学教学的做法相一致：建立聚焦学习的数学目标。但是他发现当他把学习目标作为学生的权利事务提出时，人们往往会更认真地听取这个建议。学生有权知道他们应该学习什么，以及为什么学习。毕竟，教师会去评价学生的表现，并在他们的成绩单上做记录，而这将伴随他们一生。这些记录为学生的大学教育和事业发展打开了大门。如果教师要评价学生的学习，那就要让学生了解他们被期望学习的内容，这才是唯一公平的事情。

学生有权知道他们应该学习什么，以及为什么学习。

将学习目标和先前知识相联系

尽管学习目标本身很重要，但是它需要基于一个一致同意的标准，用易于学生理解的方式表达出来，并且根据学生在学习中所处的位置来设置。交流学习目标的方式也很关键。

教学小贴士

通过在新内容中嵌入旧内容，把新的学习目标和先前学习联系起来。

教师解释学习目标时，一个很重要的考虑就是要在一节课中激活学生的先前知识。（Bransford et al.，2000；Willingham，2009）许多教师从独立的热身练习开始他们的课堂教学。不幸的是，教师们这样做只是为了点名和确保每个人都有铅笔，这便浪费了一个重要的学习机会。“课前五分钟”（bell work）应该能提供这样一个机会，通过书面作业或课堂话语来培养和激活学生的先前知识。一个高效的教师通过这样的活动去帮助学生为新知识的获得做准备。

学生可以写下或口述他们对于这个概念已经学习了什么，或者对他们将要学习的技能提出问题，或者写下在他们应对今天的学习之前需要理解的概念。他们也可以尝试解决跟今天学习有关的问题。（Sidney et al.，2015；Sloyer，2004）关键是通过唤醒学生脑中与新技能或新理解相联系的一些东西，让他们做好学习新内容的准备。

“课前五分钟”（bell work）为培养和激活学生的先前知识提供了很好的机会。关键是让学生做好学习新内容的准备，让他们找到已学内容与新技能或理解的联系。

在开始练习之后，有些教师让学生向他们的小组分享他们写了什么或解释得到答案的推理过程。这给了学生构建数学论据和评价他人推理的机会，这属于数学练习 3（附录 B 中有完整的数学练习清单）。这样做的结果可能会使他们对数学概念的理解更稳固或消除先前经验中的混淆概念。这很重要——因为把新学习的内容和先前理解有误的知识联系起来会干扰理解。（van Loon，de Bruin，van Gog & van Merriernboer，2013）给学生讲述的机会也会帮助他们加深理解并且从别人的专长知识中学习。这种开放性的做法只是许多激活学生先前知识方式中的一种，重要的就是先前知识被激活了。一旦学生的先前知识被激活了，学生就能够把他们的知识和这节课的学习目的联系起来。

让学习目标吸引人

教师讲述学习目标的方式是有差异的。威廉·柏奇（William Purkey，1992）描述了学生感知到的课堂教学的四种模式：有意拒绝、无意拒绝、无意引发和有意引发。

我们很容易辨认出有意拒绝的教师，因为他们的语气给人的感觉是轻视的和严厉的。令人欣慰的是，我们中的大多数教师不会在那个类别中。但是，无意拒绝的教师对学生的能力是否定和悲观的，他们的低期望对学生来说也是明显的（他们经常对学生的学习有负面的影响！）。举个例子，为引入异分母分数加法内容，教师在这节课的开始时说：“今天我们将要学习异分母分数加法。这是个很难的概念，我知道你们中的大部分会参与对分数加法的讨论，所以你们的注意力必须高度集中。”教师几乎没有意识到他已经告诉了学生他们不会在这节课上取得成功。除了拒绝，使用这种类型的引入会使学生形成这样一种固定的心态：“这会很难，我可能不会做！”

柏奇把另一组教师归为无意引发。这些教师是积极热情的，但是他们缺少对过程的规划。学生喜欢和这些老师在一起，但是学生并不能从教学中充分受益，因为教学和学习目标是不一致的。一个属于无意引发类别的教师可能这样开始同样的分数课——他会说："早上好，同学们。今天我们将要学习更多有关分数的内容。我知道你们会发现这是一件有趣的事，我迫不及待要开始了！"这是无意引发，因为教师仅仅是让学生对这节课感到兴奋和有兴趣，但是要注意这样的表达并没有具体告诉学生将要学习什么和为什么学习它很重要。过不了多久，学生就会意识到尽管他们很有热情，但是却对发生了什么一无所知。

最后一类——有意引发——是一直积极实践并对学生需要很敏感的教师的行为。他们努力促进学生思维模式获得发展。他们大多有目的并有效地传递了一种教学的紧迫感。教师设置学习目标的同时也为他们的课堂奠定了基调。让我们一起看一下施密特（Schmidt）老师在五年级异分母分数加法一课中是如何展开有意引发的学习目标的。

"早上好，同学们。你们可能会记得去年你们学过了同分母分数的加法。今年我们将要学习异分母分数的加法。让我们先来看这道题。"

乔伊（Joey）吃了一个南瓜派的$\frac{2}{5}$，妹妹吃了$\frac{1}{5}$，他们一共吃了多少南瓜派？还剩下多少？

"请你们把这个问题用你们喜欢的方式表示出来。"

在让学生写出想法后，施密特老师让学生可以向同伴或小组解释他们的想法，而他则四处观察和倾听学生的讨论，记下需要额外帮助或再次复习的学生和成功解决问题的学生。

施密特老师现在已经有足够的信息知道学生是否已经为学习异分母分数加法做好了准备，或是否需要花一些时间进行复习，填补去年学习的漏洞。她继续通过引发学生鉴别分数加法的情境，来让学生理解表征、运用这个概念的必要性，这很重要。

代数教师杰夫·特恩布尔（Jeff Turnbull）每天在黑板上醒目的地方写下学习目标。在解方程组这个单元，特恩布尔老师重新提到当天的学习目标："当你联立两个方程，并且不知道 x 或 y 的值时，可以通过画图的方法计算出 x 或 y。"他接着说：

“这种技巧被用在很多职业中。你们可以使用这个技巧去计算出哪个手机套餐对你来说最划算，或者决定买地铁月卡还是单程票。这是很重要的技巧，而对我来说最重要的是它会让你成为一个更好的思考者。它让你与数学有更高水平的对话，因此你们可以更好地交流。你们看，就像我们今天所做的，在解方程和我们画的图像的基础上，解决两个不同变量的问题，这是很重要的，因为它打开了高等代数甚至物理的大门。它对你们来说就像是一个通道。同时，图像给了我们比换元法和消元法更多的信息。”

尽管有些学生觉得杰夫的热情有些不自然，但是与之前的教师相比学生更喜欢他，先前的教师只告诉学生“不得不学”某些东西或者要“完成”一些内容，好像这是教师都感到抱歉的日常琐事。这种无意引发的表达对学生的学习有消极的影响。毕竟就像杰夫认为的，如果教师对所教的东西都不投入和不感到兴奋，那么又怎么能期待学生投入其中并感到兴奋呢？

表 2.1 呈现了几个有关学习目标的例子。这些学习目标起初没有效果，之后教师对其进行了修正。

表 2.1　改进学习目标

弱引发性的学习目标	强引发性的学习目标
我们在周五有个测试，所以我们需要复习数的位值	我在和你们一起思考我们的任务。我注意到许多同学仍然需要思考数的位值。我们应该花一些时间复习位值，这样我们就能知道怎样确定哪个数更大一些
这节课结束后，你们将能够解决有理数的不等式问题	记得我们学习的不等式的所有内容吗？我们确实掌握了这类内容。那么现在解决更复杂的、有几个变量的不等式就会变得很有趣。我们可以用图像将其可视化。我知道你们中有部分人会发现视觉化会对你们的理解很有帮助
今天我们将要继续学习统计。我们将把我们的学习聚焦在有两个变量的散点图上，从而看看二者是否有某种关系	你是否曾经想知道两个事物之间的关系？举个例子，我曾经想知道一个班级学生的数量是否和他们的测验分数有关。我敢肯定你们都能想起你们想要比较的东西。记得吗，我们学习了相关性并不代表因果性，但是它却反映了数字之间的关系。今天，我们将要探索帮助寻找关系的工具——散点图

学习目标不仅是在向学生传达学习内容是由什么组成的，它也是和学生建立积极关系的一种方法。尽管这本书大部分内容是关于教学实践的，但师生和生生关系是学习的基础。有意引发的学习目标与目前的学生学习相一致，是为了促进学生从表层学习到深层学习而设计的，而且设立了很高的期望目标，而期望目标又传递了促进学习的积极结果。（Hattie，2012）总的来说，这些做法使得学习对学生来说清晰可见，让学生知道自己是在一个乐于助人、知识渊博的教师的指导下取得成功的。

师生关系的效应量=0.72

语言学习目标和数学实践

我们已经看到了一些好教师设置的一节课的学习目标，他们围绕特定的内容交流学习目标，但他们也设定了语言目标以及与这些语言目标相关的学习目的。对数学的语言要求是广泛的，因为会期待学生关注语言的精确度，提出可行的论据，表达他们的推理以及评论其他人的推理。对还要学习英语的学生来说，风险更高，因为他们要做“双重工作”，不仅要学习数学，还要学习必要的学术语言和学科语言。（Short & Fitzsimmons, 2007）不幸的是，数学语言的教学经常被忽视，这对那些没有扎实背景知识基础的学生更不利。同时，专门的数学术语在日常生活中很少遇到。

语言学习目标可以和学生掌握一节课的内容所需知道的词语联系起来。举个例子，教五年级数学的教师卡蒂·麦肯纳（Katie McKenna）把她的语言目标贴在墙上，就贴在内容学习目标的下面。在分数加减法单元的课上，她贴出了分子和分母的单词卡片。许多学生对这些单词很熟悉，但是他们的理解局限于分子是“分数线上面的那个数”，分母是“分数线下面的那个数”。更糟的是，学生能得到一种“暗示”，即从分子这个单词（numerator）中的u联想到上面（up），分母这个单词（denominator）的首字母d想到下面（down）。的确，这些对三到五年级的学生来说是有挑战性的单词，甚至更难以使学生对分数中分子和分母有深刻的理解。然而，有意图地在情境中介绍这些词，并在不同年级中拓展每个术语的意义，这对学生深层理解给定情境中分子或者分母实际代

语言学习目标聚焦在学术语言和学生这节课需要掌握的内容涉及的词语上。

表的意思会产生重要的影响。

教学小贴士
除了学习目标，还要创造语言目标，让学习更丰富。

语言学习目标可以用来强调被教育研究者称为二级词汇（Tier 2）或一般的学术词汇的使用。（Beck，MeKeown & Kucan，2013）二级词汇是指毕业时所有学生应该知道的单词，并且将这些词扩展到数学课堂以外。这些词包括分析（analyze）、综合（synthesize）和推断（extrapolate）等。其他二级词汇在数学中有具体的意思，例如集合（set）、质数（prime）、相似（similar）和面积（area）等，这些词与在数学外部使用它们时的含义不同。这些多义词特别让人烦恼，因为学生对这些单词的定义往往是有限的。比如说，他们理解面积（area）是指一个空间，但是他们不知道求一个图形的面积需要达到精准水平。当学生找到学习单词的某个理由时，他们更有可能记住它，因此期望学生在讨论数学作业时使用这些单词和词组。一级词汇是指每天用得到的单词，比如小（small）、尺寸（size），这些通常不是数学教师的关注点。三级词汇或特定领域的单词，是指只在数学中特别使用的术语，例如绝对值（absolute value）、角平分线（angle bisector）或分子（numerator）。典型地，一般的学术单词和专门领域的单词是数学课堂中语言学习的重点。这类单词的其他例子可以在表 2.2 中找到。最好的教师会提醒学生为什么要学习这些单词。

表 2.2　数学中二级和三级词汇的例子

二级词汇或一般学术术语的意思因为语境和学科的不同而不同	三级词汇或特定领域的术语是有固定意思的，而且只在数学语境中使用
平均数（average）	加数（addend）
差值（difference）	十进制（base 10）
表达式（expression）	基数（cardinal number）
图形（figure）	类别变量（categorical variable）
模型（model）	周长（circumference）
离群值（outlier）	余弦（cosine）
规律（pattern）	分母（denominator）
绘图（plot）	线性方程（linear equation）

续表

二级词汇或一般学术术语的意思因为语境和学科的不同而不同	三级词汇或特定领域的术语是有固定意思的，而且只在数学语境中使用
质数（prime）	数轴（number line）
倒数（reciprocal）	分子（numerator）
相似（similar）	四边形（quadrilateral）
斜率（slope）	四分位数（quartile）
解答（solution）	商（quotient）
表格（table）	菱形（rhombus）
未知数（unknown）	梯形（trapezoid）
整体（whole）	树形图（tree diagram）

除了词汇，教师也可以把重点放在语言所发挥的功能上。在数学中，我们一般会进行描述、解释、说服、解决、质疑、排列、报告、论证、评价等活动。当学生理解这些术语时，教师应该让他们参与到和同伴的合作活动中。举个例子，数学教师梅利莎·华雷斯（Melissa Juarez）的初中学生在学分数的乘除法。她和健康营养教师查克·布兰森（Chuck Branson）一起设计了一节课，让学生根据给定人数，通过正确的计算改写食谱。她解释这样做是为了让学生正确使用术语，例如换算、按比例分配和缩放等。"我不是只想看你的步骤，你要说服我为什么你的答案是正确的。为了做到这一点，你需要鉴别你解决问题的所有模式。"她说的时候，在白板上列出了这些术语。她解释道：

> "一些食谱是为人数较多的组写的，比如 14 到 20 人的组。如果你想要给你自己和两三个朋友准备，那么，我们这里需要进行数学思考，然后你能在布兰森老师的课堂上给出这些食谱。你不仅要计算，还要解释是怎么得出这些答案的。我对你们在小组中如何解决这些问题很感兴趣，告诉你家里的其他成员，写下并证明你的答案。"

在这中间，华雷斯达成了几个重要的教学目标。首先，她把她的学习目标清楚地传达给了学生——既关注了语言，又关注了内容。其次，她设计这个任务去促进学生的学习，学生可以从换算的表层学习过渡到应用知识于新情境的深层学习。再次，这节课体现了 NCTM（2014）的几个有效数学教学实践策略，包括“实施促进推理和问题解决的任务”和“使用和联系数学表征”。最后，这个任务符合许多数学实践的标准，以持续发展学生重要的数学思维习惯。

社会化学习目标和数学实践

社会化学习目标聚焦在培养有效合作和交流的社会技能上。

既然高质量的数学课涉及大量合作（我们将会在下一章具体讨论），那么对教师而言，设置社会化学习目标也是有意义的。**社会化学习目标**聚焦在培养有效合作和交流的社会技能上。威尔曾见过一个沮丧的教师提出他的社会化学习目标：“当教师在说话的时候保持安静！”虽然尊重教师的说话很重要，但这并不是我们这里所指的社会化学习目标的类型。然而，“当别人说话的时候保持安静”这个社会化学习目标，是在大组和小组活动中都很重要的技能。关注学生的社会技能是有意义的。毕竟，维果茨基（Vygotsky，1962）和其他人已经明确地向我们解释了所有的学习都是一种社会性努力。同伴之间的互动方式、与他人互动的方式、与教师互动的方式都是课堂的动力源。

课堂凝聚力的效应量 =0.72

社会化学习目标包括“向你的队友寻求帮助”，“倾听并真正理解你的小组成员在说什么”，“解释你的推理”，或者“给别人有用的反馈”。这些和其他的交流技巧会提升课堂凝聚力——哈蒂（Hattie，2009）[103] 将它描述为“所有人（教师和学生）为积极的学习成果而努力的感觉”。正如内容和语言学习目标一样，社会学习目标也应该基于教师对学生的观察——观察他们学习和评价个人与小组作品。倾听和观察学生在大组和小组环境中的互动，对于教师进行决策至关重要。

开学初，米拉姆（Milam）要求他的学生制定一系列大家认同的班级规范，希望在这一年的数学学习中，教师和学生都要遵守。学生想出了很棒的班级规范清单，因为这是他们自己认同的，所以他们很努力地去遵守这些班级公约。当他们犯错了，他们还会有礼貌地相互提醒，这可是他们一致同意的！以下是一组六年级学生开发的班级公约。

1. 别人说话的时候我们会倾听。那意味着：

- 看着说话的人
- 不要玩铅笔或分心
- 不要打断或和邻座的人讲话

2. 我们会在数学小组中互相支持。那意味着：

- 回答队友的问题
- 分享我们的作业，不抄袭或直接告诉别人怎么做
- 互相问好的问题

3. 我们会在教室认真准备，努力学习重要的数学知识。那意味着：

- 当铃声响起，我们会做好准备
- 我们会准备合适的物品（纸、铅笔、笔记本、课本）
- 我们会完成练习，并对我们不理解的部分提出问题

教学小贴士

社会化学习目标包括“向你的队友寻求帮助”，“倾听并真正理解你的小组成员在说什么”，“解释你的推理”，或者“给别人有用的反馈”。

随着年级的增长，学生在班级公约上增加了其他的规范。米拉姆不需要花时间劝诫学生的行为或者让学生为上课做好准备。整个班级已经同意了这些规范，且它们的所有权归学生，米拉姆老师增加了学生对他们的行为和工作负责的要求。

有时社会化学习目标会支持我们在前言中提到的数学实践标准。这些实践被认为是学生在应用数学中必须发展的，以形成精通的思维习惯，而且认为这些都是学生必须普遍发展的。这些实践中的语言表述在具体的州、省或乡村都不一样。举个例子，让我们一起来看下面这个来自《美国州际核心数学课程标准》中提出的数学实践标准（简称“实践标准”）（National Governors Association Center for Best Practices & Council of Chief State School Officers, 2010）：

1. 理解问题并能坚持不懈地解决问题。
2. 推理的抽象性与数量化。

3. 构建可行的论证，评判他人的推理。

4. 数学模型。

5. 策略地使用恰当工具。

6. 注意精确性。

7. 探求并利用结构。

8. 在不断的推理中探求并表征规律。

在制定学习目标时，教师可以鉴别一项数学实践，例如“构建可行的论证，评判他人的推理”（“实践标准”第 3 条），然后把它转化为学生更能接受的语言，例如“证明你的想法，从而说服你的伙伴你是正确的”。教授综合数学Ⅲ的教师布莱恩·斯通（Brian Stone）提出，他想让他的高中“数学家们”关注的数学实践，有时甚至比学习目标更重要。例如，当他的学生在学习对数时，他就通过“寻找并使用结构”（“实践标准”第 7 条）去提醒学生在完成任务时要寻找什么。又如，当学生完成一个非常有挑战性的任务时，他提出“理解问题并能坚持不懈地解决问题”（“实践标准”第 1 条）。在钻研任务之前，他带领学生讨论什么是坚持不懈，然后他们共同鉴别出坚持不懈听起来像什么，看起来像什么，如何寻找帮助，如何澄清和跟着发言者的思路走，等等。

上面这个例子是来自《美国州际核心数学课程标准》的实践标准，几乎美国所有的州和国家的标准都有关于高阶思维技能的要求。再举个例子，在得克萨斯州，过程描述如下 [参见：《得克萨斯州重要的数学知识与技能》（*Texas Essential Knowledge and Skills for Mathematics*），2012]：

A. 把数学应用到日常生活、社会和工作场所出现的问题中。

B. 使用问题解决模型，其中包含分析给定的信息，制订计划或者策略，确定解决方案，证明解决方案，以及评价问题解决过程和解决方案的合理性。

C. 选择工具，包括实际物体、教具、纸、笔和适当的技术。

D. 通过多种表征方式，包括恰当的符号、图表、曲线图和语言，来交流数学观点、推理其含义。

E. 创造和使用表征去组织、记录和交流数学思想。

F. 分析数学关系，进而连接并交流数学概念。

G. 在书面或口头交流中，用准确的数学语言展示、说明并证明数学思想和论点。

澳大利亚数学课程的核心理念如下（Foundation–Year 10 Australian Curriculum，2015）：

- 理解
- 流畅
- 问题解决
- 推理

你在附录 C 可以看到一份世界多国实践标准的简略列表。

四年级教师安德里亚·维拉诺瓦（Andrea Villanova）提醒她的学生“轮流去解决问题。请记得，你的小组应该使用图片、话语和数字共同解决问题。如果你们轮流、有目的地倾听，你们会听到小组成员的推理过程”。维拉诺瓦班级里的海报展示了什么是有目的的倾听，学生也已经在学年开始就实践这些技能了。表 2.3 中记录了她的海报内容。

表 2.3　海报展示的有目的的倾听的内容

密切关注	• 从视觉和精神上聚焦说话者 • 在你听的时候忽视让你分心的想法或形成质疑 • 避免分心
表明你正在听	• 适当的时候点头 • 微笑并使用面部表情 • 在说话者说话的时候看着他 • 以简要的口头评论鼓励说话者继续说下去，如“是的”“嗯”
提供反馈	• 解释你听到了什么（“我听到的是……”或“听起来像是你在说……”） • 提出的问题要明确 • 总结说话者的信息
适当地回应	• 让说话者自行结束（打断说话者会浪费时间） • 诚实、友好地回应 • 以你想被对待的方式对待别人

贯穿课堂的学习目标

优秀的教师不会在一节课开始时就设置学习目标，然后就抛之脑后了。他们更愿将这些目标贯穿在教学中。

优秀的教师会认真思考何时提出学习目标。他们不会在一节课开始时就设置学习目标，然后就抛之脑后了。他们更愿将这些目标贯穿在教学中，让学生把注意力集中在他们应该学习的内容上。举个例子，教师可能会在一节课刚开始时就有意呈现一个数学实践，这样学生在整个作业中都会习惯性地运用这个实践。斯通（Stone）老师的一组初中学生在经历着似乎毫无成效但其实充满建设性的论辩，这时，他会和学生积极地讨论，同时提到黑板上重点强调的“坚持不懈”这个词。他们讨论如何才能寻求帮助或明确阐述，于是他们回到课堂刚开始时讨论的想法，重新开始有意义的论辩。麦肯纳（McKenna）老师又提到她词汇表里的单词：分子和分母，提及她的语言学习目标，然后要她的学生像当初大家分组主动建构自己的知识一样学习，并提醒他们在解释中应使用术语。

和学术性学习目标一样，聪明的教师在放手让学生进行合作学习之前会回顾社会化学习目标，然后要学生完成任务后自我评价是否实现了这些目标。甚至年龄很小的学生都能够轮流评估自己的技能，分享想法，或在讨论中有礼貌地表达不同意见。

教学小贴士

问学生他们正在解决的特定问题是如何与学习目标联系起来的，或者学习目标是如何与大概念或单元的重要问题联系起来的。

数学成功标准

高效的数学教师不仅会设置学习目标，而且会建立成功标准。学生除了了解自己应该学习什么，还应该了解如何判断自己是否学会了和怎样在学习过程中自我评价。

成功标准是动机的关键

当数学教师告别无效的、重复的题目练习，转向丰富的数学任务时，成功标准的判断就变得比“如果你今天掌握了内容的16/20你就成功了”更加复杂。此外，计算出正确答案不是任务的唯一要点。学数学不仅仅是为了得到正确答案，更是要能灵活地思考问题和有逻辑地去解决问题。当学生不断被要求证明和解释他们的推理，将多种解决策略用于一个问题，分析已有例子，使用数学工具提出现实问题，教师就必须对学生学习提供更精细的评价。学习目标和成功标准已经被证实能够增加学生的内部动机。一个非常有说服力的案例证实了学生可以学习到的最重要的东西之一就是在数学上获得成功的内部动机。

成功标准发挥作用是因为它们体现了人类动机的原则。（Bandura，1997；Elliot & Harackiewicz，1994）学生会把他们目前的表现或能力和他们设定的目标做比较。当他们目前所处的位置与他们想到达的地方之间存在差距，就产生了认知冲突，从而被激励去缩小差距并摆脱这种不一致。如果他们能精确地看到目标，就会更有积极性。

自评成绩的效应量 =1.44

显然，教师应该了解他们的学生是否在学应学的内容。而学生也需要知道自己是否在正确的轨道上。学生的自评成绩反映了学生准确理解的程度和预测成就的能力如何。不管表现是好是坏，学生能够准确地描述自己目前的表现很重要。（Hattie，2012）但仔细想想就会发现，对学生来说很难去了解自己是否正在学习一些东西，并且这些东西还没有可以自我测量的标准。教师头脑中应该有课程的成功标准。正如之前描述的那样，成功标准描述了当学习目标达到的时候成功是怎样的。所以成功标准应该是明确的、具体的、可测量的。

假设一个教师设置了一个学习目标，让学生利用三角形面积的知识去解决实际问题，那学生如何知道自己是否会做了呢？解决一个有关面积的问题够吗？一些面积问题很难，比如矩形和相关图形的组合，那么学生应该独立地解决这些问题还是小组合作完成？他们需要正确地解决多少比例的问题？3/4 还是 8/10 ？边的长度是取整数、小数还是分数呢？如果他们的方法是正确的，但是他们忘记取小数位了或单位转换时出错了呢？每个问题都在指引着教师给他们的学生确定成功的标准。在数学中，成功标准不仅仅表现为简单地衡量是否“得到结果”。只关注学生答案的正确性的教师可能会误解学生对概念的理解和问题解决的过程。

学生除了知道他们应该学什么，还应该知道他们如何确定自己学会了，以及在学习过程中如何自我评价。

如果标准没有被明确定义，教师和学生都不能确定会发生哪种类型的学习。正如我们之前指出的那样，当学习目标聚焦在表层学习时，设定的成功标准应该与学习的水平相对应。当学习目标聚焦在深层学习或迁移学习时，成功标准也应该和那些水平相一致。

如果标准是具体的，学生就更有为成功标准而学习的动力。（Locke & Latham，1990）例如“尽力而为”和“努力尝试”这样的标准不是很清晰或不太可操作（它们的效应量最低，不应该被使用）。“我能……”这样的表述——如“我能做分数加法”，是可操作的但不是很详细。而像“当我分解一个多项式时，我能清楚地解释我的推理”或“我能解决带分数的加减法问题并解释我的想法”这样的标准则更有可能产出结果。学习目标和达到目标的标准越详细，学生就越有可能成功。学习目的和学习目标的意思差不多，也应该很容易达到。（Bandura，1977）换句话说，它们不应该在太遥远的未来。在设计长期任务时记住这一点很重要——建立每日成功标准，这样你的学生就能在完成一个长期任务时时刻记住它，尤其是在他们年纪小的时候。教学生学会如何把大的目标分成若干个小的目标会效果更好。

在刚开始学习数的单元的时候，马丁内斯（Martinez）老师给她五年级的学生安排了一个包含这个单元所有重要数学知识的“特殊的数字项目”，并且它会代替纸笔测验作为对学生最终的评价。学生会和老师一起学习整个单元并定期记录自己的进步。在单元学习开始的时候，马丁内斯老师就解释了该项目。到第三天，每个学生都从 1 到 100 中选择一个特殊的数字。马丁内斯老师给家长准备了一封信，这样家长就能知道他们的孩子在做什么。几周过后，马丁内斯老师分享了以前学生所做的一些关于该项目的案例（没有给太多的信息，这样学生能发展自己的想法）。在这周即将结束的时候，学生需要为特殊数字项目上交一份简单的描述报告。他们可以在和老师交流后改变想法，但那只是为了帮助他们聚焦想法而不必在整个单元中苦苦挣扎。随着学生对单元的术语学得越来越多，教师建立了一面课堂词汇墙去帮助学生聚焦重要的数学概念和新术语。给学生的成功标准之一就是，能够在项目中有意义地运用这些概念和术语。学生讨论教师分享的项目案例中哪些有意义哪些没有意义。教师定期和学生交流或者收集学生在整个单元学习中不断取得进步的书面记录，就这样直到最后一分钟也没有学生被落下。最好的部分是在“项目日”那天，学生自豪地把他们的数学项目（从海报到桌上游戏再到故事）带到课堂，急切地想把他们的成果和别人分享。我们可以看到，这个项目很清晰，学习目标很清晰，成功标准也很清晰。大多数学生成功地证明他们掌握了这个重要的数学内容以及在做数学中获得了乐趣!（今天，马丁内斯老师的文档中已经有许多项目了！）

希尔达·阿马多尔（Hilda Amador）老师一整天都在对她一年级的学生使用"我能……"的声明。她把声明贴在一张语言表上并在课堂上带领学生一起大声朗读。他们读到"对于给定的和，我能找到所有可能的两个加数"时，阿马多尔老师说道："现在有个问题需要你们解决。"

妈妈去超市买了一些苹果和梨。她一共买了 10 个水果。她可能买了几个苹果和几个梨?

"和你的同桌使用彩色瓷片代表苹果和梨，找出所有不同的苹果和梨的组合。然后给你发现的每个组合写个等式。"

这里有一点要注意，要确保"我能……"的表述是明确的，是和学习目标有联系的。一般的"我能……"的表述，尽管目的性很强，但是对学生或教师帮助不大。表 2.4 呈现了数学中有关"我能……"表述的例子。

表 2.4　简单的"我能……"的陈述

年级 / 类别	表述
幼儿园	• 我能数到十个物体并说出有多少个 • 我能比较图形，描述他们有哪些相同点和不同点
一年级	• 我能从一写到十 • 我能通过建模型找到应用题的解决方法，并决定是用加法还是减法
二年级	• 我能十个十个跳着数，一直数到 1000 • 我能画图表来表征数据
三年级	• 我能解释两个分数是否相等 • 我能解决包括经过时间的应用题
四年级	• 我能解两位数乘法 • 我能应用我知道的关于分数的知识，帮助自己比较小数点在十分位以及百分位上的值
五年级	• 我能应用我对整数除法的理解，去解释当我用一个整数除以一个分数时发生了什么 • 我能解释长方体体积公式是如何推导的

续表

年级 / 类别	表述
六年级	● 我能使用标准的算法流畅地分解多位整数 ● 我能应用我知道的有关分数的知识，找出一个给定情境的单位比率
七年级	● 当三角形的三个角度数被测量后，我能画出这个三角形 ● 我能应用我知道的有关概率的知识，去预测一个具体的结果可能发生多少次
八年级	● 我能解释为什么当指数为零时，值是一 ● 我能对科学计数法表示的数字进行运算
代数	● 我能从给定的情境中抽象出线性方程或不等式，并用它来解决问题 ● 我能做二次因式分解，并利用信息去帮助自己理解函数图象
几何	● 如果给定一个图形和变换的要求，我能画出变换后的图形 ● 我能通过转化，包括缩放，去确定两个三角形是否相似

在数学中获得成功的内部动机，是学生可以学习的最重要的事情之一。

在有些课中，尤其是在学生已经对一个任务进行了探索，想要自己弄清楚时，教师会组织讨论，让学生说出自己的思考过程，并通过提出有目的（仔细建构了的）的问题来使学生的思考更清晰。阿马多尔（Amador）老师在她一年级的课堂上，告诉学生他们需要说服她，他们已经找到所有的组合了。在学生开始和同伴进一步解题之前，阿马多尔提醒他们要记得这节课的学习目标和成功标准："让我们重新回顾'我能……'的声明，以把目标时刻记在脑子里。"当学生开始共同建模并写出等式去表征给定的和时，阿马多尔老师通过有意识地提问，来给在任务中陷入困境的小组提供指导，同时也会指出他们做得好的地方。在课的最后，她再一次谈到"我能……"的声明："请你们用交通灯来告诉我你们做得如何。"学生们把他们的名片贴放在红灯上（表示"我还不知道"）、黄灯上（表示"我差不多知道了"）或者绿灯上（表示"我明天能帮助其他人了"）。后来老师又说："学生的自我评价可能不会一直正确，但是这有助于培养学生关注自我学习的习惯。我仍然会给出形成性评价以检查他们的理解情况，但是他们的自我评价能让我先一步地知道第二天该怎么给他们分组。”

达到成功标准的双赢

已经有研究表明，学习目标的设定或让学生自己确定数学成功标准，能够促进学生学业成就的提升。（Schunk，1996；Senko & Hulleman，2013）有趣的是，当学生让教师给他们设定目标，并且学生也接受这个目标、认为它合理的话，也能促进学生学业成就的提升。教师开发的成功标准要能让学生理解他们的学习目标是可测量的。让学生接受学习目标的一种有效方式就是：让学生和你一起来确定成功标准。学生对成功的理解本身就可以是给教师的一种反馈，有助于教师了解学生是怎样观察自己的进步的，学生认为达到目标需要做什么。举个例子，给学生呈现某个评价量规时，有必要和学生一起讨论量规的内容，让学生参与起草成功标准。这并不意味着为了让学生容易达到而降低标准，教师仍然有责任去保持高标准。但是在我们的经验里，当学生对一个具体概念、做法或问题的成功标准全身心投入时，松懈、不努力就不再是严重的问题。

目标设定的效应量 =0.56

期待的效应量 =0.43

高中数学教师布莱恩·斯通（Brian Stone）在给学生设置丰富的数学任务和项目时，喜欢呈现出他设定量规的草稿（有些人称之为评分指南，还有人称之为检查清单）。他给学生阅读时间，并记下他们最初的想法。学生理解题目吗？他们认为需要改变什么？这是很重要的，因为它让学生有时间去深度理解要完成的任务。而让学生自己想象着去完成要求严格的任务，会是一种巧妙的方式。举个例子，表 2.5 中的题目聚焦在学生和别人合作时对成功的反思上。

教学小贴士

与学生合作去创造最多学生能接受的、有效的成功标准。

表 2.5　数学小组合作评价的自我反思量规

作为团队一员，我做了多大程度的贡献？我的长项是什么？下次我将从哪一方面改进我的团队能力？			
标准	**评价的实践者**	**有意识的实践者**	**评价的新手**
评价的思考	有证据说明学生的自我思考、学习过程、学习反思，以及从中可以看出对未来学习的启示	有证据说明学生关于自我学习过程的思考	提交的内容仅仅聚焦在学生经验的描述而不是对经验的反思上
分析	反思不仅是对经验的简单描述，还包括对经验如何帮助学生理解自己、他人和课程概念的分析	反思是对学习经验和对自我及他人的学习价值的分析	反思包括对学习经验的描述，但描述没有清晰地分析自己或其他人的学习
肯定其他人的贡献	学生肯定并积极利用小组成员的想法和特别才能	学生尝试去认可某些小组成员的特别才能	学生不肯定、不使用小组成员的特别才能，或忽视其他人的想法
所有权	学生要为小组的成功和努力承担责任，并提出未来自我提升的目标	学生为小组的成功和努力承担一些责任，但是和未来目标没有联系	学生自己不付出努力，反而责备团队中的其他人

同伴辅导的效应量 =0.55

学生看到量规后，斯通老师给学生时间讨论，让他们三人或四人一组，对量规提出建议。这样他们可以相互交流想法，并在人数不多、相同安全的小组中展示。就像成人一样，学生也是社会中的人，当他们和别人互动时，学习和记忆的效果最好。几分钟后，斯通老师组织了一个快速的课堂讨论。他让每个组的代表分享他们的反馈。有时学生的反馈没那么重要但有趣，如“我们应该授予分类‘诺贝尔奖’，因为那是真正的专家思考”；有时是很有实质性的，如“我们能在‘好’和‘非常好’中间插入第四列，以防有人的成绩在它们中间。那样的话他们就能得到一个更公平的分数。”

对用时较短的、成功标准不太复杂的任务来说，没有必要花大量的课堂时间来确保学生知道自己会被问什么。根据经验，任务用时越长就越复杂，教师花在确保学生理解成功标准上的时间也应该越长。

教学小贴士

任务越长、越复杂，就应该投入越多时间以确保学生理解成功标准。

斯通对他开发的丰富的数学任务也应用了一种评价量规（见表 2.6）。“不论我们处理的是什么内容，我对任务都用同一个量规去判断，这样标准是一样的。”他解释道，“我过去针对每个任务用不同的量规，但之后意识到我真正想要他们去做的是掌握概念，提供解释，包括对基本原理的阐述和对符号和术语的准确使用。”尤其是证明部分受到了挑战。“现在只是去解释就行，而不用提供数学推理去支撑他的解释。”斯通说，“因此不管我们学习什么，这都是一个持续的教学重点。这也是为什么我想要用一种量规来保持它的中心地位。”斯通也在班上采用匿名学生作业的例子来展示每类成功的和不成功的作业是什么样的。这让学生可以通过提问或学习示例来更好地理解教师的期望。

表 2.6　丰富的数学任务的量规

评分	概念理解	解释和证明	数学术语和符号
4	对数学概念完全理解。解决方法是准确完整的，涵盖所有要求的元素	解释是清晰和有逻辑的。证明是有推理过程的，而且既包括了你是怎样想到解决方法的，又包括了为什么使用所选择的方法	使用了准确的术语和符号。它们是完整的，而且有每步的过程
3	对数学概念几乎完全理解。可能会有小错误，但是对解决方法影响不大	解释是清晰和有逻辑的。证明是有推理过程的，但是在怎样想到解决方法或为什么使用所选择的方法上有些疏漏	使用了准确的术语和符号。有小错误，但每步的计算是清楚的

续表

评分	概念理解	解释和证明	数学术语和符号
2	对数学概念有一些理解。虽然有些方面是完整的，但是解决方法有明显错误	解释因为在推理和逻辑上有漏洞而显得不那么清晰。信息缺失，因为没有附上你是怎样想到解决方法的或者为什么使用所选择的方法	在术语和 / 或符号上有错误。符号不完整，很难一步一步地看下去
1	有证据表明对数学概念理解很少。只是抄写和计算数据，解答只涉及很少的需要的元素	解释是有错误的或模糊不清的。只提供了解决方法，但是没有提供怎样想到解决方法的和为什么使用所选择的方法的证明	没有准确、完整地使用术语和符号。提供了一个解决方法，但是其他的计算不清晰
0	没有完成	没有完成	没有完成

不管你的成功标准是什么，对学生来说，让他们在开始任务之前就知道高质量的学习是怎样的，这样是公平和让他们有动力的。就像要确保学生熟悉学习目的一样，已有研究表明，确保学生知道成功标准能显著地促进学生学习。（Black et al.，1998；Hattie，2009）这会让任务意识等直观可见，但这在很多课堂中都缺失了。

反思便条（exit tickets）是教师根据成功标准评估学生进步情况的一种方法。典型地，反思便条能让学生总结或融合他们在学习某些内容时的思考。这个任务使学习对学生和教师来说更加可见。正如我们的一些学生所说："我把它们写下来，才知道我理解了什么。"初中数学教师安德里亚·马丁（Andrea Martin）每天都使用反思便条去确认她的学生是否达到了当天的成功标准。她每天都变换不同的说法去提示大家。一般提示如下：

- 你的模型是怎样证明你的思考的？
- 说服我你的方法和答案是正确的。
- 描述你发现的任何能帮助你解决问题的规律。
- 怎样用另一种方法解决问题？

当学生离开马丁的课堂时，他们把反思便条放到一个能代表他们理解水平的桶中——总共有三个桶，桶上分别写着："我完全理解了，并能把它教给别人。""我理解了，但是我的想法仍然有点不坚定。""我不确定我是否理解了，并希望能得到一些支持。"学生的这种自我评价能够帮助马丁准备第二天的工作。当利奥（Leo）把他的纸片放到了表明他没有成功的桶里时，他对老师说："我不知道怎样展示我的想法。也许你让我和其他同学结对，我就能谈论它，然后我可能就会做了。"学生不总是需要来自教师的支持，同伴的支持也很有用。

前　测

另外一个影响教师表达清晰度的因素是，满足学生需求的课堂教学的精确度，这不只是要涵盖所有教学内容。教师需要去确定学生目前的理解水平和期待学生达到的水平（比如课程标准里的要求）之间的距离。不难想象，有学生已经掌握了即将要教授给他们的内容。这样就太浪费宝贵的教学时间了！也不难想象有的学生需要聚焦在一个概念的某个特定方面的教学。教师了解这些情况的唯一方式就是前测，这会增加他们确定学生学习结果的精确度，从而提升表达的清晰度。

前测，或者有时也被称为诊断测试，让教师在教学之前可以了解学生的基础知识水平。这有助于教师设计差异教学，帮助存有疑惑的学生跨越鸿沟，给教学搭建脚手架，设计任务使学生做好学习概念的准备，同时给准备好继续学习的学生提供拓展任务。前测也使教师能够随着课程或单元的推进，确定学生发生了怎样的学习。当教师只使用后测，比如单元小结或项目小结测验，他们会知道哪些学生已经达到了要求的成就水平（哪些没有），但是他们不会知道谁已经学习了什么，因为学习需要时间维度的测量。

威尔（Will）记得，当一个同事的学生在学习完收集数据、展示数据并处理数据的单元后，表现为已掌握了知识，他的同事很开心——她的学生能计算平均数和中位数，能应用信息形象地表征数据，能理解大量的图像和表格。她对学生接下来一年的学习充满希望。毕竟，他们这么快就掌握了第一单元的内容！

但是，当学生在接下来的单元里学得不是很顺利的时候，教师很快就变得沮丧起来。这证明学生在进入她的课堂之前的一年里已经明显学习过如何分析简单数据了。换句话说，教师认为的第一单元的新知学习对学生来说只是复习。当学生面对随后一个单元的新概念时，他们的学习开始止步不前了，其中部分原因就是教师是基于学生之前虚假的成功而定的教学速度。如果威尔的同事在单元开始之前进行前测，她就会提前知道这些情况，这能让她基于学生已有知识和不足调整教学进度。虽然前测和后测的题目可能不同，但在难度和内容上是一致的。

前测的另一个价值是让教师建立合适的成功标准。威尔的同事本可以让她的学生去设计自己的数据收集工具，分析更有挑战性的数据集合，或用其他的方式学习，或更快地进入下一个单元的教学而不是浪费宝贵的教学时间。许多研究者认为，前测的更大价值在于了解你的每个学生在上课前的理解水平。（Stiggins，2001）有了前测的数据支持，教师能更有效地进行差异教学，并满足更多学生的教学需求。（Ainsworth et al.，2006）差异教学会在本书后面部分展开论述。当你想要把教学和学生的先前知识联系起来时，前测数据也会有极大的帮助。你会知道你能把你的课程和什么联系起来，不能和什么联系。我们将在第七章讨论更多有关评价的内容。

结　论

我们的立场是：学生应该知道他们要学习什么。我们认为，这不仅仅是把标准写在易擦除的黑板上，也不仅仅是遵守需要填写目标的评价工具的要求。当学生知道他们被期待学习什么和为什么要学习时，就产生了一些数学教与学的乐趣。总之，教师应该设立这样的学习目的：

- 和先前知识联系起来；
- 引发学生参与；
- 同时包含内容和数学实践；
- 提出语言和社会化目标。

除此之外，教师应该在课上让学习目的清晰化，并通过它们去体现学生的进步。如果能很好地开发学习目的，教师就能提升他们表达的清晰度，学生也能享受数学本身。

用成功标准来激发学生的学习动力，培养他们自我评价的习惯是很重要的。但是请记住，你的学生是不会一夜之间变得有动力并成为一个会反省的学生的。专家型教师知道学生的动机水平可以随着时间的推移而增长，但那是逐步发生的。先前表现不佳的学生的顿悟和突然理解数学重要性的时间是很短暂的。但是随着时间的推移，这些情况会变得更加频繁和持久，而且能改变学生个人对数学的看法。毕竟，有能力的人才会更有动力。每日成功标准给了学生频繁体验成功的机会，而不仅是从单元测验中得到一个分数。关键是持续鼓励，并且对过程保持耐心。记得去鼓励学生的成长、努力和坚持不懈，而不是称赞他们的智力、先天的数学能力或成绩。你鼓励学生的方式会帮助他们塑造数学观，更加关注成长，也更有动力（Dweck，2006）。要让学生觉得你信任他们，并且深刻、持续和热情地信任他们。

反思与讨论问题

1. 学习目的能帮助学生把当前学习和先前学习的内容联系起来。思考你最近教的一节课的学习目的，之前学习的什么内容和这个学习目的有联系？你的学生能看得到联系吗？如果看得到，这是怎样影响他们学习上的参与的？如果看不到，你会怎样修改学习目的和经验，使得这种联系更明显？

2. 学习目的对学生来说应该是有意引发的。回顾你最近的课的学习目的，并重新设计它们，使其更有吸引力。可以使用表 2.1 的例子作为指导。

3. 一节课应有数学内容和（或）实践学习目的、语言学习目的和（或）社会学习目的。再次考虑你最近的课和学习目的，记住不是每节课都包含每种类型的学习目的。你会让学生了解哪种类型的学习目的？你会考虑其他哪种类型的学习目的？你怎样确定你的课堂重点？

4. 回顾表 2.2 中的二级词汇。在空白表格中列出对你的数学课堂很重要的一般学术词汇（二级），以及学生必须掌握的三级词汇。思考你帮助学生学习词汇表的策略是什么。

5. 观察斯通老师设计的表 2.6 中的一般数学量规，并思考你的某个学习目的及其成功标准。记下你期待看到的学生在概念理解、解释和证明，以及数学术语和符号三个方面的表现。

第三章　引导学习的数学任务与数学交谈

克拉克（Clark）女士正在准备一节一年级的关于计算硬币面值的课。这节课要让学生计算总数不超过 4 个的 1 美分、5 美分和 10 美分硬币的总面值。克拉克女士希望学生能在新情境中顺利应用。考虑到一年级教材中曾有让学生计算图示硬币总面值的任务，而且学生做过很多练习，所以她确信这个目标对于学生而言不会有什么挑战性。为此，她设计了以下学习任务。

> 你打算去商店买一根价格是 25 美分的香蕉。你有很多 1 美分、5 美分和 10 美分的硬币。你会用哪些硬币买香蕉？

克拉克女士带了各种面值的硬币到课堂中，她让每个小组挑选硬币来帮助他们解答这个问题。她惊讶地发现学生并不情愿做这项她以为充满乐趣的任务。她发现一些学生不会识别真正的硬币（尽管他们认识教材上画的硬币）；一些学生虽然会识别，但对怎样将这些硬币凑成 25 美分感到束手无策。

克拉克女士没有立刻介入、告诉学生该怎么做；相反地，她鼓励学生进行小组合作，互相帮助来解决这个问题。她饶有兴趣地观察着每个小组中学生可能会做什么（识别或数硬币）。很快，一组学生举起手，展示了他们的答案——挑选了两个 10 美分和一个 5 美分的硬币。当克拉克女士问是否还有其他的方式可以凑成 25 美分时，学生很惊讶，他们从来没有解决过有多个正确答案的问题！有趣的是，学生又开始认真地寻找其他解答，挑战自我，最后找到了所有可能的组合！

通过适当的数学任务实现可见的学习

对买香蕉问题的解决展示了学生从表层学习（识别硬币和 / 或了解单个硬币的面值），到将表层学习提升到更加复杂水平学习的过程，即需要通过深层学习

（将各种硬币的面值进行组合）来实现学习的迁移。

学生不仅要认识硬币的面值并将其相加，而且与课本上的习题不同的是，学生还要决定该使用哪些硬币。在学习过程的恰当时刻，给学生提供适当的任务，让学生实现从表层学习到深层学习以至于完成学习的迁移是至关重要的。

习题与问题

首先，重要的是，我们要对布置给学生的任务类型形成共识。**习题**是大多数传统教材中的典型练习，用来训练学生特定的技巧，通常这些习题是脱离情境的。尽管这些习题偶尔会被认为是问题，但实际上，习题只是简单的练习题目。

习题意味着练习特定的技巧，但它通常是脱离情境的。

问题是有情境的——它们通常用文字呈现，描述的可能是应用数学概念的条件或为数学概念提供上下文。一类问题是应用问题，它关注特定概念或程序的使用。另一类问题是非常规问题或开放性问题，它们所涉及的内容远远超过应用一个概念或程序。我们将会在下节更为详细地探讨不同的问题类型。

问题通常用文字呈现，描述的可能是应用数学概念的条件或为数学概念提供上下文。

在详细探讨适合不同阶段数学学习的任务类型之前，我们需要先强调如下观点。

- 间隔练习，也被称为分散练习，远比大量的集中练习有效。我们会在第四章对此进一步讨论。通俗来说，间隔练习指学生应该连续几天坚持每天做少量习题或者解答少量相关概念的问题，而不是集中在一两天内解答大量的问题。

间隔练习相对于集中练习的效应量 =0.71

- 数学不是速度竞赛。教师应当慎重对待限时测验。要求学生学习的流畅性和耐力，并不是说要求他们竭尽全力地快速学习。如果测验要求学生很快解答问题，这就会强化他们形成这样一种认识，即他们应当优先做“简单”问题，而不是把宝贵的时间花在需要深层思考的问题上。我们过于频繁地用限时测验或速度竞赛来检查学生对数学基础知识掌握的流畅性。但问题是，速度并不是流畅性的一部分，流畅性要求的是灵活、准确和高效的思考。流畅性也同样要求一定水平的概念性理解。如果一个人在不理解的情况下通过模仿说出一门外语，他也不能被看作流畅地掌握了这门外语！学生可以通过实践而不是以竞赛的书面任务或活动来发展流畅性。另外，速度竞赛会使得一些学生坚信自己并不擅长数学。学生对于数学的态度是重要的，它将影响学生尝试的意愿。

- 任务不应该仅仅聚焦在过程上。萨拉（Sara）很小的时候在数学上就表现得很优秀。她看起来好像理解了数字，她也十分擅长学习解题步骤和规则，并能独立地这样做。但是她从来没有被要求解释为什么这些规定是可行的。在做长除法时为什么要将最后一位数字照写下来——当然要这样，为什么不？为什么那样做可以得出正确的答案？如果我不知道它的含义，我怎样将那个技能应用到真实情境中？萨拉没有考虑过这些问题，她的老师也认为她不这样想也没有什么关系。这就是一个聚焦程序性技能，同时牺牲概念性理解的案例。

我们并不是说学生不应该学习长除法。只是我们认为，学生不动脑筋地做长除法也没有太多收获。学生的学习目标应该是发展类似除法过程的迁移性和灵活性的理解。同时，他们应当拥有在一个意义情境中构建理解的机会。然而，学生做大量重复的、无情境的长除法练习并不能帮助他们达到这个目标。

相反地，我们应该期待学生参与到推理、探索、灵活思考和建立联系中。学生应当知道学习不是一件容易的事，而且他们应该享受完成学习挑战后的成功。（Hattie，2012）学生需要做教师斟酌过的练习，而不是重复完成技能训练的任务。有的任务应当为学生提供参与数学建模的机会——得到一个问题或情境，数学化地表征，然后通过数学方法得到合理的解答，或者收集必要数学信息来得到的新信息。

然而，其他的任务要求学生练习将概念应用到不同的情境中。为了促进策略性思维，一些任务应当是开放式的，并且有多种途径得到解答，或者在某些情况下可以得到多个答案。数学任务并不总是好玩的，但它们也可以是有趣且有用的。

学生应当做练习长除法技能的习题集吗？当然。但是在这里我们不讨论这类任务，这有以下几点原因：首先，我们知道教师在布置课本习题方面已经做得相当好了，因此阅读这些是在浪费时间。更为重要的是，研究证据显示，将概念在不同的情境中运用或者以不同的方式帮助学生建构意义，比通过重复的、几乎相同的对数字的操作更加有效。（NCTM，2014）

灵活有效地进行数学运算也是有用的，因为这样能将认知空间空出来，把运算应用到新情境中，并且让运算与其他数学概念相联系。但是在大多数数学课上，运算在学习周期中被过早地强调以达到自动化。它可能会占据过多的课堂时间。而流畅的程序如果离开了真实的、有意义的理解，是不能得到发展的；同时，如果不补充理解性的技能训练，可能也会对学生的数学理解、动机水平、数学观发展不利。如果学生以牺牲数学理解为代价来学习程序性知识，便难以发展概念性理解水平。同时，如果学生已经知道有速算法，教师就更难激发学生真正理解概念的动机。这里需要达到一种平衡：牢固的概念基础可以让学生实现更加高效、有意义、有用的流畅性。所以，为了促进学生对程序性知识的学习，确实值得在概念理解上花费更多的时间。学生需要学习程序性知识和概念性知识之间的关系，逐渐成为流畅的思考者。

流畅的程序如果离开了真实的、有意义的理解，是不能得到发展的；同时，如果不补充理性的技能训练，可能也会对学生的数学理解、动机水平、数学观发展不利。

问题可以被分成两类：应用问题和非常规问题。**应用问题**——经常被称作文字问题或者故事问题——是通常与真实生活经验相关，学生可以使用或应用他们学习过的数学概念或者技能进行解决的问题。有趣的是，这些问题经常在传统课堂练习之后出现。然而，应用问题也被用来引入概念，以便让学生对情境进行建模，发展概念性理解，并与程序性技能相连接，然后通过更多的应用问题和练习来实践相关技能。熟悉认知导向教学（Carpenter et al.，2014）的人会知道，这正是该理念下使用的方法。应用问题可以包括从简单直接的（通过熟练的运算进行解答），到很难的（包括对新概念的运用，多步骤和 / 或多元表征）的各种问题。

应用问题是通常与真实生活经验相关，学生可以使用或应用他们学习过的数学概念或者技能进行解决的问题。

非常规或复杂问题不仅仅包括应用一个数学程序寻求解答。学生对这种问题通常的反应是“我不知道做什么！”，因为简单的

非常规或复杂问题牵涉到不仅仅是应用数学程序解答问题。

步骤程序并不是解答的路径。相反地，学生需要使用各种各样的策略，突破固有思维去解决这类问题。

当我们设计学习任务，考虑何时使用哪一类任务时（在数学教学中，每一种类型的任务都有用武之地），应该思考我们想从任务中得到什么，我们的学习目的是什么，这个任务在帮助学生达到每节课的成功标准的过程中起到什么样的作用。

下面，我们将要考察两种问题的分类框架。一种聚焦任务的难度 / 复杂度，另一种聚焦学生需要的思维种类。两种分类其实没有好坏之分，但是结合你自己领域的经验，当你将练习 / 问题与表层学习、深层学习以及迁移学习相联系时，某种分类可能会比另一种更有帮助。我们会在接下来的几章中通过例子深入介绍具体的细节。在这里，我们的目的是让你熟悉一些描述以及仔细思考你布置给学生的哪些类型的任务能使你的教学对学生产生积极的影响。

难度和复杂度

为了帮助学生在各方面达到严谨性（概念性理解、程序流畅性，以及应用），能够朝着自己的学习方向前进，并将学习迁移到新的情境中，教师精心考虑学习任务的挑战水平以及类型是十分重要的。不幸的是，有些人将难度和复杂度混淆了。我们认为**难度**是期望学生付出的努力程度，而**复杂度**是指思维的水平、解答步骤数或者任务的抽象性。我们认为，教师不能通过简单地增加任务量来影响学生的学习。我们知道，当学生参与到深层思维时，他们可以学得更多。图 3.1 显示了我们如何在四个象限中思考这个问题。

难度是一个人必须投入的努力程度或工作量大小。
复杂度是思维的水平、解答步骤数，或者任务的抽象性。

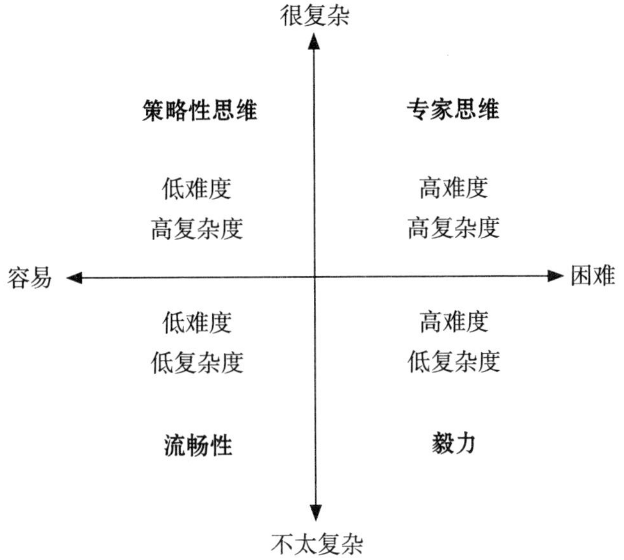

图 3.1　难度和复杂度

流畅性象限的任务是低难度和低复杂度的，它并不是不重要，而是需要自动化策略。比如，学生一旦理解了加法和减法的概念（它们的意义是什么以及它们看上去像什么），学习过策略，以及计算和与差的规则步骤，就需要构建流畅性了，这样他们就可以灵活、准确、高效地运算。学生应当有能力快速进行基本数学计算并且毫不费力地释放认知空间，以将计算和更加复杂的例子或者更大的概念联系起来。当你想要学生在特定的程序种类上形成自动化，还是需要一些时间的。对基本数字事实的瞬时回溯（instant retrieval）是能够进行概念性理解、思考更复杂数学任务的基础。哈蒂和耶茨（Hattie & Yates，2014）[57] 认为，这些回溯是各要素组合的产物，这些要素包括：

> 展示给其他人，自己解决，考虑具体材料，对不同表征形式进行实验，然后在你的短时记忆中预演获得的知识单元，将它转移到长时记忆中，进行成千上万次的验证。

如果学生的数学经验局限在这个象限中，学习就不会扎实。**毅力象限**——任务是高难度但低复杂度的——是构建毅力的地方。毅力指的是即使任务变得困难，并需要耐心和毅力时，仍坚持继续做的想法。这类任务可以是一个问题或练习（是的，它们在这里都有用武之地），以让学生可以应用他们现有的知识并将其延伸到更加复杂的情境中。本章开头给一年级学生的买香蕉任务就是一个很好的促进毅力形成的例子。学生有能力完成之前教材中数图片硬币的任务，但是他们需要变通地使用相关知识，并思考如何找到**所有**可能解答的策略，然后证明他们是如何知道已经找出了所有的解答。

一个帮助锻炼毅力的例子是，在日常练习时，学生在询问同伴之前，先独立解决一个问题，这样可以锻炼学习者对问题坚持探索的能力。询问同伴后，回到问题，对原来的解答进行第二次独立修改，这样做会更有利于学生锻炼毅力。

策略性思维象限的任务是低难度、高复杂度的。一些内容丰富的数学任务属于这一类，因为它们要发展学生的策略性思维能力。一个发展策略性思维的例子是，在学生探索特定程序性算法之前，将对整数除法的理解与小数除法联系起来。在这个任务中，学生必须思考他们对除法知道些什么、对小数知道些什么，从而在商中猜测有关位值的知识。

比姆斯（Beams）先生有一个特别奇怪的计算器。在比姆斯先生按了“=”键之后它会运行，但答案中并没有小数点。请根据你对小数和除法的认识，来帮助比姆斯先生确定每一个商中小数点的位置。请准备好证明你的思考！

（1）68.64 ÷ 4.4=156

（2）400.14 ÷ 85.5=468

（3）0.735 ÷ 0.7=105

（4）51.1875 ÷ 1.05=4875

这个任务要求学生将之前的学习延伸到更加复杂的情境中理解。高复杂度的任务往往需要学生分组工作，证明他们的思考。学生很有可能要考虑如何通过合作解决问题，进行小组交流讨论和制订计划，以及调控他们自己的思考和理解。

最后一个象限描述了专家思维，包括那些既困难又复杂的任务。这些任务以某种形式，推动着学生延伸或拓展他们的学习。最受五、六年级学生欢迎的任务是握手问题，它既复杂又有难度。

25 个人参加聚会。如果每人与参加聚会的其他人都握一次手，一共需要握多少次手？

这个问题可以说是非常规的，因为没有特定的程序或者运算可以得到解答。当然，学生可能合作使用多种策略解决问题，包括表演、找规律、制作表格，或者从简单问题出发。使这个问题更加有趣（和复杂）的是，学生可以进行概括（找到规律），这样他们可以确定任何人数时握手的次数——甚至 1000 个人时！

在此不可能穷举，仅举一两例。对教师来说，他们应当知道期望学生达到的难度和复杂程度。然后教师可以做出差异性的决定和教学支持，以及关于推进学习进度的反馈。

学生需要定期实践这类任务，它们使学生可以探索、解决问题以及关注自己的思维。学生需要完成与他们当前表现和理解相联系的、具有恰当挑战性的任务，实现基于学习目的的成功标准。教师应当选择帮助学生推进思考的任务，但不能太困难，否则会导致学生认为达到目标是可望而不可即的。教师和学生必须能够看到实现目标的路径。这支撑了 NCTM 的**行动原则**中的第二个有效教学实践：实施促进推理和问题解决的任务。教师布置的任务必须：

1. 与学习目的相符。
2. 给学生提供参与探索和理解重要数学概念的机会。
3. 鼓励学生使用与理解相关程序。
4. 提供学生实施数学实践标准的机会。
5. 允许教师和学生确定成功标准是否已经达到。

这就是为什么要将任务和先前知识联系起来的重要原因。（Hattie，2012）

基于认知需求的任务分类

第二个考虑如何策略性选择与学习目的和成功标准一致的数学任务的框架，是基于对每个要求的认知需求水平的数学任务的分类。（Smith & Stein，1998）**认知需求**是学生成功地参与和解决任务所要求达到的思维的种类和水平。（Stein，Smith，Henningsen，& Silver，2000）

认知需求是学生成功地参与和解决任务所要求达到的思维的种类和水平。

这种分类被全美数学教师理事会（NCTM，2014）所使用，因为它提供了一个强有力的数学任务类型及特征的结构，让教师能够选择与给定结果的学习目的和成功标准相一致的任务类型的标准。（见表 3.1）

表 3.1　四种认知需求水平的数学任务特征（Smith & Stein，1998）

需求水平
低需求水平（记忆） * 包括对已学的事实、法则、公式以及定义的记忆重现或者把事实、法则、公式和定义纳入记忆系统 * 使用程序不能解决，因为不存在某种现成的程序，或因为完成该类任务所需要的时间太短，以至于没时间使用程序 * 不模糊——这种任务包括对先前见过的材料的准确再现，以及对再现的内容可以明白而直接地陈述 * 与隐含在已学的或再现的事实、法则、公式和定义之中的意义或概念无任何联系
低需求水平（无联系的程序） * 算法化。程序的使用要么是源于特别需要，要么是明显基于先前的教学、经验或任务安排 * 成功完成任务需要的认知要求有限。对于应做什么和如何做几乎一目了然 * 与隐含于程序之中的意义或概念无任何联系 * 更强调得出正确答案而不是发展数学的理解 * 不需要解释，或需要的解释仅仅是对解题程序的描述
高需求水平（有联系的程序） * 为了发展对数学概念和思想的更深层次的理解，学生的注意力应集中在程序的使用上 * 暗示有一条路径可以遵循，这种路径即与隐含的观念有密切联系的、明晰的一般性程序，而不是相对于潜在概念的、不透明的狭义算法 * 常用的呈现方式有多种（如可视图表、学具、符号、问题情境）。在多种表现形式之间建立起有助于发展意义理解的联系 * 需要某种程度的认知努力。尽管有一般的程序可遵循，但不能不加考虑地应用。为了成功完成任务和发展数学理解，学生需要构建存在于这些程序中的观念
高需求水平（做数学） * 需要复杂的、非算法化的思维（即任务、任务讲解或已完成的示例都没有明确暗示一个熟悉的、常见的方法或路径） * 要求学生探索和理解数学观念、过程和关系的本质 * 要求学生对自己的认知过程进行自我调控

续表

需求水平
* 要求学生启用相关知识和经验，并在任务完成过程中恰当使用 * 要求学生分析任务，并积极检查对可能的问题解决策略和解法起限制作用的因素 * 需要相当大的认知努力，也许由于解决策略不可预期，学生还会有某种程度的焦虑

注：这些特征来源于道尔（Doyle，1988）关于学术任务的工作以及雷斯尼克（Resnick，1987）关于高阶思维技巧的研究，数学教学的专业标准（NCTM，1991）以及对在 QUASAR 课堂中使用的数以百计的任务的审查和分类（Stein，Grover，& Henningsen，1996；Stein，Lane，& Silver，1996）。

传统课堂教学中，大多数时间花在了缺乏联系的需要记忆和 / 或程序化的低水平认知需求的任务上。并不是说这些任务不好，这些任务也应有其时间和空间，但是它们不能给学生提供学习经验来发展数学思维习惯，比如找规律以及使用替代表征（alternate representations）。（Levasseur & Cuoco，2003）理解概念后的记忆任务会促进学生的表层学习。表层学习是重要的，不应当被减少。当前对表层学习有太多误导性的批评，因为它通常和肤浅学习（shallow learning）相混淆。也就是说，过多地强调以长时间的深层学习以及迁移到新情境中为代价的表层学习，并没有给学生提供真正的数学经验。（不同学习类型的）平衡要得到保证。

史密斯（Smith）和斯泰因（Stein）分类中的高水平认知需求任务——那些将程序和理解联系起来的任务，要求学生在分析和探索任务及其参数时理解概念和过程之间的关系。但是过程并没有在此停止。高水平认知需求的任务甚至会延伸向需要更复杂思维的任务。这个任务是不可预测的，不能运用反复练习过的解题路径（算法）或者借鉴已经做过的类似例题的。诸如此类的任务给学生提供了迁移学习的机会。

然而，高效教学的教师不会把这些事情放到一边。相反地，教师会提供问题解决的经验，让学生参与到用新的方式调动知识与技能的丰富任务中。学生以前学习的任务和新奇情境的紧密联

问题解决教学的效应量 =0.61

系有利于促进学习的迁移。适时地，当学生监控和管理他们自己的学习时，这些成为拓展学生问题解决能力的任务。这就是行动中的迁移学习。

无论你是否根据难度、复杂度或者学生必须采用的认知需求水平来看待一个任务，具有适度挑战性的任务可能会在刚开始提出时给学生带来一定程度的焦虑。正如我们之前提到的，那没关系，因为当学生成长到能够鉴别有认知需求的任务时，会期待通过学习来获得一种成就感。学习的发生经常需要某种形式的压力，对“不知道”的领悟，对想要知道和理解的承诺——或者是像皮亚杰所说的“非平衡状态”。（Hattie，2012）当学生被布置了丰富的任务时，他们通过使用各种各样的技巧以及问自己问题，来给数学赋予意义，最后与数学建立一个健康、现实的关系，即认为数学是迷人的、有趣的、有用的，以及有意义的。

表 3.2 包含了各种认知需求水平的数学任务样例。

表 3.2　四种认知需求水平的数学任务举例（Smith & Stein，1998）

低水平需求	高水平需求
记忆 分数乘法的法则是什么？ 期待的学生回应：	**有联系的程序** 使用积木模式，如果两个六边形被认为是整体的“1”，找出$\frac{1}{2}$的$\frac{1}{6}$。把你的答案画出来，并解释你的解答。 期待的学生回应： 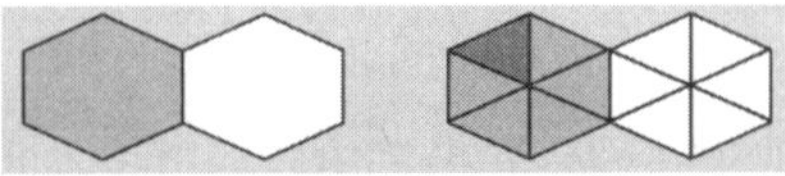
将分子与分子相乘以及分母与分母相乘。	
或者	首先将一个整体平均分为两半，那就是一个六边形。然后取一半的六分之一。所以把六边形平分为六块，也就是六个三角形。只需要六分之一，因此就只要一个三角形。然后需要解决这两个六边形中的一个三角形是多少，那就是$\frac{1}{12}$，所以$\frac{1}{2}$的$\frac{1}{6}$是$\frac{1}{12}$。
将上面的两个数字相乘，然后将下面的两个数字相乘。	**做数学** 为下面的问题创设现实情境： $\frac{2}{3}\times\frac{3}{4}$ 不使用公式解决你创设的问题，并解释你的解答。 一个可能的学生回应：

续表

低水平需求	高水平需求
无联系的程序 乘法： $\frac{2}{3}\times\frac{3}{4}$ $\frac{5}{6}\times\frac{7}{8}$ $\frac{4}{9}\times\frac{3}{5}$ 期待的学生回应：	妈妈把午餐比萨的四分之三给了我。我只能吃掉她给我比萨的三分之二。对于整个比萨而言，我吃了多少？ 我画了一个矩形来表示整个比萨。然后我把它平分成 4 份，将其中的 3 份用阴影来表示妈妈给我的部分。因为我只吃了她给我的比萨的三分之二，因此，只有两个阴影的部分。
$\frac{2}{3}\times\frac{3}{4}=\frac{2\times3}{3\times4}=\frac{6}{12}$ $\frac{5}{6}\times\frac{7}{8}=\frac{5\times7}{6\times8}=\frac{35}{48}$ $\frac{4}{9}\times\frac{3}{5}=\frac{4\times3}{9\times5}=\frac{12}{45}$	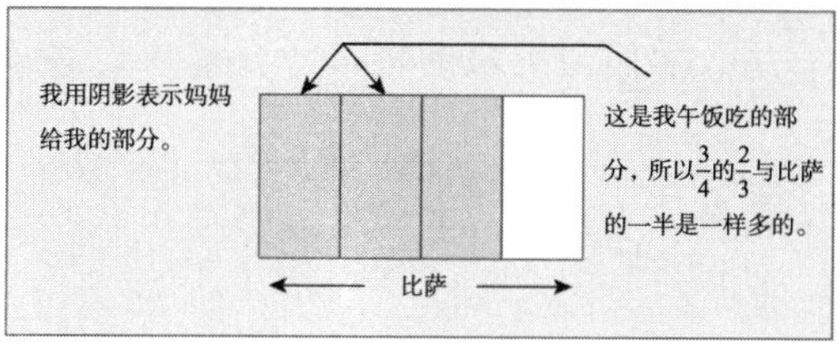

在下面的章节中我们将回顾这些任务并呈现额外的任务。同时，我们鼓励你削尖铅笔，亲自完成这些任务来体验认知需求以及一些元认知。注意书后不会有答案！

通过数学交谈使学习可见

我们注意到这些任务并不是平白无故存在的。这些有意义的任务由富有成效的课堂对话中的话语助燃。当话语进一步促进表层、深层和迁移学习发生时，语言、思考和推理发生了。课堂话语通常是由老师开始，通过有目的的提问、深思熟虑的提示和线索得以加强。正如这里需要选择与学习目的和成功标准相一致的

自我表达和自我提问的效应量=0.64

任务，教师可以运用各种各样的常规“数学交谈”以及技巧，从而帮助学生建构理解，并检测他们的理解是怎样发展的，引导学生自我提问以及自我表达来延伸元认知。当教师考虑丰富课堂言语交流的惯例和技巧时，他们应当考虑到话语在支撑表层、深层以及迁移学习中扮演的角色。

丰富的课堂言语交流的特征

首先，让我们检查一下帮助学生构建理解和自信的课堂的言语交流的特征。

1. 教师通过提问和提示，帮助学生基于先前知识构建新知识的理解并建立联系，而不是以教师为权威。

2. 错误是有价值的，并且被视作学生通过讨论，证明他们的思考、倾听同伴观点、阐明自己观点的机会。

3. 学生关注数学问题解决的不同方法以及这些方法有哪些相似或不同之处。

4. 学生坚定而执着地努力搞明白如何运用数学来使任务变得有意义以及如何得到解决办法。

5. 学生被鼓励运用各种各样的表征去构建理解以及证明他们的思考。

所以，我们如何在课堂中促进这种丰富的言语交流？
请继续往下读！

提出有目的的问题

我们从钻研一节课上带有不同意图以及目标的提问技术开始。在后续的几个章节中，我们将要回顾对这些问题的一般分类，并且提供在学习周期中使用这些技术的最合适的具体例子。有目的的问题提供了各种各样的结果（NCTM，2014），包括：

- 鼓励学生解释、详述以及阐明思考过程来建构理解
- 展现学生对于一个概念现有的理解
- 使数学学习对学生而言更加可见和可接近

顺便说一下，这些不是离散的结果。旨在支撑学生构建理解以及在新情境中应用现有知识的问题，同时可能给教师提供关于学生对概念现有理解的信息。当然，使学生的数学学习更加可见以及可接近，是我们所有识别以及应用有效教学工作的首要目标。

检查、构建以及深化学生理解的提问

你是否基于学生先前的理解来上课，却发现学生好像处在似懂非懂的模糊地带？诺顿（Norton）女士就有过这样的经历。在教了很多年五年级数学后，她与她五年级的学生一起“升级”到六年级。当他们准备拓展关于小数的理解时，诺顿认为复习没有多大的必要。毕竟，五年级是“分数之年”，她知道学生已经通过具体的探索以及各种各样的应用发展了对分数理解。所以，她在第一堂课上首先要求学生解答这个题目，并解释他们的思考：

$$\frac{2}{3}+\frac{1}{2}$$

想象一下当每个学生都得出“$\frac{3}{5}$”这个答案时诺顿女士的惊讶之情。诺顿女士稍稍冷静了一下，她问学生：“你们怎样让我信服你们的答案是正确的？”关于“和”以及它是不是合理的有趣讨论开始了。学生们不是讨论没有意义的运算程序，而是开始参照“$\frac{1}{2}$”和单位“1”来考虑每一个加数的值。学生们得出一个结论，答案必须比 1 大，而$\frac{3}{5}$只比$\frac{1}{2}$多了一点点，因此它是不合理的。在这节课中发生了一些事情。首先，也是最重要的，诺顿女士意识到即使她在教授分数加法时，所运用的具体、形象以及抽象表征的“步骤”，虽然取得了一些进展，但她的学生并没有发展关于分数的数感。她也意识到她所提出的问题对学生而言是很震撼的，所以学生开始思考这些分数的意义以及确定为什么他们的答案不是合乎情理的了。随后的复习以及建立在分数基准上的课帮助学生对这一重要概念形成了深层理解。在这节课上，诺顿女士通过她提出的问题表示了对学生思考的重视。随后的课堂话语给她提供了关于学生迷思概念的信息，同时，推动学生向前思考。

有目的的提问是否能够促进学生表层、深层或者迁移学习的理解，取决于学生处于螺旋之中的什么位置。好的问题推动学生向前思考而不是告诉学生应做什么，这可能在过程中会引起不平衡，但学生可以构建他们所知道的，以及理解给定的例子或者问题情境。这些问题不仅用来促进学生的思考，也能帮助学生解释和证明他们的思考。让我们重温一下本章之前的小数的例子。好的问题可以帮助促进学生的理解，甚至是在学一个新概念的时候。当学生讨论 0.735 ÷ 0.7=105 中商的小数点位置在哪儿时，比姆斯（Beams）先生的问题使学生更加深入地思考这些数中间真正发生了什么。

马库斯（Marcus）：我认为小数点在 1 的前面。

比姆斯先生：你们中有多少人同意马库斯？（停顿）马库斯，你能解释一下为什么你认为小数点应该在那儿吗？

马库斯：好的，我在计算时，除数和被除数这两个数的小数点都在第一个数字之前，因此答案中的小数点也应该在第一个数字之前。

比姆斯先生：其他人认为马库斯的推理如何？（有些学生点头，其他学生摇头，以让比姆斯先生了解他们的想法。）你们还有其他想法吗？

丽莎（Lisa）：我认为小数点应该在 1 和 0 之间，因为这个问题意味着我可以从 735 个千分之一中组成多少组 7 个十分之一。

比尔（Bill）：我不明白你刚才说的。你怎么从千分之一中找到有多少个十分之一？你没有说服我 1.05 就是正确的答案。

（长时间的停顿发生了，学生们在教室里轻声地讨论着。比姆斯先生让这样的情形又持续了一会儿，然后问了全班学生接下来的这个问题。）

比姆斯先生：谁能回答比尔的问题？谁能解释一下在 0.735 中有多少个十分之一？

玛蒂娜（Martina）：如果你关注 0.735 的位值，你可以看到在十分位上有一个 7。那意味着在这个数字中，有 7 个十分之一以及多出来的一些。如果我想要知道能组成多少组 0.7，我可以确定有一组 0.7 还有一小部分剩下来，它们成为

教学小贴士

使用问题、提示和线索不仅能帮助学生进行深层理解，而且能帮助学生更好地理解迷思概念或者避免片面理解。

另一组的一部分。所以小数点应该在 1 的后面。

比姆斯先生：谁能重复一下玛蒂娜刚才说的话？

比姆斯先生：1.05 意味着什么？

帕特里西奥（Patricio）：它意味着 1.05 中有 1 组是 0.7，还有一部分是另一组的。

这里发生了许多事。请注意，比姆斯先生从没有告诉学生做什么。马库斯对任务的回应告诉比姆斯先生有些学生正在寻求一个既不准确又不基于数学理解的程序。比姆斯先生让学生通过互相讨论来理解情境。他的提问让学生仔细地回顾及理解例子，并且重新思考之前对除法的理解。

虽然检查理解情况的提问是引导学习的重要方式，优秀的教师还会深入探究特定的信息。他们并不只是想知道学生是否理解了；他们更想知道学生是否可以解释自己的思考过程以及应用已经理解的知识，或者发现如这个案例中被误解的内容。如果一个学生没有理解，好的问题可以使教师更加深入地探究到引起学生困惑的点在哪里，过度概括或者片面理解的点在哪里。教师想法的背后是这样一个问题："这个孩子的回答告诉了我，他知道什么和不知道什么。"之后的问题是："我接下来要问什么问题？"这就是在帮助学生开始从表层学习向深层学习转移。

漏斗式（Funneling）问题和焦点式（Focusing）问题

你可能会认为像评估准则这样的正式评估工具从长远角度来看是很好的，例如丰富的数学任务以及项目，但是无论什么任务，重要的是要在任何时间都有检测学生理解情况的方法。教师需要实时了解学生真正学习了多少，一节课有多成功，这样教师就可以中途进行调整，实施差异教学。教师大多通过提问的方式。但是，我们经常提出的问题是疑问性的而不是邀请性的（引发性的）。也就是说，问题限制了学生，他们只用简短的回答回应，对教师而言不能产出太多的信息。另外，这些限制的问题在提高学生思考或者引起他们对自己学习方面的关注起的作用不大。

漏斗式问题引导学生顺着教师的路径找到答案。

赫贝尔－艾森曼和布雷福格尔（Herbel-Eisenmann & Breyfogle，2005）提出了两种教师—学生互动的模式：漏斗式问题和焦点式问题。**漏斗式问题**发生在教师引导学生顺着教师的路径找到答案的过程中。（Wood，1998）在这些情境中，教师做着认知性的工作。**焦点式问题**是指通过帮助学生推进思考，来支持学生进行认知性学习。

焦点式问题通过帮助学生推进思考来进行认知性学习。

提问的效应量=0.48

全美数学教师理事会（NCTM）的行动准则报告中辨析了漏斗式问题和焦点式问题的差别。漏斗式问题通过提示答案来限制学生的思考，甚至剥夺了学生的思考。焦点式问题则鼓励学生自己解决事情。“我们怎样使用这些数据来衡量中心趋势？数据的平均数、中位数和众数是什么？”是漏斗式问题，而“你能从数据中得到什么？”是焦点式问题。

漏斗式问题。我们来看赫贝尔－艾森曼和布雷福格尔（Herbel-Eisenmann & Breyfogle，2005）[485] 给出的一个漏斗式问题模式的例子，可以看出它几乎没能显示出信息：

> 师：［指一条直线上的两个点——（0，0）和（4，1）］很好，斜率是多少？（很长时间的停顿，学生没有回应。）
>
> 师：纵坐标上升了多少？在 y（轴）上从 0 上升到了 1，上升了多少？
>
> 生：1。
>
> 师：1。横坐标变化了多少？在 x（轴）上从 0 到 4。
>
> 生：4。
>
> 师：所以斜率是——
>
> 生：0.25（和教师保持一致）。
>
> 师：y 轴上的截距是——
>
> 生：0。
>
> 师：所以$y=\frac{1}{4}x$或者$y=0.25x$就是你要求的方程。

漏斗式问题会使人产生学生进行深层学习的幻觉，但事实上，漏斗式问题仅仅要求学生知道怎样回应教师的提问模式，他们并没有理解数学。这类问题限制了学生的思考，并且几乎没有提供元认知的机会。这种做法也同样可以理解为搭建脚手架。但它又不完全是，因为问题只是指导着学生做什么，而不是搭建有效的脚手架给予学生思考和建立联系的机会。尽管教师为了了解情况会进行检查，但教师从学生那里得到的是有关学生回答正确或不正确的有限的信息，教师不会考虑学生的理解或者理解的迁移情况。

当开启一个新话题时，我们可以仔细地思考漏斗式问题所起的作用，与只提供需要遵循的程序相比，漏斗式问题对学生产生了更加重要的影响。我们会在第四章讨论表层学习策略时再多加介绍。

焦点式问题。研究者们讨论的第二种提问模式是焦点式问题模式。这些问题是为了促进学生学习而设计的，而不是为了简单地进行评测。这些是你想要问的问题的类型。以下是和上面例子相同的场景，但是这次教师采用了焦点式问题模式来取代漏斗式问题（Herbel-Eisenmann & Breyfogle，2005）[487]：

师：[指一条直线上的两个点——（0，0）和（4，1）] 很好，斜率是多少？（很长时间的停顿——学生没有回应。）

师：当我说到斜率的时候你们有什么想法？

生 1：直线的角度。

师：你所指的直线的角度是什么意思？

生 1：与 x 轴和 y 轴比较时所呈现的角度。

师：（停顿，让学生思考）你（指生 2）认为是什么意思？

生 2：我理解他所说的有点像我们测量食堂的台阶和通往音乐教室的台阶——每一组台阶上升的角度不同。

随着对话的推进，学生参与到如何找斜率的问题中去。这样做的学生更有可能理解斜率，并且在一周以后还记得他们计算出了什么，更有能力去迁移知识——在这个例子中，就是如何得到斜率；在新情境中，比如为公司预测销量，构建一个滑板斜坡，或者在微积分课上学习如何求导数。

你应该听说过这样一句格言：“好的老师不会告诉你看什么，但是他们会向你展示往哪里看。”焦点式问题打开了学生的思维，并向他们展示了往哪里看，但是漏斗式问题限制了学生的思维，他们只能在教师决定的一个方向上思考由教师告诉学生该看什么。漏斗式问题并不允许在解决一个问题的时候采用多种路径，不允许采用新的方法，不允许学生自己思考。而在焦点式问题中，学生可以去解决它，从而学到更多。学生能更好地理解知识，并在新情境中迁移和应用。表 3.3 提供了如何将数学中的漏斗式问题转换成焦点式问题的例子。

表 3.3　数学中的漏斗式问题和焦点式问题转换

漏斗式问题	焦点式问题
怎样计算数据的平均数、中位数和众数？四分位距呢？	你从数据中注意到什么？你怎样向别人描述？是什么让你这样说？你有没有别的可能的方式来描述它们？
怎样消去 2？对另外一边我要做什么？怎样消去 4？	当你看到这个方程的时候你是怎么想的？你打算怎样解它？
我怎样计算梯形的面积？你看到长方形和三角形了吗？我可以把它们的面积加起来。我怎样算出长方形的面积？	我想要知道这个梯形的面积，但是我不确定怎样计算它。你们有什么想法吗？我们应当从哪里开始？
让我们通过找最小公分母的方法把这些分数加起来。寻找最小公分母的第一步是什么？	我们应该怎么处理这些分数？（学生："把它们加起来。"）为什么把它们加起来？（学生提及应用题题面。）好的，所以你怎样把它们加起来？

一些可以供你随时查阅的焦点式问题如下：

- 你试图发现什么？
- 你如何得到它？
- 为什么那样行之有效？
- 你有别的方式来表达你的想法吗？
- 这个是如何与（其他数据、概念、发现或者学习目标）相联系的？

教学小贴士

借助问题来使教师更好地了解学生的迷思概念或对概念的片面理解之处。

通过提问检查学生的理解情况是可见的学习的重要方面。好教师会深入探究以获得更明确的信息。他们不只是想知道学生是否理解了，还想知道：如果学生理解了，他能否解释自己的思考并迁移运用；如果学生没有理解，他究竟是如何“迷路的”，造成他对概念不理解、过度概括或者片面理解的点在哪里。教师想法的背后是这样一个问题：“这个孩子的答案告诉我，他知道或者不知道什么。”这就能让教师决定学生接下来需要什么类型的学习。

高效检查理解情况的关键在于避免误判。换句话说，你并不想欺骗自己，当学生真的不知道时你仍相信他们知道。新手教师通常会问一个问题后等学生主动响应，当有学生回答正确的时候，教师就认为全班学生都理解了。这样一种模式对全班学生的学习而言并不是很好的。当更加准确的数据证明大多数学生没有像少数学生那样学得多时，主要依赖少数积极主动学生的教师就会感到失望。这就是让学生进行小组学习的一个好处。当你在组间巡视并且倾听小组对话时，停下来问一些探究性问题，就可以了解多数学生理解到什么程度而不是一个学生理解到什么程度。

最后，还有一个关于提出好问题的重要线索：我们倡导的问题类型与我们做学生时从老师那里学习到的是不太一样的。我们需要周密地准备问题，这样才能更好地支撑学生的学习，同时使学生成为更加独立的学习者。提出好的问题给学生提供了一种示范，当学生受困扰时，学生可以问自己类似的问题。好的问题很少是自发的。当你想要提出有目的的问题（NCTM，2014）时，给自己一些时间停下来思考你想要问什么问题，来支持学生的学习，并助力他们积极的交流。

提示和线索

问题是帮助教师检查学生理解情况的出发点。提示则会鼓励学生去进行认知和元认知。提示可以用陈述或者提问的形式。当丹尼尔·卡斯蒂略（Daniel Castillo）对一个陷入困难的学生说“基于你对函数的了解，那可能是对的吗？”时，他并不只是在检查理解情况，他也在要求学生回归到自己的知识背景中。提示应当是对学生的挑战，而不是代替学生思考。学习新知识时，**提示**经常可以激活背景知识，联想起先前知识。比如，“再读一遍题，想想关于计算公分母你已经知道了什么”可以唤醒学生运用他们已

提示是一种唤醒学生已知，激发更多思考的问题或陈述。

经知道的知识。提示与问题相比，使用范围会窄一些，因为提示一般用在焦点式问题之后。当问题没有激发行动时，提示可以将学生向前推进。

另一种提示是重新表述学生说的话，让全体学生可以有机会理解之前的表述，阐明学生是否已经理解和解释准确了，给学生一个独立思考的机会。举例来说，“所以你说我们这里剩下了八分之三？”就是这样的提示。当一个学生的思考显得不清晰或者他讲述的方式让其他同学很难理解时，这样做是特别有效的。（Chapin，O’ Connon，& Anderson，2009）还可以问另一个学生：“你可以把（学生名字）刚才说的，用你的话说一遍吗？”这对于学生来说是非常有帮助的，它促进小组中其余的同学理解第一个学生说的内容。表 3.4 给出了提示的样例。

线索是将学生注意力转移到要学习的相关信息或者特定活动的有意尝试。

线索比提示更直接和明显，因为它能将学生的注意力转移到相关信息或者学习行动中。教师从指着挂在墙上的一个词来说明学习目的，到让学生查阅笔记，再到指着教材上的一个表格或者表格中某句开始的地方……都是有效线索的例子。如果一个学生正在看一个与你布置页数不同的地方，这时可以给一个语言上的线索，比如“本节课在这页讲义的另一边”，或者更好的说法——“看看周边每个人的讲义”。当学生已经可以娴熟地翻到正确的页码时，这样的线索并不会影响学生的思考，因为也许是谁在分发讲义时出了一些小差错。正如提问的模式，你可以想象一个漏斗式线索——“当你要决定用哪个数时，请看 3 号数据表的左边部分”，以及焦点式线索——“请思考你怎么知道该用哪个数”或者“别忘了你有可以帮助你的资源”。表 3.5 给出了几种线索的定义。

教学小贴士

使用提示和线索帮助学生在从零开始的新的学习中，要能够记住关键点，并将其与先前的学习内容相联系。

在使用提示和线索时，教师必须注意要让所有的学生都思考为什么他们的答案是正确的或者错误的。教师无意创设的情境可能会让学生感觉到他们的答案是不正确的，因为教师使用的某些提示或线索在答案正确时是不会使用的。比如提示“那个答案有意义吗？认真地思考一下”。所以教师还可以在答案正确之后使用提示或线索来帮助学生思考如何证明自己的思考。

我们经常只是在学生的答案有错误的时候提问题、给提示或者线索。试着在学生的答案是正确的时候问学生一个问题或者给一个提示。当你停下来问问题的时候，要注意，这时候学生会默认自己做错了。有效的问题、提示或者线索应该成为我们教学运行系统中明确的一部分！

表 3.4　数学中的提示类型（Fisher & Frey，2014）

提示的类型	定义	举例
背景知识	指学生参考已经知道的、已经教过的或者已经经历过的内容，但是暂时遗忘或者没有准确运用	* 当试图解一个直角三角形问题时，教师说："三角形的内角角度让你想起了什么？" * 作为立体图形学习的一部分，教师说："思考一下你所记得的点、线、面。"
过程或程序	指学生因错误或者迷思概念而未遵循的既定的或普遍认可的陈述、规则或指南	* 当学生错误地认为分母越大、分数越大时，教师可能会说："画出每个分数的图。你注意到分数的大小和分母的大小了吗？" * 当一个学生不确定怎样开始解答问题时，教师会说："考虑我们可以采用哪种问题解决的策略来帮助你开始。"
反思	促进元认知——让学生考虑自己的思考——这样学生可以运用由此产生的洞察力来决定问题的下一步或者解法	* 学生出现了一个错误的解法，教师说："那个结果有意义吗？思考你对数的运算以及运算的意义。" * 一个教师说："我看到你思考的策略了。下一个逻辑步骤是什么？"
启发	参与非正式的、自主的问题解决的过程；学生想出的方法并不需要像其他人的方法，但是它得行之有效	* 当学生没有得出数学问题的正确答案时，教师说："也许画一个可见的表征能帮助你看清问题。" * 一个教师说："你认为从一个更简单但是相似的问题开始会不会容易一些？那样的问题可能是什么样的？"

表 3.5　数学线索的类型（Fisher & Frey，2014）

线索的类型	定义	举例
可见	通过一系列的图形提示来引导学生思考或理解	* 强调学生在文本中做错的区域。 * 创设一个图形组织者来安排可见的内容。 * 让学生再次看图形或者课本中可见的内容。

续表

线索的类型	定义	举例
言语	讲话时富有变化来吸引大家的注意，用一些特定的或者吸引注意力的言语来聚焦学生的思考	*“这是重要的……” *“这是比较狡猾的部分。小心并且确保……” *用提问的语调重复学生的陈述。 *改变音量或者语速来强调。
手势	通过身体的移动或示意来引起学生注意某事	*约定一个手势，来表示相等或者增加。 *用拇指位置来表示学生在解决问题时遗漏的重要想法。
环境	通过教室环境的使用或者环境中的实体物件来影响学生的理解	*使用代数图块（algebra tiles）或者其他教具。 *让物体或者人移动位置，从而改变物体方向或者让人转变观点。

结　论

教师需要仔细考虑布置给学生的任务或作业。错误的任务不仅会浪费时间，还可能无法培养学生在数学上取得成功所需的思维类型。有质量的任务可以用来引导学生的表层学习、深层学习以及迁移学习。这些任务可以从许多维度进行考虑，包括难度和复杂度。给学生多布置十道数学题都不一定能保证他们运用了复杂思维。除了对难度和复杂度的考虑，教师还需要考虑任务期望的认知需求水平以及用来促进（和测评）学习的作业。

我们必须在讨论学习类型之前有意识地聚焦学生必须做的任务进行讨论。正如我们将要在后续的章节中看到的那样，理解表层、深层以及迁移学习真的非常重要，同时在合适的时间找到合适的方法对数学教师而言也是至关重要的，这也是本书的核心内容。之前说过，学生将采取的学习类型很大程度是基于教师在课堂中使用的任务类型。再提醒一次，任务类型和学习类型的不一致对学生是有风险的。了解了有关任务的内容后，我们会聚焦在期待学生学习的类型上。

反思与讨论问题

1. 记录你在课堂中通常会问的问题。用本章讨论的漏斗式问题和焦点式问题的框架来思考这些问题。你的问题方式更像哪种方式？你如何在你的数学课上更多地提焦点式问题?

2. 分析近期你要求学生做的两三个数学任务。根据它们的难度和复杂度来进行分析。(参考表 3.1) 每个任务属于哪个象限? 每个任务是你预设的学习目标的正确类型吗?

3. 从认知需求角度思考这些为学生设计的任务。(参考表 3.2) 你如何对任务进行修改或者重新建立框架来实现高水平的认知需求?

第四章　可见的表层数学学习

凯特·富兰克林（Kate Franklin）计划在她的三年级班级教授乘法这一单元。除早期学习涉及过跳跃计数和简单的数组外，这将是学生首次体验乘法学习。正如富兰克林女士计划的那样，学生将通过不同的情境体验获得对这些概念的理解。例如，学生将通过乘法情境建模来发展概念性理解，学习准确的乘法词汇、符号，发展学习策略，建立娴熟的基础知识，应用理解的知识解决应用题、开放型问题，同时在乘除法间建立联系。太多东西需要教师考虑了！尽管教材对于这些过程能够起到一定的引导作用，富兰克林女士知道考虑全局的同时认真设计每节课的学习目标十分重要。她还知道需要为学生制定成功标准，来展现和了解学生每节课的理解情况。她计划到本单元结束时，学生能够有信心理解内容，应用概念，并做好将这些概念与将来要学习的主题相联系的准备。

第一天，富兰克林女士深思熟虑后做出一个决定，在学生完成一项介绍乘法含义（将相同的数加起来的简便运算）的活动后，稍作停留并介绍课程学习目标。她通过一个名为“犬舍”的游戏来引入本节课。她先向学生示范游戏的玩法，然后让学生两两结伴完成任务。每组中，一个学生掷骰子，并根据图纸搭建相应数量的矩形（犬舍）。另一个学生掷骰子，并在每一个犬舍放置相应数量的计数物（狗）。学生们给出犬舍数量、每个犬舍中狗的数量，然后计算犬舍中狗的总数。表 4.1 记录了他们的工作。

表 4.1　犬舍记录表

轮数	犬舍的数量	每个犬舍中狗的数量	狗的总数	等式
1	5	3	15	
2				
3				
4				
5				
5 轮中狗的总数				

在学生自主提问没有疑问后，游戏开始。玩了 5 轮后，富兰克林女士要求学生算出 5 轮中狗的总数。

在接下来的课堂中，富兰克林女士引导学生讨论每轮游戏中数字的意义，以及如何为自己建构的模型写一个等式。大多数学生回忆起以前所学的累加知识，所以很快就有人得到 $3+3+3+3+3=15$。这样的例子连续出现了几个后，富兰克林女士发表了自己的想法："这样的表达方式肯定需要大量的书写。我下面要给你们展示一种更简单的、数学家们表达同一个意思的方式，正如我们知道的，在数学中通常有很多方法能达到同一个目的。"接着，她介绍了乘法符号并写出等式 $5\times3=15$。她还介绍这个例题情境中的术语（乘法、乘、乘以、组数）并在学生的数学词汇墙上增加了这些词。接着，她组织学生讨论了等式中每个数字的含义。然后，富兰克林女士巡视检查学生对该项任务的理解，同时指导学生以合作的方式在表格的最后一栏中写出类似的等式。

现在，富兰克林女士准备介绍本节课的学习目标。她先说："我们通过等组求和活动写出并理解了乘法等式。"接着，她问学生"犬舍"这项活动是如何帮助他们达成学习目标的。经过简短的讨论后，富兰克林女士展示出成功标准，她说："在数学课的最后，你们将通过完成一张出场券来展示如何使用相同的数、等式来表达乘法，这样我和你都会知道你是否成功掌握了课堂所学。"学生继续开展新的学习讨论，回到之前犬舍记录活动，并为每组数据写上乘法等式。富兰克林女士也为那些看起来在记录和等式间建立联系有困难的学生提供相应的支持。下课前，富兰克林女士给每个学生一张出场券（见图 4.1）。

本节课是初步理解乘法概念的一个表层学习的例子。后续的课将继续侧重于帮助学生建立与其他乘法情境的联系，以及使用各种表征方式发展对乘法知识理解的流畅性。在本节课中，富兰克林女士特意为学生提供他们熟悉的语言和结构，以便学生能够清楚地表达正在学习的数学概念，并可以相互交流探讨这些新概念。语言和符号相联系的活动有利于丰富学生的数学话语，并聚焦于像结构和关系这样的数学学习的核心内容。让我们暂时告别富兰克林女士和她的三年级学生，走近表层学习。

姓名： 日期：

约瑟（Jose）和罗宾（Robin）玩了犬舍游戏。约瑟是玩家 1 并掷出数字 4。罗宾是玩家 2 并掷出数字 5。画出他们的游戏图。

犬舍中有多少只狗？

在第二轮中，马丁（Martin）在表格中写了以下内容。请算出犬舍中狗的总数。

轮数	犬舍的数量	每个犬舍中狗的数量	狗的总数	等式
1				
2	3	4		
3				
4				
5				
5 轮中狗的总数				

写出一个等式来表达马丁的工作。

图 4.1 犬舍活动的出场券

表层学习的本质

正如第一章提及的，几乎所有已发表的研究都会多少涉及对学生的研究。我们教师作为专业人士面临的挑战就是要更加明确我们应该做什么，以及什么时候做。时机就是一切，在错误的时间进行不恰当的练习是白费功夫。专家型教师的一个标志就是，他们知道在什么时候用什么方法帮助学生从（充分水平的）表层学习转向深层学习。在学生还处于发展数学理解的表层学习阶段就开展深层学习未必有效。深层学习强调联系，即在新的情境中扩展知识并且建立联系。但首先学生需要学习知识，然后他们才能在其中建立联系。这就是表层学习的关键所在！

教学小贴士

使用具体的、高影响力的方法可以使表层学习得到最好的发挥，并促使学生初步理解概念，然后掌握相关的程序性技能。

正如第一章中也提到的，许多人因为“表层学习”一词可能会对表层学习的理解产生偏差。我们很容易认为，“表层”指的是“浅薄的”“肤浅的”或者说是表面层次的学习，认为是课堂教学之初对程序或者词语的机械记忆，并且是与概念理解脱节的。这不是我们所说的表层学习。相反，表层学习是学习的一个重要组成部分，包括探索概念、学习词汇及程序性技能，使知识体系化、结构化。

在本章中，我们将研究表层学习的重要性，并考虑采用高影响力的方法来促进学生理解概念和初步掌握程序性技能。首先，我们将以富兰克林女士的课堂为例，指导你选择促进表层学习的数学任务。其次，我们将讨论对处于表层学习阶段的学生应该开展什么类型的数学交谈活动。它包括以下内容：

- 数字对话
- 指导性提问
- 使用样例
- 直接教学

最后，我们将介绍一些在培养学生对数学概念和程序性技能的表层学习中具有良好效果的其他教学方法。典型做法包括有策略地使用以下方法：

- 进行词汇教学
- 为促进表层学习使用教具
- 反馈后开展练习
- 实施记忆术

要知道，表层学习阶段的目标是创造足够的时间和空间，让学生获得和巩固知识，着眼于加深他们的知识理解程度。在这个阶段停留的时间不要超过所需的必要时间，也不要匆忙结束以免学生跟不上。我们的口号是：“尽可能快，尽所需慢。”

可见的数学学习的两条关键提示是：

1. **教师需要清楚地表明学习目标和成功标准**，以确保学生知道他们正在学习什么，为什么要学习它们，以及如何知道自己已经学会了。表达的清晰度将指导所有的教学决策。

2. **教师的任何教学策略都是服务于学生的学习的**。可见的学习是教师对学生学习效果的持续性评估。当证据表明学习没有发生时，需要改变的是教学（而不是学生！）。

选择促进表层学习的数学任务

正如我们在第三章所讨论的那样，教师最重要的责任之一就是根据学习目标选择合适的学习任务。在选择基于表层知识的任务时，教师需要的是能让学生自己提出问题的任务——这是什么？我该怎么写？这个符号代表什么？表层学习并不一定是讲授和短时记忆的结果。教师可以使用任务（如“犬舍活动”）来创建有助于学生准确高效地理解数学意义的情境。有效的任务活动往往也更具吸引力，能够提高学生的学习动机。

促进表层学习的许多任务难度较低，复杂度也是从低等到中等。（见图 3.1）特别是当引入新知识的时候，我们可以通过使用较小数字以及 / 或者较为简单的情境，使任务难度降低。例如，小学生在学习加法、减法符号的时候，首先会用这些符号记录他们在使用教具或其他模型解决问题时所做的事情。从幼儿园至小学五年级，教师要求学生使用学具和其他策略来解决问题，以便他们能够结合情境推理得出解决方案。问题很简单的同时，数也可以比较小。引入符号是记录思维和基于以往经验建构新知的有效途径。在导入示例中，$5 \times 3 = 15$ 与 $3 + 3 + 3 + 3 + 3 = 15$ 相联系作为记录 5 个 3 的方式。将符号与实际任务相联系开展讨论，对学生的学习和理解起到了支撑作用。这贯穿所有学生的数学教育过程，从幼儿园小朋友学习数字开始，到后来学习代数、几何学、统计学和微积分等抽象符号。

我们可以看到在中学，学生在学习整数运算时还要完成和小学相似的任务。通过变化不大的数字范围和简单的情境（例如，温度上升 / 下降或花钱 / 借钱），学生可以充分考虑该问题与小学所遇问题的相似之处，并在记录整数运算的问题时学习符号是如何发生改变的。这些任务难度不同，以满足那些已有相应背景知识的学生。

我们可以把富兰克林女士引入乘法时设计的学习目标放在第一章讨论的 SOLO 框架的第一阶段，来对照看。发展学生关于乘法的单结构层次和多结构层次的表层学习，有助于学生将来建立联系、发现关系。（见表 4.2）

表 4.2　SOLO 模型下对乘法的表层学习

学习目标		成功标准
SOLO 1：表示整数乘法并解决相关问题		
单 / 多结构	用模型和图画表示乘法等组情境	学生可以用等组、计数器、图片或者文字表示均分情境
单 / 多结构	用等式中的符号表示乘法的均分情境	用具体的材料、图片或者文字给出一个等组的乘法情境，学生能写出等式表示该情境
	了解等式中每部分的准确词语 / 表述（因子，乘积，组，项，总项）	学生能够识别乘法等式中的每一个部分，并能用图片或者文字表示它

来源：改编自比格斯和科利斯（Biggs & Collis，1982）的文献。

引导表层学习的数学交谈

20 世纪 90 年代，神经科学家在测量那些正在观察其他猴子动作的猴子的脑细胞活性时，注意到了一些令人惊讶的事情。他们发现，即使这些正在观察的猴子是坐着的，但它们脑中被叫作运动神经元的脑细胞也是活跃的。有趣的是，当处于观察状态的猴子开始运动时，那些控制相同功能神经元会变得更加活跃。所以，当一只猴子看着另一只猴子拿起一根香蕉时，观察状态的猴子脑中很多同样的脑细胞就像那只拿起香蕉的猴子一样会放电。（Rizzolatti & Craighero，2004）神经科学家称这些特定的脑细胞为镜像神经元。后来他们的研究表明，人脑中的镜像神经系统的相似性工作是为了理解他人的意图。（Iacoboni et al.，2005）对于这些脑细胞，当你自己执行某种动作时，会使用你观察别人做这种动作时相同的神经通路。这些镜像神经元系统或许有助于解释数字对话、指导性问题、使用样例、直接教学背后蕴含的原理。做数学不是吃香蕉。但事实证明，当学生通过能让其他学生理解的方式口头解释自己的想法时，所有学生都能更好地理解、思考他人的想法并吸收他人的一些做法。通过听取别人的想法，学生就像学徒一样被引导经历与他人一样的思维过程。通过使用指导性提问，教师可以间接为学生的思考建立一条道路，而不是告诉他们该做什么（这通常成为学生头脑中所认为的正确方式或唯一途径）。这种模式有助于提供思路以提升学生的思维。

数字对话是一个简短的、持续性的日常活动，通过让学生出声分享他们的思维，帮助学生发展计算的流畅性。

什么是数字对话，以及何时开展？

数字对话是一个让学生大声分享他们思维过程的有力举措。（Humphreys & Parker，2015）每天，曼诺（Manno）女士都在她四年级的晨会上开展一次数字对话。数字对话是一个短时的持续性惯例，目的是给学生提供有意义的不间断的计算练习。数字交谈可以帮助学生发展计算的流畅性，因为这要求他们运用数字间的关系和结构来加、减、乘、除。这些让学生分享思维的简短机会（5 分钟左右）可以用来回顾或练习当前主题。曼诺女士知道她的学生需要加强对整数减法的学习，所以她今天的数字对话就以此为主题。她从下面的例子开始：

3000−1345=

她给学生一些时间思考——因为数字对话通常都是通过心算来完成的，学生如果已经想出答案，就把他们的拇指放在胸前。这样做是为避免那些渴望告知答案的学生挥手而分散了仍需时间思考的学生的注意。曼诺女士会提醒已经得出答案的学生想一想如何使用不同的策略去寻找答案。当大多数学生都表示得到答案时，曼诺女士就开始收集学生的解决方案，并写在黑板上，但并不对它们的正确性进行标注。一旦收集好答案，焦点就转向了学生的思考。曼诺女士会请一个学生站起来分享他的思考，并在黑板上板书记录。可能会展开如下对话：

胡安（Juan）：我用的是数数策略，所以我从 1345 开始，加上 5 得到 1350。

曼诺女士：（重述并板书）1345+5=1350。

胡安：然后再加 50。

曼诺女士：为什么你要加 50？

胡安：这样我就可以得到 1400。那样再得到 3000 就容易多了。

（曼诺女士接着第一步继续写）

1345+5=1350

1350+50=1400

胡安：现在我加上 600 得到 2000，然后再加 1000 得到 3000。

曼诺女士：（继续板书并问）我是沿着你的思路走的吗？

1345+5=1350

1350+50=1400

1400+600=2000

2000+1000=3000

曼诺女士：所以你是怎样得到最终的答案的呢？

学生：我记下之前加进去的数，并把它们相加。5+50+600+1000 是 1655。

曼诺女士：还有其他同学用的是这种方法吗？（少数学生表示他们用了同样的方法。）有没有人用的不一样的方法呢？

学生开始分享自己的思路，包括那些最初在计算中犯了错误，但看到同学的思考之后又进行了自我纠正的学生。数字对话虽然简短，但每天坚持就会有效。学生们喜欢分享自己的想法，然后说服他人，或质疑他人的工作（“实践标准”第 3 条）。曼诺女士说，如果他们在某个特殊日子没有时间进行数字对话，学生们回到家后就会提醒她当天没有进行数字对话，这意味着他们必须在第二天做两次！顺便说一下，曼诺女士的学生在其年级的州立考试中得分最高，也许并不是巧合。

自我表达和自我提问的效应量 =0.64

什么是指导性提问，以及何时提出？

在第三章中，我们讨论了两种类型的问题——焦点式问题和漏斗式问题。其中一些问题之间的界限并不总是那么清晰直观。学生从表层学习到深层学习的过程中有一些重叠的部分，好的焦点式问题和好的漏斗式问题之间也没有明确的界定。理解“好”的问题需要时间，关键是要理解好的漏斗式问题和焦点式问题是由什么组成的以及何时使用。

无论是教二年级学生理解排列组合还是向六年级学生介绍比例推理，通常在一节课的开始，教师就会明确给出一些如何学数

指导性提问是为帮助学生理解正在做的事情并且引导他们自己进行总结而设计的活动。

学的指导。这就错失了帮助学生利用新信息来理解数学的机会，如通过理解一个情境、以以往的知识为基础以及将这些知识扩展到新的想法中去。这就好比阅读一本神秘的小说，有人在你还没有对发生了什么事情做出自己的猜想之前，就告诉你“谁是谁”。这并不是说抛开结果，而是要精心构建指导性提问活动，旨在帮助学生理解当下的情境，并指导他们自己得出结论。

罗德里格斯（Rodriguez）女士正在与二年级的学生就以下学习目标而努力：探究和定义二维平面图形的性质。第一个活动关注学习不同类型的四边形。她希望这个活动能够吸引学生并帮助学生明晰学习目标，而不仅仅是记住词汇表。她决定让学生先猜几个谜语。首先，她与班上学生一起解答第一个谜语。

> 我是什么图形呢？
> 　我有四条边。
> 我有四个直角。
> 　我的边都是一样长的。

她问：“从哪条线索开始好呢？”这让学生有机会探索，并看到从不同线索出发的优势或劣势。每组学生都进行了长时间的讨论，但罗德里格斯女士注意到学生很难达成共识。所以，她把学生聚集起来，问道：“如果我们从第一条线索开始，‘我有四条边’，大家可以画出一些有四条边的形状。”她选择了几个学生在黑板上画出他们的图形，并又补充画了一些学生没有想到的形状。（见图 4.2）然后她继续说：“看看这些图形，它们有什么共同点？又有什么不同点？”

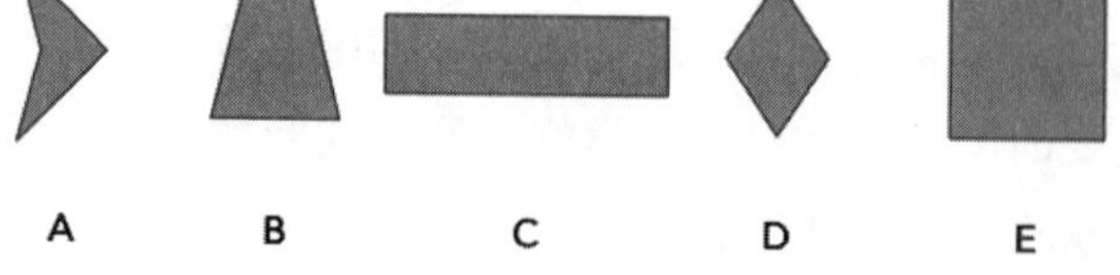

图 4.2　有四条边的图形

然后，学生会用自己的语言讨论什么是相同的，什么是不同的。罗德里格斯女士对学生说："你们的想法都很棒，沿着它们继续思考是很有帮助的，那么让我们来看一下其他线索。我会在黑板上画个表来记录你们的想法。我们还对图形进行了标号，这样如果有一些特殊图形，你们就可以确定是哪一个了。"（见表 4.3）

表 4.3　有四条边的图形属性比较

相同点	不同点
所有图形都有四条边	图形 D 和 E 的四条边长度都相等，而其他图形边的长度不相等
所有图形都有四个拐角（角）	图形 A 和 D 都有尖尖的角，其他图形都有胖胖的角
	图形 C 是瘦长型的，B 和 E 有点胖

在学生完成表格后，罗德里格斯女士定义了一些能帮助学生阐述的词语。她提醒学生，这些图形的拐角有另一个名字，叫角。她指着图形 C 和 E 中的角问："你们会怎样描述这些角呢？"学生们用自己的话将其描述为一个窗户的拐角或房间里的角落。罗德里格斯女士把"直角"一词直接写在黑板上，并解释说，大家描述的看起来像窗户或房间角落的角被称为直角。她继续问道："你们能在教室里找到一些是直角的拐角或角吗？"

"我们来看看第二条线索。我们画的这些图形都是有四个直角的吗？"学生们开始小组讨论，并一致同意图形 C 和 E 有 4 个直角。一些学生也在争论图形 D 是否也具有四个直角。罗德里格斯女士并没有直接告诉学生答案，而是建议他们剪出一个像 D 一样的图形，并询问他们应该如何将它与 C 和 E 进行比较。经过简短的讨论，学生们同意如果把 D 转成底部水平的时候，就可以看出它并没有四个直角。

罗德里格斯女士问道："哪种图形符合前两条线索的要求？"正如学生的回答，她将图形 C 和 E 在黑板上圈出。"我们如何利用最后一条线索来解答这个谜语呢？"学生阐述自己的想法，并认为图形 E 的所有边的长度都相同，所以图形 E 一定就是答案。罗德里格斯女士表示同意，并接着告诉学生这种图形是正方形。她总结性地问道："这些线索告诉我们图形 E 的特征是什么呢？"同时，她留下这样的问题让学生思考："所有正方形都有这些特征吗？"

学生们继续进行小组学习，解答有关二维平面图形的其他谜语。在每个谜语快猜出来时，全班学生讨论彼此的想法和解答。罗德里格斯女士随后介绍了相关的概念，并将这些概念和图形添加到数学词汇墙上。

想想如何教学生，而不是直接告诉学生做什么，罗德里格斯女士的问题和提示引导学生思考解答谜语所需要的知识内容以及如何证明自己的解决方案。罗德里格斯女士利用指导性提问帮助学生着手完成任务，并准备好后续例题以便学生可以应用刚学到的知识。列表不仅是一种组织思维的重要策略，也有助于理解新概念。

引入新概念时提出一个很好的问题是需要不断实践的——不能提供太多信息，但又要能引导学生思考。我们在备课时必须慎重决定要提的问题，实际教学时更应如此。这意味着你的问题取决于学生的回答和疑问以及你从学生的学习中得到的反馈。为了开展表层学习，问题应该吸引学生，并能够引导他们理解和联系与学习目标相关的内容。一句话建议：我们经常给学生提供太多的信息，而不是提出一个能够激发他们思考的问题，这样一来，学生在面对这种情境时就无法进行不同的思考。允许你自己在课堂上任何时间点停下来，并思考如何提问学生“正确”的问题。而只有经过大量实践才能产生好的问题。

微格教学的效应量 =0.88

采用视频或音频录制你的一堂课，借此机会观看视频或听录音，并专注于你提出的问题，这样十分有助于发展教师的专业知识。有人称这种做法为微格教学，即录制一节课或“迷你课堂”的录像，然后由教师自己进行回顾和分析，以提高教学实践能力。吉姆·奈特（Jim Knight）及其同事（Knight & van Nieuwerburgh, 2012）分析了教师和教研员在三年时间内通过录像和录音记录课堂的工作，发现这些工具比起单独的课堂汇报更能促进教学质量的提高。教师通过观看自己的教学视频来进行自我指导，也可以起到类似的效果。

在四边形课上，罗德里格斯女士绘制出一张具体明确的表格，来帮助学生组织思维、解决问题。你可能认为有效的数学教学应该留给学生思考的空间，所以不会像罗德里格斯女士那样做。毕竟，学生在理解问题、坚持解决问题和自主学习时，可以获得更持久和更有意义的理解。但需要注意的是，罗德里格斯女士并没有急于求成。她让学生首先进行谜语活动，当看到他们不能达成共识时才采取了进一步行动。有效挣扎或有效失败的原则（Kapur，2008）表明，当学生解决一个具有挑战性的问题并失败后，为其提供进一步明晰的教学，他们的表现会优于传统教学下的学生。在学生们拥有所有先决技能条件的基础上提出一个任务，让他们受点挫折，然后再循序渐进教导他们在有意义的任务情境中掌握技能，是很有效的。但是，有效挣扎不应该与不可能完成的任务相混淆。

什么是样例，以及何时运用？

样例是指已经被数学家完全解决的数学问题，并能展示出数学家最终解决方案的每一步过程。这些已被证明有助于学生更有效和准确地解决问题。（Atkinson，Derry，Renkl，& Wortham，2000；Sweller，2006）当然，从一开始就确定一个样例是正面还是反面教材很重要。反面的样例和正面的样例都可以引发学生的思考，让学生推测为什么数学家们做出这样的决定以达成某个解决方案。这些样例可以涵盖多个主题，但通常聚焦在数学推理方面，特别是向学生展示如何在解决问题和说理的过程中进行推理。麦金、兰格和布斯（McGinn，Lange，& Booth，2015）建议在预设学生可能出现迷思概念的地方开发样例，在样例中突出迷思概念，并且在此之后提供给学生一个类似的问题，让他们可以协作或独立地解决。**注意**：特别是对低年级的学生，请确保学生在回应反面样例之前，对概念已有较好理解，以保障在未来的学习中不会重复样例的错误。这些使用言语表达的问题应该较少涉及程序性知识，而应更多地关注深究问题所使用的推理——换句话说，更多关注“为什么”的问题，较少关注“是什么”的问题。教师在通过样例让学生进行出声思考时，可以参考图 4.3 中包含的自我提问、提示的建议。

样例是指已经被数学家完全解决的数学题，并能展示出数学家最终解决方案的每一步。

尽管可以问程序上的问题，但一定要让学生解释和 / 或证明他们的推理。

1. 为什么__________不包括在答案中？
2. [学生姓名] 将__________作为他的第一步？
3. [学生姓名] 应该怎么做__________？
4. 这样写__________可以吗？为什么可以或者为什么不可以呢？
5. 为什么 [学生姓名] 结合了__________和__________？
6. 为什么 [学生姓名] 先__________然后__________？
7. __________和__________是相同的表达吗？请解释。
8. 如果 [学生姓名] 首先__________做，他会得到相同的答案吗？
9. 为什么 [学生姓名] 改变步骤，从__________到__________？
10. 解释为什么__________会是一个合理的回答。
11. [学生姓名] 怎么知道他的回答有没有道理呢？
12. [学生姓名] 怎么知道__________不等于__________？
13. 在这个问题中__________代表什么？
14. 等式中的__________是如何影响图像的？
15. 为什么 [学生姓名] 从等式两边__________？

图 4.3　自我提问时的可用建议示例（McGinn，Lange & Booth，2015）

五年级数学教师苏珊娜·诺尔斯（Susana Knowles）有时会通过一个“我最喜欢的错误”活动来分享她的想法。在课堂开始时，诺尔斯女士让学生在索引卡片上完成某些问题或练习，然后迅速地找出出现常见错误或通过有趣方法得到正确解答的学生。为了使这些学生的笔迹不被同学认出来，她会重新书写一遍解答，并为学生取一个化名。“我总是称他为‘惊人的阿洛伊修斯（Aloysius）’，因为他所知道的和不知道的东西总是能让我们感到好奇，并且总能带给我们思考。”她解释说，我们总能够学习惊人的阿洛伊修斯带来的错误或某种有用的解决方案。

诺尔斯女士在小数减法的单元中，让学生解决以下问题：

$$3-1.473$$

她选择了一个特殊的样例，因为这是学生经常感到困扰的一个问题。当时有多个学生犯了同样的错误，所以诺尔斯女士将这些错误还原到了黑板上。

$$\begin{array}{r} {\scriptstyle 2\ 999} \\ 3.\not{0}\not{0}\not{0} \\ -1.473 \\ \hline 1.526 \end{array}$$

几分钟后，教师预测出学生计算的一些途径，并大声说：“我想知道为什么惊人的阿洛伊修斯采取竖式表述这个问题。”“我想知道为什么他选择加一个小数点并在其后补三个 0。”“我想知道他为什么划掉 0，把它们全部变成了 9。”提问后，她留出短暂的时间给学生思考。“这让学生可以看到我是如何向自己提问来证明他们做了什么，以及他们为什么这样做。这也避免了学生可能因早期的迷思概念而产生迷思概念。”

什么是直接教学以及何时运用合适?

在一节课中总会或者说有时会碰上特别的学生——特别是当学生们正被要理解的某个概念所困扰，而用他们的方法并不能得出结果时——教师给予学生帮助和解释，让学生聚焦于某方面数学知识，产生不同的视角（在这种情况下是教师的视角）。在深入探讨之前，我们需要回顾第一章直接教学的含义。有一点需要明确，直接教学并不意味着讲授。相反，正如洛巴托、克拉克和埃利斯（Lobato，Clarke，& Ellis，2005）[136] 指出的那样，直接教学应该是“在课堂交谈中通过引入新想法来激发学生数学思维的教学活动”。

通常在数学中，“直接教学”被解释为“演示并告知”，即教师先向学生展示如何操作一个程序性技能，提供他们可能需要的所有概念术语，然后直接让其独立解决问题。这通常发生在传统的讲授教学法中。但我们并不是在谈论一个照本宣科的传授模式或说教式教学。相比之下，回顾我们在第一章中，将直接教学定义为一种有目的的、精心计划的、以学生为中心的引导式教学方法。当教师确定学习目标时，为使学生明晰目标可以做一些示范，检查学生的理解情况，并在课时结束时就学生的表现进行总结。

重要的是，要认识到教学（teaching）和告知（telling）有很大区别。直接教学应着重于教学和改进教师为学生提供信息的方式。如蒙特等（Munter et al.，2015a）[24] 指出，“更倾向于直接教学的人不会强调教师应该向学生提供事实和程序，并要求学生一遍又一遍地记忆和练习，直到精通为止。类似地，倾向于对话教学的人也不主张那种学生能够自主改造数学课程的‘纯粹的发现学习’。”

直接教学要注意三个重要事项：

1. 它不应该被视为教授数学的唯一手段（Munter et al.，2015b），而应该在需要帮助学生建立表层知识时作为策略使用。

2. 它不必——也不应该——花费大量的教学时间用于学习。实际上，大部分的教学时间应该用于让学生做数学，交流他们的任务完成情况和对知识的理解，这样才能够发展更深层次的学习。

3. 它不一定要在一个新的学习单元或课程开始时使用。有证据表明，有效的直接教学可以随着学生对一个想法或概念的探索而展开。（Loehr，Fyfe，& Rittle-Johnson，2014）还有证据表明，学生有能力解决针对新概念的问题。（Kapur，2012）

不论某个单元或某节课在何时何地开展，学生总会有需要直接教学的时候，因为它对发展学生的表层学习尤其有效。

对数学实践的直接教学

我们不想将讨论局限于对直接教学技能的探讨。是的，有证据表明，直接教学可以增强计算和程序性技能（例如，Flores & Kaylor，2007）。直接教学也可以用来培养学生的思维能力。让我们回顾在序言中介绍的"实践标准"（National Governors Association Center for Best Practice & Council of Chief State School Officers，2010）：

数学实践活动囊括广泛的数学知识内容，在许多不同的情境中值得反复应用。

1. 理解问题并坚持不懈地解决问题；
2. 推理的抽象与数量化；
3. 建构可行的论证，评判他人的推理；
4. 数学模型；
5. 策略地使用恰当工具；

6. 注意精准确性；
7. 探求并利用结构；
8. 在不断的推理中探求并表征规律。

就像那些不使用共同核心标准的州和国家，在围绕数学问题解决、推理、交流和建模方面的实践或过程标准一样（见附录 C），这些都是思维习惯和思考方式，学生可能会，也可能不会，需要他们自己弄清楚。我们真的希望教师不要再等着学生自己找到通过准确的数学语言增强严密性的方式，或是等着学生自己学习如何使用图形计算器软件的某些功能。最理想的是教师可以设计课程和活动，让学生自然地参与到实践中。为了培养未来的数学家，学生必须参与和体验这些实践活动。直接教学可以让学生在行动中感受这些数学实践。我们还没有谁能够独立发展出策略性使用合适工具的能力。相反，随着时间的推移，我们养成了通过正例和反例，听取他人的意见并尝试去做的习惯。刚开始，对于学生来说，数学实践经常需要教师进行直接的、明确的、有意的和频繁的示范。随着时间的推移，学生开始把这些习惯融入他们的日常学习。换句话说，当学生开始进行数学实践并与他人协作巩固理解时，关于数学实践的直接教学就可以促进他们对知识表层水平的理解，并推进到深层学习，使学习进行迁移。

赛格（Senger）女士有专门用于数学实践的布告栏。她用所教授的七八年级学生可接受的语言描述每一个实践活动并单独发布。每学年之初，她就以讨论其中某个实践活动的内容和意义开展自己的课堂。她设计精良的课堂使每个实践活动都容易被学生理解，当学生在课堂上开展这些实践活动时，她也经常会停下来指明活动意图。在开学的前几个星期，赛格女士会完善每一个实践活动。这些数学实践活动囊括了广泛的数学内容，在很多不同的情境中都可以一次又一次地应用。到了十月中旬，学生们对每一项实践活动都变得精通。然后，赛格女士设计数学任务和课堂教学，以便学生在任何时候都能够运用实践活动。赛格女士整个学年都会展示这些布告栏，因为这些思维习惯是需要不断发展的，在整个课堂中学生都应该考虑如何使用它们。事实上，在一些课结束时，赛格女士要求学生使用反思便条描述他们当天采用的实践做法，以及他们从做数学中学到的知识。

这些做法不仅适用于高年级学生，低年级的数学课也可以使用这些实践活动让学生理解他们正在学习的数学知识并会富有成效。让我们回顾一下富兰克

词汇量的效应量 =0.67

课堂讨论的效应量 =0.82

林女士在开始教学乘法概念时的课堂。在学生刚开始理解乘法结构的时候，通过游戏来建立等分情境的模型。当学生学习如何写乘法算式并使用合适的词来描述等式中的数字时，这意味着他们正在学习数学的严谨。这些实践活动之所以如此有效，是因为在学生参与实践活动后教学能够及时跟进；而且，这些实践活动是做数学的组成部分，同时与实践相关的经验具有正效应量。

数学交谈与元认知

当使用上述数学交谈活动（数字对话、指导性提问、使用样例和直接教学）时，教师能够展示出各种提问和倾听策略，这些都反映出优秀的数学实践活动的高品质，同时也向学生提供了发展这些思维习惯的机会。

自我表达和自我提问的效应量 =0.64

也许更重要的是，学生可以开始练习自我表达和自我提问技能，这有助于他们对自己正在学习运用的概念性和程序性过程进行批判性思考。教师可以帮助学生建立这些谈话模式，并鼓励他们以多种方式练习。例如，教师可以让学生习惯使用“我”和“因为”。

很多教师习惯在课堂上说“我们”或“你”，但是以“我”为主语能在学生脑中产生不同的、更强有力的影响。使用“我们”和“你”来陈述会激发一种本能——有人称之为直觉本能，即通过模仿来学习。使用“我”来陈述时则能够引发感性倾听，这就是为什么这种方法常常被用于解决冲突和调解婚姻问题。当鼓励学生使用“我”做主语时，他们认识到自己才是理解数学概念和进行数学实践活动的主体。这在建立可行的论证和评判他人的推理时尤其有用（“实践标准”第 3 条）。当学生听到他们的教师和同学经常使用“我”进行陈述时，他们也会养成这种习惯。

元认知的效应量 =0.69

另一个重要的习惯是使用“因为”这个词。在数学中，解释为什么你在思考现在思考的东西很重要。如果教师或同学在解释他自己的想法时使用“因为”，就可以尽量避免学生忘记思考他人是怎样知道做某事的，或为什么这样思考。类似地，教师在提问时应减少“是什么”的问题，增加“为什么”和“如何做”的问题。思考一个人的思考是一种元认知行为，当他们听到别人包括自己的同学这样做的时候，学生会进行更多的元认识思考。元认知是思考某人自己的想法，大量的研究表明，使用元认知策略的学生往往会获得更多的收益。（Schoenfeld，1992；Veenman，Van Hout-Wolters，& Afflerbach，2006）

在数学中有用的元认知策略包括制订一个完成任务的计划，使用适当的技能和策略来解决问题，监测并意识到什么时候问题已经失去意义，进行自我评估和自我纠正，评估任务完成进度，并能意识到什么时候注意力开始分散。（Rosenzweig，Krawec，& Montague，2011；Throndsen，2011）

可能只有少数学生会自觉这样做，但是如果你希望认真对待所有的学生，使其体会到思考的好处，那你可以明确地教给他们元认知策略，数学交谈就是一个不错的工具。记住，学生根据成功标准来评估他们的学习是需要指导的。这是从表层学习向深层学习迈进的关键。表 4.4 包含教师可用于促进学生元认知思维发展的示例语句框架，分为计划、监控和评估三个阶段。

表 4.4　能够建立元认知思维的语句框架

计划
我想知道为什么……
我已经知道关于这个主题的一些东西。那就是……
我知道________这个词，但我不知道________和________是什么意思。
我看到很多图形和图表。我需要用这些来帮助理解我在读什么。
我认为 / 相信 / 断言……
监控
这不是我的预期。我预计________，因为________。
我可以写或画什么来帮助我记住和理解？
基于……，我推断……
我的想法 / 答案和……相似的，因为……
我的想法 / 答案和……是不一样的，因为……
我从……中发现了……
我从……中找出了……
我有一个问题……，因为……
评估
我对任务或问题了解多少？

续表

什么策略对我有好处？ 什么策略对我没有效果？ 下次我该怎么办？ 下次我需要帮忙吗？

词汇教学策略

词汇量的效应量 =0.67

词汇知识是对内容领域理解的重要影响因子（Graves，2006），效应量为 0.67，强大的词汇程序能够带来很好的教学效果。通过高质量的教学，学生从日常语言转向更规范的数学语言，最终得以发展数学思维。这也是“实践标准”第 6 条提到的要注意精确性，包括数学语言的准确性。此外，辛普森和科尔（Simpson & Cole，2015）[369] 指出，词汇教学必须超越单词学习，并认为“为了让学生在数学课堂上取得成功，教育工作者必须认识到语言在建立课堂规范、沟通身份、挑战权力的不平等分配中起到的作用”。

词汇教学与数学课程的其他方面一样，必须进行深层和迁移教学（Bay-Williams & Livers，2009），但它通常从学习的表层阶段开始，以便学生能够在开始需要准确讨论和辩论想法时构建自己的学术语言系统。不幸的是，大多数学生经历的词汇教学让他们认识了很多与概念理解无关的词。学生认为很多术语不会被再次使用，下周就会有一个新的清单。

那么什么代表了学生知道一个词的意思呢？词汇知识应该从五个方面进行考察（Cronbach，1942；转引自 Graves，1986）：

- 通过定义类知识进行概括；
- 通过正确方式应用；
- 通过重复词汇来拓宽；
- 通过理解正例和反例加强准确性；
- 通过在讨论中使用词汇加强可用性。

此外，不同类型的词汇起不同的作用。正如我们在第二章中讨论的，研究者（例如，Beck et al.，2013）提出词汇可以分为三级：

一级——日常用语；

二级——一般学术词汇，在不同的内容领域和背景下其含义会改变；

三级——在特定内容区域中始终使用的特定词汇。

除了识别学生需要知道的词之外，指导学生学习这些词也很重要。在很多情况下，学生在需要使用新词之前就应该接受指导。利佛斯和贝·威廉姆斯（Livers & Bay-Williams，2014）[154] 认为数学教师有三种引入词汇的方式：

- 预授——在新课开始时提供教学指导；
- 及时教学——在课堂学习过程中，当学生需要使用词语时进行；
- 形式化教学——在课程结束时，学生刚好探索过某个概念时进行。

这些研究人员指出，“词汇支持必须有助于向学生提供他们参与课堂所需的恰当术语，但不要放弃课堂中的数学挑战”。我们有多少人曾听（甚至教导）过学生如何让分数减少？但我们根本没有减少任何东西！当我们将$\frac{12}{24}$改为与它等价的$\frac{1}{2}$时，我们只是简化或重命名了这个分数，而不是减少它！利佛斯和贝·威廉姆斯（Livers & Bay-Williams，2014）构造出一个决策流程图，教师可以运用它来决定什么时候在课堂中教授词汇。（见图 4.4）他们首先辨析教授概念和情境之间的区别。概念是一堂课的数学思想，与情境中使用的词汇不同。情境中词汇的作用之一是在课堂开始时，在熟悉的语境和以前学习的内容或概念的基础上教授词汇。同样，当教授新的概念或内容时，应该在课堂中间或后期引入词汇。换句话说，与提问一样，在学习的表层阶段，引入词汇有恰当的时刻——仅当学生有时间认真处理新知识时。

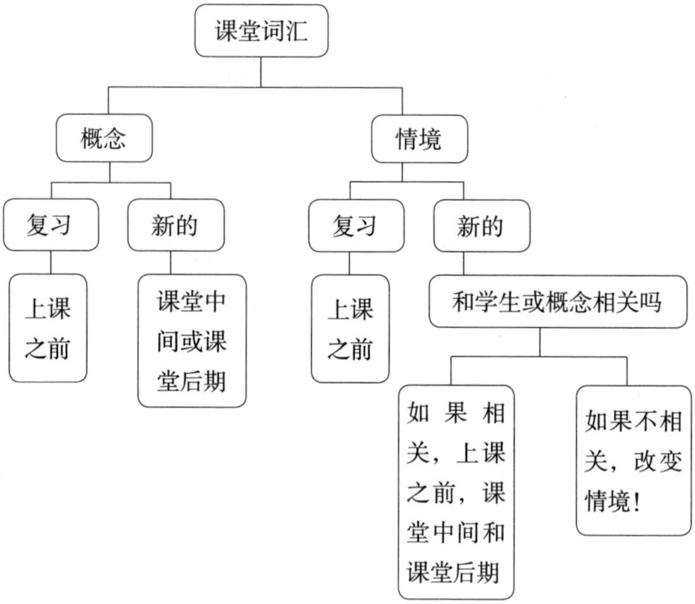

图 4.4　语言支持的决策（Livers & Bay-Williams，2014）

多种教学策略可以用来教授良好的专业术语。我们这里主要介绍两个：词汇墙和图形组织器。

词汇墙

词汇墙是一种持续的、有组织的关键词展板，为学生在整个学习单元或一个学期提供视觉参考。

词汇墙是一种持续的、有组织的关键词展板，为学生在整个学习单元或一个学期提供视觉参考。为使学生专注于要学习的学术词汇，教师把这些有针对性的词汇贴在墙上、布告栏中或白板上。教师可以将一个简短的定义、图片或示例添加到该词语中。可以在某个单元的开始阶段或在单元学习的过程中需要引入术语时，把词语添加在词汇墙上。教师要提醒学生在相互交谈时使用这些词。坎宁安（Cunningham，2000）提醒说，除非我们是在真正意义上建构了这样一个“词汇墙”，否则拥有一个词汇墙是无效的。这意味着在整个课堂中都要积极使用它。比德尔（Biddle，2007）指出，她的学生在讨论和论文写作中都会使用数学词汇墙。

词汇墙尤其适用于词语概念多的单元，如几何。当然，它们对引入新概念或者新语境也有效。格雷（Gray）先生要教他五年级的学生学习数论，其中一些词（如因子、倍数、乘积）是学过的，其他术语（整除、素数、复数、素因子分解）对学生来说则是陌生的。格雷先生便在彩色卡片上写上每个词的情境示例，最终制作成词汇墙。课一开始时，他就要求学生把这一天学习的新词记录下来并添加到墙上。学生像侦探一样观察并听取课堂中使用的词语，还从数学期刊上的词汇部分摘录一些单词和例子，以供将来学习参考。有趣的是，学生学习这些词语和例子时并没有弄混那些很容易混淆的词，如因子或倍数、素数或合数。格雷先生在学完这一单元时从词汇墙上去掉了这些词，为的是使学生们随着年龄的增长不再受到新的和已学词的影响，尽管学生会经常回顾以前学习的词。

图形组织器

学生还可以通过创建图形组织器，如费雷尔模型（Frayer Model）、词语飞溅（Word Splashes）或锚形图（Anchor Charts）来掌握词汇。**图形组织器**是一种视觉展示——展示词汇、事实、概念或想法之间的关系。

图形组织器是一种视觉展示，它展示了词汇、事实、概念和/或思想之间的关系。

格雷西亚·科尔多瓦（Grecia Cordova）使用费雷尔模型帮助学生发展对新词汇更深层次的理解。（Frayer，Frederick，& Klausmeier，1969）她让六年级学生将 4×6 索引卡分成四个象限，并将目标词语写在左上角的象限中。在教师解释意义之后，学生用自己的话将定义写在右上角。接下来，他们会在右下角写一个反例或意思相反的词语。在左下角，学生用图像说明这个词的含义。学生选择的图像至关重要，它们被认为可以将新学习的信息嵌入他们可以检索的视觉记忆。科尔多瓦女士解释说：“在为学生介绍新的术语时，我要求他们制作这些词汇卡，然后进行练习和记忆。”奥拉西奥（Horacio）制作的多边形词卡示例如图 4.5 所示。

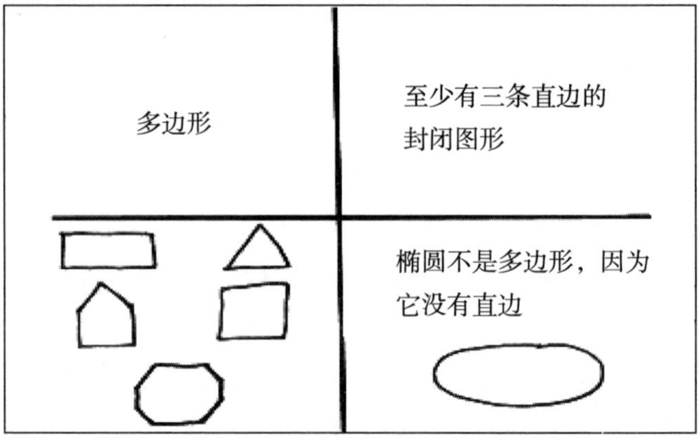

图 4.5 奥拉西奥制作的多边形词卡

为促进表层学习的教具使用策略

教具的效应量=0.50

教具是学生用来展示和研究数学概念的具体模型。

教具如奎逊耐彩色棒、拼接式积木块、代数块和七巧板等长期以来一直用于数学课堂，这是因为它们确实起到了不错的效果。（Domino，2010；Gersten et al.，2009）教具也可以是虚拟的。无论是实体的还是虚拟的，这些工具都是由学生单独或以小组形式使用，以探索数学概念，帮助他们建立物体、符号及它们所代表的数学思想之间的联系。（National Research Council，2001）[354] 下面是一个通过表层学习向深层学习发展的一个例子，在学生从表层学习到深层学习的过程中，对学具的使用为他们的学习架起了桥梁。

数的位值是小学生需要掌握的最基础的概念之一。对位值的全面理解包括对多位整数中每个数字所占的位值与该位值的值之间的关系的理解。例如，在数 3456 中，数字 3 实际上代表三个千，而在数 2453 中，数字 3 表示 3 个一。没有这个理解，学生就无法进行比较或者排序，而且也很难发展整数运算策略。

有许多表征位值的工具，如箭头卡、计值法和十进制块，但马丁（Martin）先生最喜欢的是咖啡搅拌棒、小橡皮筋或细绳。开始他让每个一年级学生做出自己的位值模型，学生便用吸管计数。（见图 4.6）而一旦他们得到十根，他们就用橡皮筋缠住吸管，使十根吸管成为一个新的单位，在位值模型上有自己的位值。学生一直构造了99个数。他们将自己的位值模型与挂在教室中的百位表上的数字进行比较。学生在自己的模型下方写数，并将自己的数与组中其他人构造的数进行比较。当学生开始将两位数和一位数相加（组合）时，他们实际上是将10个一组合在一起，并将它们移动到十位上，然后再写出等式。在二年级，索菲尔（Sofal）女士在以往经验的基础上，让学生将位值模型扩展至百位并继续进行加减，这为学生提供了非常实际的方式去理解位值，从而形成表层学习；当学生应用相关知识来开发算法程序时，表层学习就发展为深层学习。

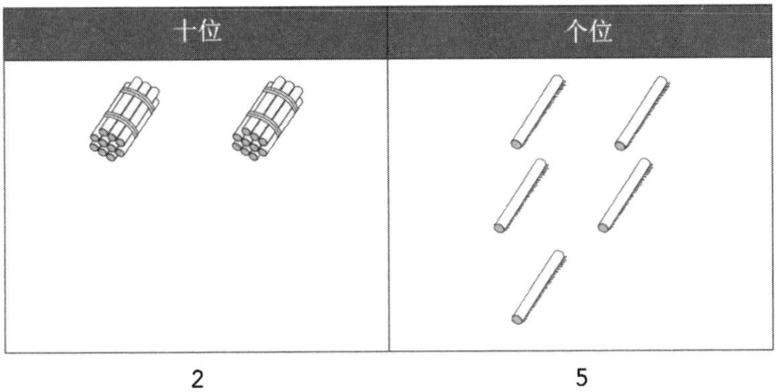

图 4.6 操作位值模型

来源：Clipart courtesy FCIT，http://etc.usf.edu/clipart。

在中学，萨拉（Sara）通过代数块来教学生整数。重要的是，学生们会认为这是他们幼儿园学习的延续。学生理解的加法是将一组对象或数字组合在一起的操作，所以她使用代数块来拓展这样的理解，以引入正数和负数的概念。萨拉强调我们仍是增加两组（这里以负4和正2为例，给出两组块），所以她写出每个数字的符号：$^{-}4+^{+}2=x$。她问学生它们代表什么，伊恩（Ian）回答说："我们把4个反面的块和2个正面的块组合在一起。"班上学生使用块搭建了一个模型。他们讨论当一个反面块与一个正面块相加会得到什么，并在讨论了几个现实生活的例子之后，得出结论0。当学生回到他们的模型时，可以看到有两组块会使结果为0。他们也注意到还会有2个反面的块被剩下，所以总和是负2。（见图4.7）

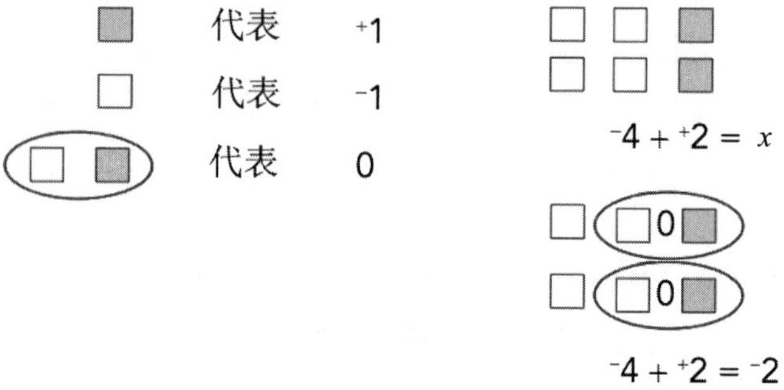

图 4.7 代数块模型组合草图过程

通过使用代数块来处理这些问题，并用草图和方程记下学习过程，学生就能建构整数加法知识的表层学习，并将其与以前学习的整数加法的知识相联系。随着他们对整数加法表层学习的不断完善，学生将形成不写正数前面符号的习惯。从这些模式中，他们将学习向深层阶段推进，并开始概括和得出有效的整数加法法则。

带有反馈的间隔练习的使用策略

间隔练习指每隔几天反复回顾知识来达成学习目的，并且在长时间内分散对技能的训练。

我们正在使用的还有间隔练习（也被称为分散练习）和在表层学习讨论中进行反馈的双重策略，正如之前提及的策略（特别是数字对话中的元认知、引导性问题和样例），它们会让学生面对任务时有更多思考。在帮助学生对自己运用的过程建立认知方面，我们需要通过培养他们在更深层次学习时需要的规划、调查和阐述技能，来促进对表层学习的吸收和整合。在这种情况下，间隔练习可以巩固最近获得的知识，而不是反复练习。**间隔练习**与不同学习机会频率有关——几天来多次大量回顾知识以达成学习目的，并且在长时间内开展对技能的间隔练习。

举个例子，大多数教科书将学生的练习重点放在当前所教授的技能上。针对每一个重点技能，一个学生可能需要做多达 25 次的练习，比如带分数的加法。有些教师会将作业调整为一些特定的专项练习，比如奇数的练习。但关键是一旦任务完成，就没有后续的练习了。其实，作业或课堂练习分散开来，定期间隔进行更有效，而不是在短时间内集中进行。虽然对这种现象解释的原因不同，但是与大规模练习相比，间隔练习后回忆知识更有效。然而，间隔练习不应局限于计算技能练习。有效教学的教师会先对先前学习的概念和技能进行热身，如通过提出作业和小组合作任务的问题，以巩固可能忘却的知识。

数学教育家、作家和顾问史蒂夫·莱因韦（Steve Leinwand，2016）描述了一个 2–4–2 的数学作业策略，旨在将分散练习构建到作业过程中。日常作业包括 2 个新技能问题、4 个累积的复习问题、2 个要求学生展示和解释任务原因的问题。4 个累积的复习问题来自当前学习内容前一天、前一周和前一个月学习的内容（各一项），其中第四个问题可以是对近期某个课程的诊断情况检查，也可以是额外累积的复习问题。通过将间隔练习思想融入家庭作业，教师更能确保自己有效地利用这一研究基础。

间隔练习而非集中练习的效应量 =0.71

间隔练习可以进一步向学生和教师提供关于学习进展的基本反馈。布鲁克哈特（Brookhart，2008）[1] 将**反馈**定义为“在最恰当的时间、地点给自己提供的最及时的、针对性强的信息”。最好是学生自然而然地适应这样的间隔练习，使得他的学习可见。在这个阶段，对学生的反馈很重要，包括学生做对了多少道题的反馈。

反馈是“在最恰当的时间、地点给自己提供的最及时、针对性强的信息”（Brookhart，2008）[1]。

关于过程的反馈，而不仅是针对任务结果的反馈，能够使学生进入更深层的学习。我们希望学生注意到并有机会纠正自己的错误。但是，就错误的答案提供正确的解答对学生的思维并没有太大的帮助。反馈可以促使学生寻求更多信息或重新考虑他的方法和推理过程，或指出一种能够解决问题的方式，让学生自己掌握学习的主动权。反过来，它通过让学生了解自己，减少了对外界判断其进步的依赖，而且更好的是，她能够根据进步采取行动，这有助于培养积极的数学思维。（Boaler，2016）例如，对一个学生说：“你确认自己回答错了第三个问题。数学模型可以帮助你解决这个问题吗？”介入学生的思考但并不是把所有的思路都告诉

反馈的效应量 =0.75

她。对此我们将在第七章进行更深入的讨论，特别是当它应用于自我调节能力时。

记忆术策略的使用

记忆术的效应量 =0.75

记忆术是帮助学习者回忆大量信息的记忆手段，如运算顺序和二次方程等数学概念。“这是一种加强记忆的教学策略，其中包括教导学生将学习的新信息与他们已经知道的信息联系起来”（DeLashmutt，2007）[1]。通常情况下，记忆术可能是一首短歌、一个由首字母组成的缩略词或一个易于记住的视觉图像，以帮助学生记忆信息。

记忆术是帮助学习者回忆大量信息的记忆手段。

你会使用这个策略（即使你不能命名）来记住一串文字吗？如用单词首字母组成的“Roy G. Biv”这个名字来记忆光谱（红色、橙色、黄色、绿色、蓝色、靛蓝和紫色）的颜色，或用“HOMES”（家）来记忆美国五大湖区（休伦湖、安大略湖、密歇根湖、伊利湖和苏必利尔湖）。除了名字和谐音记忆术之外，还可以用图像或表情如［“Every Good Boy Does Fine”（每个好男孩都做得很好）来记忆五线谱上的 E、G、B、D 和 F］。记忆术是将一串词语连接在一起的记忆助手。

如果恰当使用记忆术就会有效果。但它们常常会替代理解，或为学生提供一种超越理解的技巧，也因此经常导致错误的理解。（Karp，Bush，& Dougherty，2014）因此，重要的是确保学生理解记忆术背后的原理，而不仅是作为程序使用它们。记忆术的作用是让学生进行表层的理解，但是我们不能让他们仅仅停留在表层。正如乔恩（Jeon，2012）指出，只通过记忆术记住操作顺序，如 PEMDAS 或者 Please Excuse My Dear Aunt Sally，并不意味着学生知道如何运用知识。

记忆术对记住数学词汇特别有帮助。例如，分母（denominator）和向下（down）都以字母 d 开头的事实有助于记住分母是分数中底部的数字。有些教师拓展这个技巧把分子（numerator）中的 u 和向上（up）中的 u 连接起来。这种记忆术不能代替对分子和分母意义的理解，它只是帮助学生在使用分数时正确地放置分子、分母的位置。

在测量单元里具有挑战性的词语集是度量系统使用单位的缩写。帮助学习者正确排列的一个常见做法是记住这句话："King Henry doesn't usually drink cold milk"（亨利国王通常不喝凉牛奶。）这句话的每一个单词的首字母对应前缀：公里 kilo-、公顷 heca-、十倍 deca-、单位 unit、十分之一 deci-、厘米 centi-和毫米 milli-。学生还必须知道缩写，以及它们对应的度量单位。另外，学生必须区分两个缩写 d（十倍 deca- 和十分之一 deci-），要真正理解小数是包括小于 1 的集合，而不是依赖于记忆才有意义，这样学生才更有可能记住它们的区别。

结　　论

良好的开端为有意义的学习奠定了基础，并产生了巨大的影响。教师要注意学生在学习周期中所处的位置。表层学习为后面知识的深化和迁移奠定了必要的基础。但有一点值得注意的是：必须发生迁移教学，因为学习往往停留在表层就结束了。更具挑战的是：我们不能在另一个方向上矫枉过正，即为了批判性和分析性思维而跳过基础知识的学习。学生需要并且应该全面地接受新的知识和技能，而教师需要拥有大量的专业知识，要能够识别迹象，意识到从表层学习向深层学习迈进的时机。

反思与讨论问题

1. 反思你课堂上的数学话语。学生有机会解释和证明自己的想法吗？你可以使用哪些提问策略为学生提供更多的机会，让他们通过解释和证明来展示他们的深层学习？

2. 反思你所在年级里重要的数学主题。每个主题的表层学习阶段是什么？在 SOLO 图表的单一 / 多元层面上它会是什么样子？对于这些主题，你可以使用哪些具体策略来帮助学生进行表层学习？

3. 你是如何在数学教学中使用教具的？学生在数学小组合作时是否被鼓励使用多种表征？你可以使用哪些策略来使这些工具更适合学生使用？

第五章　可见的深层数学学习

五年级的教师沃尔夫（Wolf）女士将要开始体积单元的教学。学生走进教室后发现每张桌子上都有一个边长为 1 英寸[①] 的立方体和一些画图纸。黑板上写着以下任务：

有公司销售小孩子玩的立方体积木。每一块积木的边长都是 1 英寸。他们想要以每盒 36 块积木为单位出售。请你使用桌子上的工具及你所知道的测量方法来设计一个可以放置 36 块立方体积木的盒子。

学生根据沃尔夫女士给出的少量说明开始思考。当第一个小组提出解决方法的时候，沃尔夫女士要求他们向别人描述他们的盒子，以此来了解他们的想法。当其他小组还在继续学习的时候，第一个小组已经开始了小组讨论。较早完成任务的小组可以挑战其他能够容纳 36 个立方体的盒子方案。当所有小组至少找到一种问题解决方法的时候，沃尔夫女士要求每个小组在黑板上的表中填写他们设计盒子的长、宽、高。（见表 5.1）体积一栏被要求暂时保留空白。

表 5.1　学生对盒子问题的记录格式

长	宽	高	体积

① 1 英寸 ≈ 2.54 厘米。——译者注

等所有的学生都完成这张表格后，沃尔夫女士再次向学生提出挑战："使用你可以想到的任何方式来说服我，我们已经找到可以容纳 36 块积木盒子的所有可能。"

这个讨论包含一系列重要的数学问题。学生就 3 × 4 × 3 的盒子和 3 × 3 × 4 的盒子是否相同展开讨论。他们开始在座位上组织图表，以展示他们确实找到了所有可能。他们注意到当把三个尺寸相乘，积等于 36 时，盒子可容纳的积木的数量正好就是 36。

第二天，沃尔夫女士介绍了学习目标，即学生要能找出帮助他们计算长方体体积的模型。当学生在理解这种模型的基础上能得出任何一个长方体体积的时候，就意味着他们真正理解了。这是一个成功标准，当然学生也知道这个标准。然后沃尔夫女士组织大家讨论，让学生把对"盒子问题"的数学思考凝聚在一起。通过讨论，他们开始认识到盒子的尺寸、形状与积木数量有某些联系，这样就形成了关于体积的初步理解——沃尔夫女士会介绍并定义这个新术语。然后沃夫女士明确地引导学生怎么把他们的发现一般化，以便确定任一长方体的体积。通过预设的问题及提示语，她帮助学生建立起模型（三维相乘）和体积公式（长 × 宽 × 高）之间的联系，以此说明如何通过比在想象的盒子中堆积立方体更为有效的方法来计算体积。至此，他们通过小组活动填写完表 5.1 中体积一栏。为持续加深学生对体积的学习，并引导学生进入迁移阶段，沃尔夫女士在该周继续提出其他任务，让学生把相同的思维应用于不同的长方体及由多个长方体组成的更加复杂的图形中。

沃尔夫女士有目的地开始了这一单元的学习，她设计了一个有高认知需求的任务，要求学生利用他们以前掌握的关于三维物体测量的技能，进行深层学习，最终产生出新概念。值得注意的是，在这里除了回答个别小组可能有的问题，并没有对特定的探究任务进行正式讲解。在沃尔夫女士这两天的课堂教学中，深层学习和表层学习都发生了。学生在先前经验的基础上发现模型并将其一般化，这促使他们对一个新概念进行深层学习和探索。当然，如果学生在深入探索时有困难的话，沃尔夫女士就会带学生返回表层学习，支持需要帮助的学生。

深层学习的本质

深层学习关注对概念之间联系的识别。通过深层学习，学生更积极、谨慎地参与信息处理，以便发现和理解基础的数学结构。这与《美国州际核心数学课程标准》中八条数学实践（简称“实践标准”）的第 3 条、第 7 条和第 8 条相关联，以及与数学过程标准、其他国家或地区的高阶思维标准相关联——高级思维包括展示、说明、证明数学观点和论点，交流、解释、推理、分析数学关系和连接（见附件 C 中国家或地区的实践标准部分内容）。

举个例子，我们来看共同核心数学实践标准（“实践标准”）以及美国得克萨斯州的必备知识与技能（简称“得州标准”）过程标准的描述。

> “实践标准”第 3 条：建构可行的论证，评判他人的推理。
>
> “得州标准”G：在书面或口头交流中，用准确的数学语言展示、说明、证明数学思想和论点。

言语交流是关于表征方式、思维、谈论、赞同或质疑等思想的交流。

以上实践需要学生积极参与到数学言语交流中。言语交流不仅仅是讨论，还包含了表征方式、思维、谈论、赞同和质疑。它是交换思想的一种方式，并构成思想内涵，通过学生参与的任务来体现，并反映了学习环境的本质。（NCTM，1991）在任务活动中，需要学生发声说明并讨论他们的思维过程，分享和阐明他们的表征方式，或者使用手势来表示同意或反对。经历过这些实践活动的学生可以解释他们的思维以及明确表达他们所了解的数学关系。他们可以通过提问来澄清其他同学提出的论点，以及推理说明什么使得一个人的论点比另一个人的更有说服力。

在沃尔夫女士关于体积的课堂教学中，学生通过这样的活动证明自己的思维的正确性，也即证明他们自己的解答的正确性，讨论维度相同但顺序不同的盒子是否相同，并证明他们最终确定了所有可能的盒子的形状和尺寸。

> “实践标准”第 7 条：探求并利用结构。
>
> “得州标准”B：使用问题解决模型，其中包含分析给定的信息，制订计划或者策略，确定解决方案，证明解决方案，以及评价问题解决的过程和解决方案的合理性。

“得州标准”F：分析数学关系，进而连接并交流数学概念。

参与到这些实践活动的学生关注的是认识和评价有效策略以便获得解答。例如，小学生使用以百为单位的表格，从一位数开始以十为单位数数。他们也许能够认识到，每次垂直地从上往下数就相当于以十为单位的增长。中学生可能找出表格里面的排列模式，猜出一个规律，然后完成表格。

“实践标准”第 8 条：在不断的推理中探求并表征规律。

“得州标准”D：通过多种表征方式，包括恰当的符号、图表、曲线图和语言来交流数学观点、推理其含义。

这些实践活动是要让学生留意到算法或模式不断重复时的情况。这就需要教师在设计课堂教学的时候，要考虑如何让学生能够认识到这种重复性。这需要教师识别学生出现的任何一个顿悟时刻以及通过课堂话语引导使得学生在概念之间建立联系，描述模式并将其一般化。这些实践活动的目的是让学生寻找有效方式来描述并使用重复的模式，以便发展其思维的流畅性。

在亨特（Hunt）先生四年级学生的数学课上，学生正在学习两位数乘一位数。他们使用这样的位值表（见表 5.2），直观地展示一个一位数乘 10 的倍数后会怎样。在几次举例之后，亨特先生演示怎样用数字表达这个等式。学生继续找其他的例子，直到海伦（Helen）突然非常兴奋地叫道：“所有答案的末位数字都是 0。”

表 5.2　表征 4×30

百位	十位	个位
	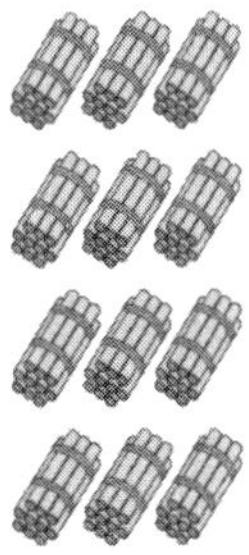	

来源：Clipart courtesy FCIT，http://etc.usf.edu/clipart。

在这里有几个细节值得注意。海伦注意到了重复，亨特先生需要抓住时机来帮助学生建立其与位值的联系，并且总结为什么这种规律能起作用。这也是提醒学生准确使用术语的好时机。他回复道："当乘十的倍数时，你注意到个位的位值有什么特征吗？"学生回看他们举过的例子，有些难以回答，所以亨特先生用另一个问题引导学生思考："我们上午解决的所有例题有什么共同点？"他的问题使学生聚焦到找它们的共同点上，并把它们联系在一起进而得出一般性的结论。比利（Billy）说："一个因数是 10 的倍数，而另一个因数是一位数。"亨特先生接着让他们思考这个一位数的位值将会发生什么变化。海伦回答道："由于将它放大 10 倍，将得到它的 10 倍，所以这个数字从个位移动到了十位。"学生需要时间去探索他们发现的这个模式并去理解（位值上的数字从一个位置向左移动），这为因数是 100 的乘法运算以及后面要学习的小数运算进行了铺垫。

让我们来看一下中学的例子。在宾茨（Bintz）先生八年级的课堂上，学生正在制作手机话费不同套餐费用的图像。宾茨先生给学生一个表格（见表 5.3），他要求学生以小组为单位进行学习，并至少绘制出其中两种套餐的费用图。

表 5.3　手机服务套餐

套餐	每个月语音和短信的费用（美元）	每月流量的费用（美元）
A	0	10/10MB
B	15	5/5MB
C	10	5/5MB
D	20	1/1MB

当学生探索怎样使用数据绘制出用来比较的套餐费用图时，他们的谈论聚焦于电话、短信以及流量的改变范围。作图时（见图 5.1），学生注意到他们正在绘制坐标图中的直线是平行的，他们很好奇为什么会这样。宾茨先生鼓励学生使用他们已掌握的一次函数来证明这种情况的正确性："记住你必须说服你的父母或你自己所选择的套餐是最划算的。这些平行线可以告诉你有关不同套餐费用的哪些方面？"

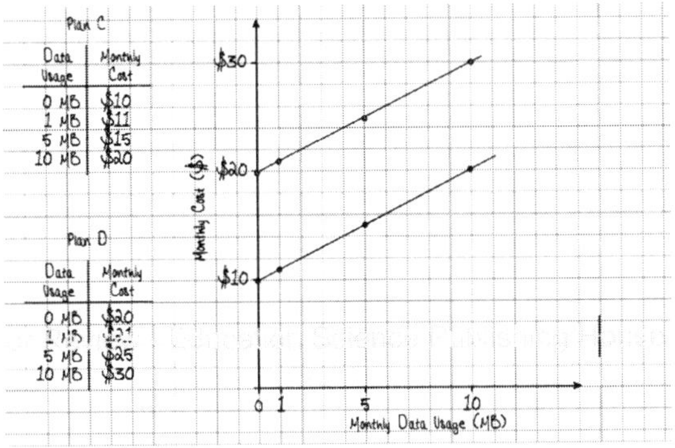

图 5.1　图示法表征手机套餐价格[①]

许多算术算法在重复推理方面是有优势的。如果只在表层水平探索这些算法，那么学生可能只知道“数因数中零的个数，并把这些零放在所得的积里”，但是他们不知道这些模型或算法背后关于乘法运算和位值制之间关系的数学知识。所以他们将错过这种关系的美，而且当在不同情境中需要应用这种规则的时候，他们将陷入困境。在宾茨先生的课堂上，流量的费用总是相同的，尽管这个费用以不同的形式呈现，但其实都是每兆一美元。学生可理解成，商家会以不同形式呈现流量使用的费用，以使不同的套餐各具吸引力。数学的深层理解就是帮助学生运用他们所学去理解周围的世界。

所有这些都是深层学习的例子。深层学习者可以建立联系并进行元认知思考，比如思考学习的必要过程：思考、讨论观点、制定行动策略、发现错误。表层学习是学习过程的基本组成部分，通过给学生布置任务，让他们建立一个与灵活、有效的程序相关联的概念理解的知识库。这也为学生参与更具有认知挑战的任务做好准备，当然需要使用更严格的表述来确定模型，并进行归纳。我们应该知道这是一个循环的过程，学生总是在表层学习和深层学习之间切换。

本章接下去，将突出数学任务的本质、提问技巧以及在合作小组或整个班级讨论中教师可采用的讨论结构，帮助学生建立概念之间的联系，在新情境中发展思维，加深学习，并向学习的迁移阶段前进。

---

① 图中左半部分是套餐 C 和套餐 D 每个月流量使用和每个月费用的关系；右半部分坐标图中横坐标是每个月的流量使用情况，纵坐标是每个月的费用。——译者注

选择促进深层学习的数学任务

常常，大部分时间是教师在讲授，是教师抛出问题，也是教师向学生提问，并决定谁在什么时候是下一个发言人。

正如沃尔夫女士课堂上的例子所显示的，促进学生深层学习的数学任务，需要学生利用表层学习建立联系以及找到不同概念间的关系。这些任务对认知有较高要求，通常是更开放、需要多种方法或多种解决问题的策略。通过完成这些具有挑战性的任务，学习者会形成更深刻的思维能力。

作为深层学习的必要基础，表层学习是很重要的。在沃尔夫女士的课上，教师通过让学生构造放置积木的包装盒来探索体积。然而，如果任务没有明确地与内在的、重要的表层学习（先前的测量和乘法知识，当然也有新的概念）的数学经验联系起来，它很可能只是一个没有实际学习结果的参与性活动。相似地，学生需要将他们发现的模型和长方体体积计算公式联系起来，并思考怎样将不同长方体的维度和体积联系起来。深层学习活动和重要的表层学习相关，给学生提供了发现怎样概括数学规则和为什么要这样做的机会。

在第三章中，我们讨论了练习和问题解决的相关问题。表 5.4 给出使用相同数学概念的例子。我们认为，好的问题或者情境丰富的任务可以促进深层学习。

表 5.4　练习题与丰富的任务

练习题	丰富的任务
根据条件求圆的周长： 1. 直径 8 英尺[①]； 2. 直径 30 尺； 3. 半径 10 毫米； 4. 半径 40 厘米。	设计一个卷尺测量工具，当把卷尺围成一个圆时，可以直接读出圆的直径。

① 1 英尺 ≈ 0.3 米。——译者注

续表

练习题	丰富的任务
完成下面的加法和减法练习： $\begin{array}{r}543\\+345\\\hline\end{array}$ $\begin{array}{r}716\\+617\\\hline\end{array}$ $\begin{array}{r}449\\+944\\\hline\end{array}$ $\begin{array}{r}613\\+316\\\hline\end{array}$ $\begin{array}{r}543\\-345\\\hline\end{array}$ $\begin{array}{r}716\\-617\\\hline\end{array}$ $\begin{array}{r}449\\-944\\\hline\end{array}$ $\begin{array}{r}613\\-316\\\hline\end{array}$	找一个三位数，其中百位上的数至少比个位上的数大 2。 例如：572。 交换百位和个位上的数字，然后做减法运算：$\begin{array}{r}572\\-275\\\hline 297\end{array}$；把所得差的百位和个位上的数颠倒，然后把它们加起来：$\begin{array}{r}297\\+792\\\hline 1089\end{array}$。 使用不同的数字重复这个过程，你发现了什么？你认为为什么会这样？
完成下列练习： 1 + 5 = 2 + 4 = 3 + 3 = 4 + 2 = 5 + 1 =	在 2, 3, 4, …, 7, 8, 9 中间任意选择一个数。首先把它和它自己加起来，并记录你的答案。 然后在你选择的数上加 1，再在你选择的数上减 1，最后把这两个数加在一起，你发现了什么？
把下面的分数进行排序，首先要把它们转换为公分母为 60 的分数 $\frac{19}{15}$ $\frac{7}{12}$ $\frac{5}{6}$ $\frac{11}{15}$ $\frac{41}{30}$	在下面的数线上画出 x，表示出 $\frac{11}{8}$ 的位置。 解释你为什么把 x 标在你标的地方。 标出其他数字的点来帮助你解释你的推理。 0 ———————— 2

只提供情境丰富的任务是不足以支持学生深层学习的。教学计划应该包括开展全班活动以及小组活动，采用引导性的课堂话语，知道什么时候引入概念或者问问题，以及什么时候让冲突的出现最有效。从有效教学的角度看，教师的优秀就体现在对工具策略的组合运用上，而不同于使用一套教学计划的常规教学。

引导深层学习的数学交谈

课堂讨论的效应量=0.82

在英格兰的一项研究中，约翰·哈蒂（Hattie，2012）发现 89% 的课堂时间是教师在讲授。在其他地区我们也看到相似的情况。学生走进课堂后像是在看教师工作，常常也是教师在提出问题。教师扮演的角色是交通警察——呼叫学生（当然学生也可以举手），然后决定将由谁在什么时候发言。仅仅 5%—10% 的教师的讲话能激发学生参与进来。但是倾听需要对话，应该是学生和教师一起提出受到关注的问题或议题，讨论并评估解决和学习这些议题的不同方式。

教师长时间讲授的方式减少了学生运用他们先前所学知识、理解、排序以及产生疑问的机会。这也就意味着学生很少思考和学习。对于教师、教练和管理人员来说，认识到限制教师讲授是学生成功学习的关键。这里有一些措施可以帮助教师把话语权交给学生。

负责任的对话

教学小贴士

使用负责任的对话——一套对学生表达期望的话语，来丰富数学课堂上的讨论。

回想你生活中见过的重大讨论——可能是你见证的国家立法机关开庭或者目睹的议员关于议案的争辩；可能是你作为陪审团成员在法庭上听取证词；可能是你参加的一场有关你感兴趣的倡议的讨论会。在以上所有例子中，对解释的水平都要求很高。每个发言人有责任确保讨论围绕主题，呈现精确的信息，同时也要深入地考虑其他人讲述的内容。如果原则被破坏，集体制度的完整性将受到严重影响。

这也是课堂教学中负责任的对话的三个核心原则，它们也是帮助学生进行课堂言语交流实践的一种方法。（Resnick，Micheal，& O'Connor，2012）它们也是体现学习者高水平的课堂参与和批判性思维发展的质量指标。负责任的对话常常通过语言架构来搭建脚手架，促进学生的主题探究。这些语言架构聚焦于表 5.5 中的五个对话场景。

表 5.5　负责任的对话的场景

场景	例子
要求澄清和解释	• 你可以描述你的意思吗？ • 你可以提供一个支持你观点的例子吗？ • 你可以告诉我更多你的想法吗？

续表

场景	例子
要求论证提案和挑战	• 你在哪里发现这个信息的？ • 你怎么知道的？ • 他们是怎样支持你的观点的？
识别并挑战错误观点	• 我不同意，因为…… • 你有考虑其他的可能吗？比如…… • 我认为这里有错误，尤其是……
需要基于证据的观点和论证	• 你可以给出例子吗？ • 你是在哪里发现这个信息的？ • 这些证据是怎样支持你的观点的？
解释并引用其他人的陈述	• 大卫建议道…… • 我听说马拉这样说…… • 我刚在思考杰克逊的想法，我认为……

然而，使学生匆匆参与到负责任的对话中，教师的责任有可能难以落实。负责任的对话应由教师开启。除非教师一贯采取这些对话场景，并使用合理的提示以及问题来促使这些场景发生，不然，学生不会把它们整合到他们的讨论之中。当然，我们并不是说简单地通过一次或者两次场景的使用就能使得对话场景自动化。负责任的对话需要根植于学生思维，渗透在课堂教学之中。教师在课堂上对这些原则的日常实施，反映了关于课堂话语的一系列期望。例如，教师的提示应包含以下内容（Resnick et al. 2010）：

负责任的对话需要根植于学生思维，渗透在课堂教学之中。

- 发起一个对话——“这是很重要的一点。”
- 挑战学生——“你怎么看瓦妮莎（Vanessa）的问题？”
- 把每一个人凝聚在一起——“谁可以使用自己的语言复述一下佩德罗（Pedro）刚刚所说？”
- 保持信息渠道的畅通——“每个人都听到了吗？德文（Devon），你可以再说一遍吗？”
- 整合贡献——“阿利（Allie），你可以把你的想法和奥利弗（Oliver）刚刚的建议整合到一起吗？”
- 要求精确——“我们在哪里可以发现这些？”

- 要求推理——“为什么你这么认为？”
- 建立在先前知识之上——“东尼娅（Tonya），怎样把你的观点和我们以前学习的知识联系起来？”
- 验证和澄清——“我想确定我已经理解了。你是说……”

想象怎样可以使得课堂讨论场景促进学生数学课堂话语能力的提升。积极实践的教师会让学生常常进行这方面的练习。尽管如此，学生仍需要学习更多课堂讨论方面的标准和结构。

对负责任的对话的支持

我们建议教师和学生在进行日常的负责任的对话时，采取以下两种方式。

语言架构

语言架构是一个促进实现我们期望学生开展的谈话类型的脚手架。这些语言架构可能是学生围绕数学任务进行有效对话所需的敲门砖。图 5.2 中包含了我们找出的几个有助于学生组织对话的语言架构。这些应该是作为可选择的支持而不是对学生的指令。

语言架构是一个促进实现我们期望学生开展的谈话类型的脚手架。

- 为了解决这个问题，我需要知道……
- 这是一个……问题，因为我知道……
- 我从一个……判断开始。
- 我们使用的问题解决策略是……。我们的回答是……，因为……
- 为了……，我们寻着这些步骤……
- 我使用……的操作方式，因为问题需要我……
- 描述这个过程：首先，我……；（步骤 / 过程）然后，我……；（步骤 / 过程）然后，我……；最后，我……
- 我的 / 我们的问题是……。我 / 我们认为这个问题是合理的，因为……
- 另外一个解决方式应该是……
- 你可以解释怎么 / 为什么……
- 如果我改变……，我的问题应该是不同的，因为……
- 我同意 / 不同意……，因为……
- 我可以通过……检查我的答案。

图 5.2　数学语言架构的例子

重新表述和重新申明

清楚地谈论数学观点并不是那么简单的，即使对成年人也是如此。除了重新表述及重新申明外，数学讨论进程还包括等待、提示和推理。（Chapin et al.，2009）教师**重新表述**学生的评论或提出一个引发思考的问题，可以帮助学生清晰表达他们自己或者班里其他同学的思维。重新表述帮助学生开启看清他们思维的谈话。应该重视每个学生的思维，而不仅仅重视那些已经理解的学生的想法。当学生知道自己可以得到教师的支持来使自己的想法更清楚时，他们更愿意接受挑战来分享他们的想法。当学生在进行深层思考的时候，说出想法并不是简单的事情。

重新表述就是，当教师重申学生的评论或提出一个引发思考的问题，可以帮助学生清晰表达思维。

重新申明，和重新表述很相似，它会通过学生转述或者重新表述同学的话而拓展到其他学生。重新申明能够使学生知道他们的思维被教师和同学重视，并且让他们倾听同伴，并证实他们同伴对想法的解释是正确的。教师应该教学生重新申明小组其他人做出的评论的方法，允许学生互相挑战并寻求澄清。如果没有明确的期待，学生们常常不愿意纠正他们同学的想法，这样会使得合作性对话不顺畅。同时，需意识到建模、实践、尊重以及信任是成功的数学论证以及批判地看待他人推理的重要组成部分。

重新申明是一种学生转述或者重新表述同学所说内容的方式。

请注意，在进行重新表述或重新申明时，学生的思维及表述不必很准确。事实上，不准确的思维及表述可能经常会引发有能力的小组或者整个班级的对话交流。重新表述或重新申明是帮助学生自我表达（向他们自己和其他人解释想法）和自我提问（问他们自己或者其他人关于他们思维的问题）的非常有价值的步骤。

自我表达和自我提问的效应量=0.64。

教学生课堂讨论的规范

你要确保你的整个班级或者小组的讨论是值得的，高质量的讨论离不开有效的课堂管理。这意味着应该在学期刚开始的时候就明确课堂讨论的规范和规则，这些规范需要持之以恒地保持，必要的时候再来回顾和讨论。有关讨论的规范可能不能确保讨论会促进思维发展。然而，它们构成了负责任的对话的必要基础。

规范是小组成员一起工作的契约，它们常常包括四个方面：信任，归属，分享，以及尊重。

规范和规则是不相同的。规范是小组成员一起工作的契约，它们常常包括四部分：信任、归属、分享，以及尊重。（Center on Disability & Community Inclusion，2014）规则及程序需遵循这些契约，但是在你带着你的学生讨论规范之前，你还要明确你觉得重要的理念，以便让学生成功。例如，在你的课堂中要提升的思维倾向有多重要？学生群体应该怎样对错误做出反应？课堂环境是否足够安全和充满信任以让学生承认他们不知道？学生应该得到怎样的对待和支持？创造的规则和程序应该和你认定的规范相一致。然而学生还是会抵触这些规范。

四年级的老师哈迪·达伦（Darren Hardy）认识到这一点，当学生讨论问题时，他会拍下自己的课堂。他说："我之所以用摄像机是因为我想观察讨论的过程，我知道我可以持续地听几个孩子的对话，但是可能对其他人并不知道是什么阻碍了他们的参与。"

教学小贴士

首先要向自己澄清规范，然后是对班级，确保规则和过程可以强化规范并得到合适的发展。

让哈迪先生惊讶的是，"你认为在我的课堂上我已经意识到了这个问题，因为我已经在教室后面放置了摄像机，我有了完全不同的视野"，但他还看见坐在教室后面的学生并没有参与对话。"我意识到我对教室中的一些学生并没有给予合理的关注。从录像里很难听到后面的声音。"哈迪先生做了一系列的改变，包括为了更好地注意到每一个学生而把课桌重新排成 U 形；在安排学生座位的时候，他让安静的学生和更积极的学生组成搭档，尤其是在实践课上。"我发现我需要在教室里更多地走动，在进行任务之前先让学生彼此讨论。这会使积极的学生先引发交流，表达他们的想法；也让安静的学生可以在大组讨论之前先和其他人建立联系。这是谈话预演的时刻，这对于语言表述不太好的学生来说有很大的帮助。"

为了更好地体现"每个学生都属于班级共同体"，哈迪先生改变了他的教学过程。这个理念应该以发展的眼光来看，并可以开展讨论以使大家都对它认同。例如，你的课堂上学生需要举手回答问题并等待你的提问吗？一些中年级的教师开始淡化这些规则，以便让学生学会如何获得话语权。你希望你的学生使用完整的句子结构说话吗？低年级的教师教他们的学生怎样扩展句子，能让其他人更好地明白他们的想法。如果他们不能理解其他学生的表达，你希望他们提问吗？要确保在讨论的过程中鼓励学生直接和其他人对话，而不是仅仅向你表述。

为了促进学生参与，小学教师可以在学生讨论过程中使用一些简单的手势：

- 手环绕在耳朵周围的意思是："请说大声点，因为我听不清你说话。"
- 竖起大拇指的意思是："我同意你说的，我可以给出我的理由。"
- 两手交叉在一起的意思是："我不同意，我可以给出我的理由。"
- 两手摊开不停地翻转，意味着鼓励发言者"同意你的想法，那么告诉我们更多吧"。

另外，小学生要站在他们座位上或者讲台旁边面对全班同学讲话。这有助于小学生聚焦讨论，因为他们能够看到是谁在说话。当然，这样还有助于教师把握小组间学生的思维方式，而不仅仅是发言人的。当教师看到不同意或者同意的信号时，他们可以知道谁将会参与到更深入的讨论中。他们指出手势对数学讨论是非常有价值的，它会突破传统的模式——即一个人在回答问题，其他人是简单被动的观察者而不是积极的思考者。这就是这样的课堂和传统课堂的区别——它不是个别学生的讨论，而是全班学生都是积极的学习者。

整班或者小组言语交流中的数学思维

让我们应用前面的一些观点来促进有意义的数学课堂话语的发生。回想一下涉及交流想法的方式以及由想法内涵构成的课堂话语。

在无意的情况下，话语也可以演变成针对单个学生的同样的"发起—应答—评价"（I-R-E）的提出循环。学生只是参与到了简单的信息回顾和重复过程，而不是数学思考的过程，在那样的情况下，准确性比思考更重要。与 I-R-E 不同，课堂话语重视数学思维，允许学生推测、犹豫、改变他们的观点以及冒险。这意味着必须给学生创造可能使其最初陷入困扰的冲突空间。亚克尔和科布（Yackel & Cobb，1996）对这些促进数学话语的规范进行了描述，他们称这些为数学社会化规范：

- 解释是数学论证的过程，不是程序化地总结和找到答案的过程。解释包括证明。
- 错误是从不同角度重新思考问题的机会。即使答案是正确的，也还需要深入讨论更有效、更精致的方法。
- 数学思维需要教师培养学生智力自主的意识，激发学生参与到可能的有效解决策略的讨论中。

一个优秀的数学教师是如何通过谈话来促进学生的概念性思维发展的？在寻求解释的时候，优秀教师会为了要求学生阐述和论证而提出问题和提示。他们吸引其他学生进入讨论并探查思维，特别是找出不同的或反对的意见。他们把错误作为重新开启讨论的机会，要求学生与不同意见博弈，而不是给他们一个简单的答案。我们不是美化错误；我们都喜欢正确，当你总是错的时候，你会感觉很沮丧。但优秀教师会寻找导致学生犯错的原因。请记住错误的答案一定有它自己的逻辑。当这些错误发生时，应花点时间找出它背后的逻辑，进而了解它是如何发生的。表 5.6 提供了优秀数学老师的对话场景。

表 5.6　优秀数学教师的对话场景

目的	对话场景
需要通过问题和提示引发学生对阐述和论证进行解释	说服我为什么你的想法是正确的
追问学生思考中的不同或矛盾的地方，吸引学生参与到讨论中	你同意______吗？为什么是或者为什么不？ 当______不可行时，你能找到一个例子吗？
将错误视为机会	你在这儿犯了一个非常有趣的错误。你可以告诉我们你在想什么吗？
寻找导致学生犯错的原因	我们回头看看，到目前为止你做了什么。向我展示你在得到这结果的过程中的每个步骤。
发现错误答案背后的逻辑，并帮助纠正	和我说说更多关于你做______的原因。它总是有效的吗？倘若______呢？（提供一个不可行的例子。）

小组合作与讨论策略

言语交流可以从观察到的小组合作学习中迸发出来。当学生以不同方式使用工具来处理任务时，小组讨论是使学生注意和关联其他人技巧的最佳机会。当他们比较对同一个问题的不同解决方法时，他们可能会注意到一个有效的基础结构。

还记得第二章高中数学老师布莱恩·斯通与学生有效合作的标准吗？他一直在寻找其与实践标准的联系，他常常要求学生进行可行的论证并评论其他人的推理。例如，斯通先生的数学课正在讨论：在放射数据的实验室报告中，百万分之几、百分比或分数这三种表征方法中哪种最好用。

"如果你是科学家，这些都是可以在实验报告中使用的表征方式，并且你可以决定哪种方式最适合当前的情况。最重要的是，一定要论证你的推理，并说明为什么你的选择是最好的。你们团队有 90 秒的时间来做出决定。"

当斯通先生在教室里巡回听取小组讨论时，他听到一个小组的辩论极具想法和激情，所以他让全班同学都过来听。

"好的，大家注意。除了穆罕默德（Mohamed）和穆萨布（Musab）之外，其他人都保持安静。穆罕默德和穆萨布可以继续进行讨论，只是把声音再提高一点。让我们都来听他们的论证。"

穆罕默德继续辩论："百万分之几更好，因为数字不会占用太多的空间，而且更容易书写。"而穆萨布则表示每个人都习惯于使用百分比。大约一分钟后，斯通先生插话道："现在我想暂停这个讨论，让我们来听听阿迪生（Addison）的观点。阿迪生，你刚才说你想用分数来表示。你为什么说想使用分数呢？"双人辩论变成了三方辩论，后来又有第四个学生参与进来，并认为可以使用科学记数法。请注意如何在小组中开展课堂讨论，以及斯通先生是如何参与到这些小组讨论中并引起全班讨论的。

学习可以是一种社会性努力。在与他人交往的时候，人们可以更好地学习。此外，学生在需要生成语言的时候可以学习更多的语言。数学是一种语言，对于一些人来说是熟悉的，但是对于其他人来说是陌生的。让学生深入学习数学语言的最佳方法之一就是，让他们与同学合作解决复杂而情境丰富的任务，进而培养他们的数学思维与推理能力。

合作学习相对于个别学习的效应量 =0.59

何时适宜合作?

课堂讨论的效应量 =0.82

基于我们个人经验及对证据的回顾，我们建议 50%的课堂时间（平均超过一周）应该用于学生讨论和学生与同伴之间的互动。在我们看来，有效的合作和协作学习任务必须达到以下要求：

- 任务足够复杂使得学生需要共同学习。不太复杂的任务可以让学生分工后独立解决。此外，该任务的复杂程度要与组内学生人数相匹配。另外，每组人数应适量，如果学生太多的话，有人可能无法真正参与。
- 当学生和其他人意见相同或不同的时候，允许学生进行论证，协商理解，提出有理由和证据支持的观点，在不一致的地方达成共识。
- 提供足够的语言支持，让学生知道如何表达他们的想法。这可能意味着讲授词语概念、提供句子结构、进行示范或开展学生同伴交流。
- 让学生个人和小组承担一定的责任，使学习对于学生和教师是可见的。此外，这类的责任制可以防止一名学生代替小组其他成员完成任务。

当这些条件都满足时，学生会激励彼此的想法。为了达到这样的目标，教师需要教导学生如何合作以及如何对自己的学习和小组的学习负责。

学生分组的策略

注意力、毅力和参与度的效应量 =0.48

能力分组的效应量 =0.12

我们在教学生涯早期都犯过让学生自己选择小组成员这样的错误，并为学生不专注或没有完成任务而感到沮丧。我们认识到，朋友之间进行社交是不可避免且需适当发展的，同时大部分学生在面对他们的课外伙伴时不具备自我调节能力来使其专注于学习。重要的是，随着时间推移，我们每个人都深深地认识到，我们需要在教授学科内容时认真地教给学生自我调节技能。

我们在分组时容易犯的另一个错误是按数学能力分组。研究者们对在数学课上按照学生的知识能力分组是否合适持不同的观点。一些研究者在短期内对学生的数学成就的研究中发现了一个很小但积极的影响，可能是由于教师进行差异教学。（Gentry & Owen，1999；Kulik & Kulik，1992）但是更多的研究者发现，在课堂上根据学生的能力分组会挫伤学生的学习积极性，并导致他们不喜欢数学。（Boaler，1997；Zevenbergen，2005）学生是否喜欢数学这很重要，因为人们一生中要学很多门数学课程，而不管他们课程表现好坏。（Bahrick & Hall，1991；Ellis，Semb，& Cole，1998）这似乎有点违背常识，但是固定的能力分组并不能帮助学生理解他们正在学习的数学知识。哈蒂对 129 项关于班级能力分组研究的分析发现，其效应量为 0.12，以致他将这种分组方式描述为“一场灾难”。

正如你所料，这是一个有争议但也很有趣的话题。我们建议在考虑能力的同时，要确保这些分组是灵活和平衡的，并允许小组成员有适度技能水平的差异但不能差异太大。让需要更多的时间和反复讲解的学生在同一组，或让技能水平已经超出课程要求的学生在同一组，当然，这样的模式不应该是固定的、死板的或永久的。为满足一些小组的需求，教师引导教学是有价值的，并且允许学生对教学做出强硬的、个性化的反应。但是，从长期追踪学生来看，这样会导致学生形成不利且固定的思维方式，这会不利于开展具有发展性的思维活动，如你可能已经计划的数字对话。比较容易操作的是把成绩相当的学生放在一起，但这也极大地破坏了学生的心态。最重要的是，受课堂上长久按能力分组的做法影响最大的学生是这些：受数学学习困扰的学生，英语作为第二语言或不会英语的学生。

> **教学小贴士**
> 最有效的分组策略是一个灵活的、平衡的策略，并允许小组成员有适度技能水平差异，但不能差异太大。

> 长期追踪学生来看，这样会导致学生形成不利且固定的思维方式，这会不利于开展具有发展性的思维活动，如你可能已经计划的数字交谈。

我们看到一些最高效的教师充分利用合作学习并灵活分组，每周都变换学生同伴，以培养学生的协作精神，开展合作学习。在纳塔利娅·史密斯（Natalia Smith）的四年级班上，有时学生进入教室后会发现桌子已经重新排列，而他们的名字不在他们通常坐的地方。史密斯女士将她对课桌的安排和分组、她的预评估、学习目标和当天的任务都裁剪下来。她总是提前使用间隔编排系统安排座位。使用适当的指标，例如诊断筛选评估的结果、近期学校评价，或对每个学生沟通能力的评估等，她对班里学生按水平从高到低进行排名，然后将名单分成两部分，让列表上半部分的两名学生与列表下半部分两名对应的学生组成一组。这样，在一个有 24 名学生的班级中，排名第一、第二的学生与排名第十三和第十四的学生组成一组。

我们把这种方法称为间隔排名分组法，它保证了每个小组内大家的技能水平有一定的波动，但并没有太大的差距——如果差距太大，大家只是为完成答案而不是真正的合作。根据规则，高技能水平的学生与平均水平的学生配对。（见图 5.3）同时，具有平均技能水平的学生与那些技能水平最低的学生配对。在课堂上将两名能力最强的学生与两名能力最弱的学生配对是无效的。贝内特和卡斯（Bennett & Cass，1989）研究了小组学习，指出当一群学生中高成就学生数明显超过低成就学生数时，掌握和执行任务的是那些占多数的学生，而忽略了那些需要更多时间、更多解释和不断重复给他们讲解的学生的参与。当团体达到平衡，并且小组所拥有的技能水平适当、没有显著差异的时候，这种情况就不存在了。

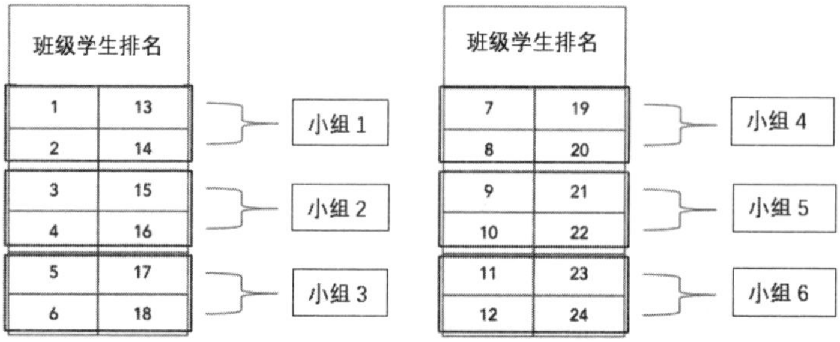

图 5.3　间隔排名分组法

最常见的小组人数是 4，但我们也见过 3 个或 5 个学生的小组，效果也很好。每组 6 个学生的话人数太多，不利于交流，而 2 个学生的小组缺乏有趣的学习讨论所必需的认知多样性。然而，两人小组开展简短对话是奏效的，但对于那些需要更深入讨论和对话的复杂任务不那么有效。教师有时会碰到一两个学生，他们希望被允许单独学习。这通常是因为他们在小组中感觉不佳，最终小组的所有工作都是由他们全部完成的。幸运的是，在他们的生活中有一个关心他们的成年人（就是作为教师的你），他明白在小组学习中学生不仅可以更好地学习数学，而且可以学习在大学和工作场所需要的合作能力和人际交往的技巧，同时他也知道如何将个人和小组的责任纳入小组任务。

如果你去进一步了解不想进行合作学习的学生的经验和技能，那么你会发现他们缺乏的是人际交往技能而不是数学知识。对他们来说，在解决认知任务时还要经营好所有这些社会关系是非常有压迫感的。所以可以考虑为那些学生编一个较小的组，也许与其他四人组或五人组比，那些学生在三人组中能学习得更好。随着时间的推移，其社交技能也会增强，你可以增加学生合作伙伴的数量。

最重要的是，在做出是否开展合作学习的决定时，不要只考虑“最小公分母”，有一两个学生有困难并不意味着合作学习应该从你的课堂中消失。对于上课你不会这样做——“因为有两个学生学习分数真的很难，所以我今年不准备教分数”，那你又为什么那样对待合作学习呢？

小组中负责任的对话是什么样的？

有这样一个情境。七年级学生正在学习比率和比例的知识。他们的老师比安卡·雷罗斯（Bianca Rayos）从具体的数学例题中选出一个作为课堂任务。

> 特拉维斯（Travis）正准备给刚刚搬到街区的邻居做松饼。根据食谱他需要$\frac{3}{4}$杯糖和$\frac{1}{8}$杯黄油，但他不小心把一整杯黄油放在了配料中。
>
> 1. 食谱中的糖与黄油的比例是多少？特拉维斯需要在新配料中放多少糖，才能使得其与食谱配方中糖与黄油的比例相同？
>
> 2. 如果特拉维斯想要与食谱配方保持相同的比例，则新配料的所有其他成分的数量与之前食谱配方的配料数量相比如何？
>
> 3. 原始的食谱需要$\frac{3}{8}$杯蓝莓，配方中蓝莓与黄油的比例是多少？新的、增多的配料需要多少杯蓝莓？

任务开始……

团队的萨金娜（Sakina）首先发言：“我认为我们需要先设置好比例。我认为是$\frac{3}{4}:\frac{1}{8}$。你们都同意吗？”雷奥斯（Rayos）老师观察他们的对话，并要求安杰利娜（Angelina）重述萨金娜刚才所说的话："原来的食谱是$\frac{3}{4}$杯糖和$\frac{1}{8}$杯黄油，所以我先把它看作$\frac{3}{4}:\frac{1}{8}$。"

接下来是弗朗西斯科（Francisco）发言，他补充道："我想我们必须使分母相同。如果我们把$\frac{3}{4}$等价为$\frac{6}{8}$，那么它们分母就是相同的。我认为这是接下来的一步。"卡桑德拉（Cassandra）不认同，所以她重申了弗朗西斯科的评论，并加入了自己的观点："你说我们需要使分母相同才可以进行加减运算，但我认为这个问题只是一个比例，所以我认为我们需要把它们化成整数。"

弗朗西斯科回应道："我不确定如何将它们化为整数。我们该怎么做？"小组中的每个人都开始思考弗朗西斯科的问题。卡桑德拉说："我想我知道该怎么做，但是我不确定。让我解释一下我的想法，同时也让我知道你们的想法。我认为我们必须将糖乘 8。8 乘$\frac{3}{4}$等于 6。同时我们将黄油乘 8，8 个$\frac{1}{8}$或 1。但我不确定哪个是对的。"

萨金娜补充说："我认为你是对的。你把它们都乘 8，这样我们就可以得到整数比。就像你写的，糖与黄油的比例是 6∶1。"

观察学生如何互相补充澄清和解释，并相互寻求支持。看看他们如何一起澄清迷思概念，并确保他们的最终答案被小组中的每个成员所理解。也就是说，通过对话，他们持有自己的观点，对彼此的深层学习负责。但他们的对话不仅仅依赖他们自己而发生。为了实现这个目的，伟大的教师也做了很多幕后的工作。

对合作学习的支持

让学生完成学术对话的任务，然而不给予他们必要的支持是不公平的。一个至关重要的支持是在开学的第一个月教学生如何合作学习。但有经验的教师知道，他们全年都需要重新教授合作的技能和方式。当然，回顾合作学习中的预期目标是有价值的，但有时教师也需要完全重新教授这些预期目标。休息一周后回到课堂是让每位学生重新认识学习进展的最佳时间。

任务清单的作用

准备一份学生能做的任务清单是你能够提供的支持之一。清单内容可以包括学生的行为，比如提问，检查其他人的学习情况，使团队聚焦于任务，尊重、鼓励别人，确保答案有意义，确保每个人都能够解释、推理并与已经学到的内容建立联系。清单内容还可以包括更多的特定任务，例如“检查单元学习情况”。这些行为可以做成海报张贴出来，投影到屏幕上，贴在桌子上，或固定在桌面上，如使用便宜的塑料板作为支撑，将清单垂直放置在桌面上，使学生能看见。如图 5.4 就是任务清单的一个示例。

你考虑过吗：

- □ 通过问其他人问题来支持他们的想法；
- □ 检查自己和他人工作的准确性；
- □ 保持团队聚焦于任务；
- □ 通过提出积极评价来鼓励别人；
- □ 确保答案是合理的，如果不是，弄清楚为什么；
- □ 确保每个人都能解释答案的推理；
- □ 找出你要解决的这个问题与其他类型的问题或任务之间的联系；
- □ 把你要解决的任务可视化呈现；
- □ 为解决任务寻找另一种方式；
- □ 建议可能会帮助你团队同伴解决任务的工具；
- □ 建立任务和你已有的真实世界的经验之间的联系。

图 5.4　任务清单示例

允许学生走动

很多研究鼓励学生在课堂上进行常规的身体活动。（Jensen，2005；Parks，Solmon，& Lee，2007）奥尔沃夫斯基和她的同事（Orlowski，Lorson，Lyon，& Minoughan，2013）[48] 很好地总结了以往的研究：

课堂上的身体活动是教师可以用来改善学生心情、提升学生精力和学习效率的教学工具。对积极环境的评估表明，学生课堂行为、词语识别和阅读流利性、数学成绩、任务聚焦时间和集中程度方面发生了积极变化。

课堂凝聚力的效应量 =0.53

结合你们的学校文化、你所教授的年级以及你与学生的关系，你可以解释运动的好处，然后每二十分钟让学生和你一起伸展身体或开合跳，或者让学生坐在椅子上休息。花时间做这些常规活动，对他们的学习是有好处的，也是值得的。另一个好处是，小组练习可以对你的课堂文化产生积极的影响。

同伴支持

你可以让学生在教室内走动，与其他同学进行互动，了解其他想法。如果你已经对小组的学生进行了编号，你可以让所有编号为 1 的站在房间的一角，编号为 2 的站在另一角，编号为 3 的站在第三个角落以及编号为 4 的站在第四个角落。当学生都在他们所在的角落，他们就可以与其他小组的同学进行对话，比较他们小组解决当前数学任务的不同方法，互相寻求帮助，或者进行其他有意义的对话。

同伴辅导的效应量 =0.55

有些教师在上课之前，让学生规划好约定事项。以这种形式——也被称为时钟伙伴来展开，即教师在上课前花些时间让学生在房间内找到三个或四个不同的伙伴。间隔一定的时间，学生离开去寻找他们的伙伴，进行他们的约定——例如“一点钟的约定”“两点钟的约定”等。学生喜欢自由地选择他们的伙伴（而且与长时任务或者项目相比，学生选择合作伙伴进行简短的对话要更容易）。老师也可以给学生分配约定表，可以指导学生去和今天他们还没有说过话的另一张桌子上的同学交流，不论有没有约定。

触觉刺激活动的效应量 =0.58

不仅仅是学生需要适当的运动，你或许也不喜欢在学校办公椅上持续坐 40 或 80 分钟。当我们在进行相关研究及撰写这本书时，我们也会定期离开座位并伸展身体，在房子周围散会儿步，或做一些其他形式的轻量运动。我们鼓励你在写作、评分或设计课程的时候也这样做。我们的经验与研究结果完全吻合：当我们通过这些运动来调节我们的大脑时，我们会感到更有活力，思维更加敏捷，心情也更加快乐。最终，我们可以做更多的工作。

对个人问责的支持

有些教师之所以抵制安排许多合作性学习任务，是因为自己曾经在学校里有过设计不佳的小组学习体验。他们自己完成了所有的任务，而其他同学却并没有做什么，只是优哉游哉。（我们把这么能干的学生称为勤劳的小蜜蜂和旅行者。）这样不公平，教师不希望他们的学生也有同样的经历。其实这些小组任务中缺少的是个人问责。重要的是找到方法来确保学生对深层学习负担起个人责任，并尽力为团队的数学学习做出贡献。

并不是所有任务都需要个人问责。有时，需要快速地合作对话。在这种情况下，教师可以采取思维配对方阵（thinking-pair-square）的方式来鼓励对话。与其让一些学生在和同伴对话后再向整个班级分享，不如让全组成员联合起来（统一观点）共同对话。

思维配对方阵

例如，在赫克托·埃皮诺扎（Hector Espinoza）的二年级课堂上，学生们专注于以下问题：

> 安纳里齐（Annaleah）在后院玩一个游戏，她量了一根绳子。她认为绳子太长，所以剪掉了 42 英寸。得到的绳子长是 44 英寸。在剪绳子之前，安纳里齐的绳子有多少英寸？

埃皮诺扎先生的学生已习惯了思维配对方阵，他们开始与合作伙伴讨论问题。在其中一个小组中，保罗（Paul）说："她为什么剪它？现在只有 2 英寸。"他的同伴杰西（Jessie）回答说："你为什么认为它是 2 英寸？告诉我你是怎么得出这个结论的。"保罗拿起他的可擦笔，写出 44 – 42，并说："因为拿走了 42，她把它剪掉了，所以 44 – 42 = 2。对吗？"

杰西看起来很困惑的样子，说："但是这太少了，这不合理吧。我们再来读一遍题。"他们一起重读了这个问题。杰西说："它是说，剪掉后是 44。所以在剪之前应该更长，对吧？"保罗琢磨着这些话，说："也许如果我们画图来描述发生的过程，可能会有帮助。"杰西回答说："首先题中说她有一根长绳子，所以让我们先从这根长绳子开始画起。"保罗补充道："那么题中说她剪掉了 42 英寸，所以让我们去掉 42 英寸。"

他们的作图如图 5.5 所示。

? 英寸　　　　　　　　42 英寸

图 5.5　学生作品 1

保罗评论说："题目说她剩余 44 英寸，但是我们去掉的部分比剩下的长。而 44 英寸比 42 英寸长，所以剩下的应该更长。"杰西兴奋地说："等等！我想我懂了，由于剩下的是 44 英寸，我们的图形应该像这样。"（见图 5.6）

图 5.6 学生作品 2

"就是这样的！现在我们要做的就是把 44 英寸和 42 英寸加起来，这样就可以得出剪掉之前的长度，"保罗补充道。

当他们完成他们的讨论后，埃皮诺扎先生请每个小组找另一个小组共同讨论，说："让我们统一答案，但请不要一开始就告诉对方你的答案。请告诉他们你们是如何解决问题的。我们最后会得到这个答案。"杰西和保罗加入阿图罗（Arturo）和布赖恩（Brian）的小组，围绕他们各自问题解决过程进行了讨论。在这样的合作任务中，学生们可以明白他们的想法以及倾听别人想法的价值。

写作规则

当个人问责是必需的时候，你能够提供给学生的有关个人问责的第一层次（也可能是最简单的）任务就是，确保如果有一个人在书写，那就其他每个人都得写。虽然让小组中的每个人都记录团队的想法并不能保证他们都在学习，但这也确实能够增加获得积极结果的可能性。我们使用的一种技术工具是在学习期间让学生绘制合作海报。我们为每个学生分配不同颜色的记号笔。这样，你可以对谁在多大程度上贡献了想法，以及他们是否需要更多的指导一目了然。当学生在写的时候，他们很可能会思考他们正在写的内容，评价或接受他人的意见；同时，如果他们必须写出一些东西，他们就不太可能游离于学习之外。写出来有助于学生集中精力。

复杂问题通常包括基于表现的任务。这些任务不仅仅是通过解方程来找到答案。学生必须经过几个步骤，经常需使用多种策略，如制作模型和找到一个模式，或者制作表格和进行归纳。在这种情况下，写作不仅帮助学生了解给予的情境，还帮助学生考虑如何展示他们的学习，并解释他们是如何达成解决方案的。写作增加了学生思考他们思维（元认知）的机会，这有助于他们进入深层学习阶段。

会话圆桌（conversation roundtable）

我们使用的另一种方法是会话圆桌。学生将一张纸折成四个象限，然后折叠纸的内角，折成一个菱形。他们展开纸张并画出折痕上的每个部分。左上角用来记录他们的想法，而另外三个象限被用来记录每个成员的贡献。中间的菱形用来在任务结束时记录自己的想法。每个成员都需要提交他们自己的会话圆桌设计，从而使所有的学生对任务都负有个人责任。样例见图 5.7。

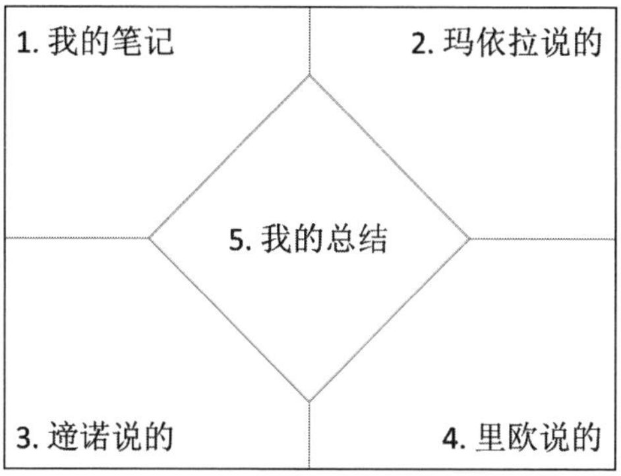

图 5.7　会话圆桌

来源：改编自 Frey and Fisher（2013）。

个人探索

如果在学生与队友合作之前，教师给学生单独解决任务的时间，合作产生的效果也会不错。在这种情况下，教师可以规划学生的思考时间，让他们可以自己思考四个问题：

1. 问题问的是什么？
2. 题中给出什么有用的信息？
3. 其他什么信息会有所帮助？
4. 答案可能是怎样的？

无论学生是否能够完全回答这四个问题，反思这些问题就增加了他们与队友合作时提出更多引起讨论内容的可能性。学生可以书面回答这些问题或者通过模型、图表、图解进行回答。这种使用多元表征的方式更容易被学习者接受，并激励后续关于各种表征如何相互关联的讨论。个人探索的时间是为了确保每个小组成员都有想法来分享而设置的个人问责阶段。

全班合作与讨论策略

提问的效应量=0.48

经常整个班级的课堂讨论会迅速回到上课状态，老师偶尔会提出一个问题，请几个学生回答，然后再回到教师自己的“独白”。

何时适合全班讨论？

讨论不是学生简短地插话。它应该是为促进和拓展学生的数学思维而设计的。你的引导性问题、提示和开场都可以促成讨论或使其停止。

记得漏斗式问题和焦点式问题之间的区别吧？你会希望学生持续关注你课堂上讨论的焦点式问题，正如你对小组讨论的做法那样。你希望你的学生在说服彼此的时候，把事情弄明白学到知识。特别是，你希望学生提出他们不知道答案的问题。可悲的是，学生很少被邀请提出这些类型的问题。哈蒂指出，当前的做法是每天每堂课问两个问题，而增加这些问题的数量是我们所了解的最有效的做法之一。

小组指导教学和全班指导教学的差异之一是，全班讨论应该让学生提出尽可能多的问题。

小组指导教学和全班指导教学的差异之一是，全班的讨论应该让学生提出尽可能多的问题，这才是讨论的本质。当学生目睹自己以及同学的思维时，学习对他们来说就是可见的。学生需要在老师的鼓励下去质疑他人的想法、询问其他人是如何达成解决方案的或为什么选择这个表征而不是其他的。当讨论激情高涨的时候也就是你期待的时刻，你可以在教室后面站几分钟，让学生互相交流，独自对话。你可以走到一边，等待学生澄清各自的想法及质疑别人的想法。通过这些互动，当学生形成他们想法的时候，他们可以看见自己的想法，并同样学会接受他人的支持。（Hufferd-Ackles，Fuson，& Gamoran Sherin，2004）但为了做到这一点，还需要认真地教导学生。下面将讨论到的行动准则将有助于开展有效的课堂讨论。

在全班讨论中，负责任的对话是怎样的?

正如本章早些时候雷奥斯女士课堂上的例子显示，全班讨论中的负责任的对话应该聚焦于让学生相互提问、相互澄清、相互解释。老师的角色是通过一个有吸引力的任务或提示发起讨论。它可能是针对某个小组的一个问题或一个邀请，使得他们与全班分享讨论，让每个学生都可以倾听和加入对话。学生之间应该相互交谈，而教师只是一个引导者。在小组学习、全班讨论中，学生的话语应该占主导地位，老师只是一个促进者。

对全班讨论的支持

你有没有参加过在一个不适合谈话的房间里召开的会议？可能是因为在一个大型会议室里有一个柱子使你看不到演讲者，或者是在飞机上试图和一个你身后的人谈话。我们工作的物理空间会影响我们所做工作的质量。为了促进全班讨论，老师必须创建一个支持学习的环境平台。

物理环境布局

教室的物理环境布局可以促进或抑制整个小组的讨论。有些教室有一体的课桌椅，有的教室只有桌子；有时桌椅有固定的位置，有时也可以到处移动。我们不能改变桌椅的实际情况，事实上，教师不应该让桌椅的类型限制学生的互动。不管所提供的桌椅的类型如何，教师都需要创造性地思考如何利用教室环境。

内圈和外圈

分内外圈可以促进倾听。因为只有一部分学生在积极主动地讨论，而小组的其他成员在观察对话。处理这种情况最简单的方法是让学生将他们的椅子（或座位）摆成两个同心圆，大约一半的学生在内部的交流圈，另一半学生在外部的交流圈观察。确保外圈的学生有任务，例如记录正在学习的特定数学概念。在内圈学生讨论五到十分钟后，请外圈学生分享他们的观察。这是处理例题的有效途径，特别是对那些不正确的例子。

策略选择

可以先通过对一个问题进行讨论来发展和深化论证及推理，然后要求学生集中在教室里按他们选择的策略解决问题。让想法相似的学生在给定的时间内讨论他们的方法之后，邀请各个小组在全班讨论每组的特点。

如果要提出五年级仍在学习、但尚未完全掌握的数学概念问题时，贾斯明·格林（Jazmine Green）会使用下面例子中的方法。“分数的乘法运算是一个非常难的概念，因为学生很难理解相乘的结果是一个更小的数，而不是一个更大的数的事实。”她说，“不幸的是，许多学生之前学过的是乘法运算会使一切变得更大。”她提出了以下应用题。

> 柜台上有$\frac{3}{4}$块巧克力饼干。你决定吃掉这块巧克力饼干的$\frac{1}{3}$。那么你吃掉了整块巧克力饼干的多少？

然后，她请学生从给出的三种答案中做出选择：$1\frac{1}{12}$，$\frac{3}{12}$和$\frac{5}{12}$。“没有铅笔和纸，不用计算，只是看这三种可能的答案，然后看墙上哪里标有你所选择的答案，就站在它旁边。当你站在那里时，与其他选择该答案的同学讨论为什么你认为这个答案是正确的。”格林女士给了他们三分钟的时间选择和讨论，然后让学生的注意力回到课堂。“现在我们来讨论这个问题。让我们来听一下你们对每个可能答案的推理。如果你改变主意，也可以用脚来投票，加入一个新的小组。”老师用每个学生都要负责任的对话方式来促进学生思考，提出焦点式问题，进行论证。大部分学生想加入$1\frac{1}{12}$作为积的小组，因为他们认为积应该比这些因数都大。但是，当他们深入理解这个问题的时候，他们意识到，如果他们吃了$\frac{3}{4}$的$\frac{1}{3}$，这是说不通的，因为开始时只有一块巧克力饼干的$\frac{3}{4}$，而他们吃的比一整块巧克力饼干还要多。现在，他们正在努力去理解这个情境！当学生受到不同观点的影响时，他们穿过教室，加入一个新的小组。只要有一个学生移动，格林女士就要求他陈述自己为什么改变答案。在几分钟之内，整个班级的学生都得到了正确答案，更重要的是，他们能说出为什么乘分数后会产生一个更小的数。“我已经教过这个概念很多年了，但是很多学生并没有真正理解。我听到班级同学的思考后，感觉世界都不同了。他们开始考虑错在哪里，并听取错误的或准确的推理过程。但这背后的概念更重要，因为学生真的理解了这个情境，而不只是尝试进行数的运算。”

使用多元表征促进深层学习

深层学习就是建立联系。在数学学习中，一个有力的联结形式是关注不同表征之间的关系或相似性。当学生们熟练地运用多种数学表征方式的时候，他们表现出较强的问题解决能力和较深入的数学理解，并通过这些表征来展现他们所看到的联系。（Fuson，Kalchman，& Bransford，2005；Lesh，Post，& Behr，1987）在数学的深层理解中，联系是深层学习的核心，来自学生内化各种表征方式以及它们之间联系的过程。（Pape & Tchoshanov，2001；Webb，Boswinkel，& Dekker，2008）图 5.8 是 5 种类型的数学表征。（National Council of Teachers of Education，2014）[25]

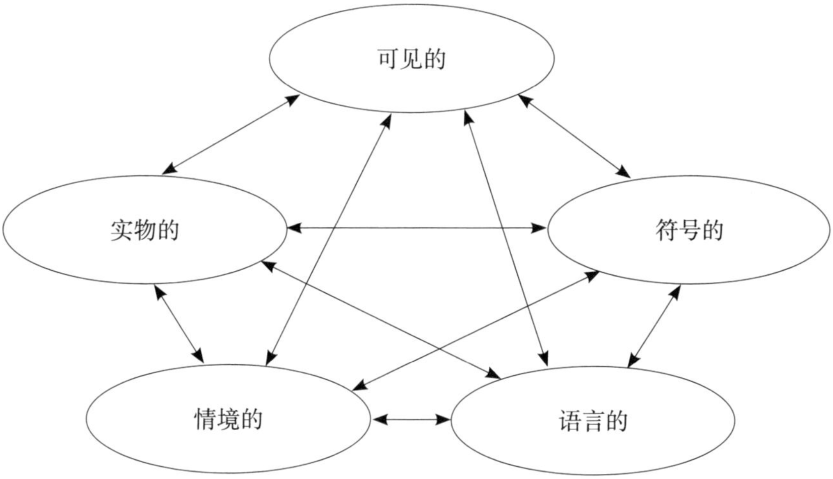

图 5.8　数学表征中的重要关系

实物表征是依赖有形的物体来进行表征，包括正式的教具和日常生活用品。可见的表征是使用图片或示意图，有时是基于实物表征。

符号表征是我们成年人经常看到和使用的抽象的数学形式，例如数字和运算符号。对于学生来说，这些符号经常以“页面上随意的笔画”出现，直到他们能够把这些符号和有更多意义的表征联系起来。

情境表征和语言表征是对深层学习的进一步丰富。情境表征是在真实的情境中与数学建立联系，以使学生能够明白怎样利用数学去描述在真实情境中正在发生的事情。

语言表征是我们用来讨论具体实物模型时所使用的语言，描述一个看得见的示意图或符号记法。例如，一个数学初学者正在思考数学语句 5–3=2，一个情景表征可能是一个简单的故事：

洛伦佐（Lorenzo）在田野里看到 5 只乌龟，3 只爬进树林里之后，还剩 2 只在田野里。

语言表征可能是“5 减 3 等于 2”或者“3 比 5 少 2”。

策略性地使用教具促进深层学习

在指向深层学习的表层学习阶段，教具的使用具有提示性的作用。使用这些实物工具不应该限制在建立一个概念的初始理解方面，而是可以也应该使用它们，以使概念聚焦和可见，寻找模式，建立联系，然后概括总结。教具同样可以被用来构建可见的论据或作为批判别人的理由。为了拓展思维，很多研究表明，借助实物表征，通过可见的表征到达符号表征的教学序列，对学生的数学学习以及理解具有显著成效，尤其是对于数学学习困难的学生。（Gersten et al., 2009）正如表层学习一样，深层学习得益于当学生讨论他们的思维并理解他们所能看到的数学时，实物表征、语言表征和情景表征的相互融合。在深层学习阶段，教师应该选择数学任务和数学工具，使得学生们明白问题的物理表征的意义（如利用十进制积木块构建一个模型来表征 8 乘 14 等于 112 的概念），以及同一个问题的可见表征（如绘制面积的模型），再到部分乘积的符号表征（如算法 8 × 14=112）。这个乘法任务可以来自对一个面积的探索，通过讨论，教师和学生将能够运用乘法语言和理解位值。

结　论

在本章中，我们关注如何通过情景丰富的任务和解释性谈话来促进学生的深层学习。这个阶段的学习基于学生表层学习的结果来促进学生更深入地理解，在反复的推理中寻找并使用常规表达，使其一般化，同时也通过参与讨论来帮助他们建构可行的论证及评判别人的推理。教师和学生共同对解释性谈话负有责任。当学生在经过精挑细选的小组中学习时，有意义的数学言语交流才会发生，这样他们才能够互相促进，承担起即将面临的深层学习的责任。全班讨论给学生提供机会去分享和辩论迷思概念和制定解决策略。在本章，我们分享了很多能够促进小组讨论和全班讨论中学生互动的策略。在下一章，我们将会探讨迁移学习，就是如何把表层学习和深层学习应用到新的情景。

反思与讨论问题

1. 言语交流不仅仅指讨论，还包括表征、思考、交谈、赞成和反对的方式，以及交换想法的方式。反观你课堂中的数学言语交流，学生有什么样的机会分享、解释和证明他们的想法？你能够使用什么提问策略让学生充分解释和证明以便展示他们的深层学习呢？

2. 思考你课堂上的分组练习，你使用什么策略来形成混合能力组？用什么办法保证组内和个人负起责任？在这一章提供的新想法中，你会在你的数学课上使用哪些方法来保证更丰富、更细致的合作学习？

3. 你在数学教学中是怎样使用教具的？当学生致力于数学合作学习时，你是否鼓励学生使用多元表征？“实践标准”第 5 条要求学生策略性地使用适当的工具。在学生学习中，你是怎样鼓励他们使用工具的？你会采用什么策略以使工具对学生更有效？

第六章　迁移学习让数学学习可见

我们大多数人或多或少都有过租车经历，我们租的车与我们自己的车的品牌和样式或许不同。然而进入驾驶室几分钟后，我们就会适应——调整左右后视镜，调整座椅，可能还会去打开车前灯和雨刷器，从停车场发动启程。我们如何能够在陌生的场所去操作这一系列复杂的机械装置呢？因为我们能够将所知道的有关车和驾驶的知识进行迁移，并将车开到一个新的环境中。苏泽（Sousa，2011）用这个作为迁移学习活动的一个例子。这个开车的例子能对你产生影响，是因为当你阅读这些时已经进行了一点迁移。

这个例子之所以有效有好几个原因，并且这些原因都与促进迁移学习的方法密切相关。第一个原因是因为几乎所有的成年人都经历过这个情况，并且能够立即联系起来。即使你没有租过车，你也可能把它同从朋友那里借车相联系。正如我们之前提及的，先前学习过的任务和一个新的情境之间的紧密联系对于促进迁移学习的发生是必要的。第二个原因是类比的作用，在这个例子中，可以把开车比作复杂学习。但是假如我们给从来没有开过车的人举这个例子，这个例子将不起作用。培养迁移的一个限制性因素是将经历和学习者的知识基础进行匹配。对于不会开车的人，我们需要找到不同的例子。这把我们引向了第三个原因：在促进迁移学习的发生时，了解学习者的成长经历很重要。

先前学习过的任务与新情境之间的紧密联系，对于促进迁移学习的发生是必要的。

但这里还有另一个因素，也可能是最关键的因素：我们有能力察觉到在这个过程中一个情境与另一个情境的相似性与差异性。在车的类比中，我们预先知道关键的差异是后视镜、座椅和前灯，并且我们知道关键的相似是刹车和油门。迁移的关键是有能力去察觉到相似性和差异性——如果不具备这个能力，我们可能会从旧车中迁移出错误的观点。哎呀，那样随之而来的将是一场事故！

在数学中，大部分的迁移学习是从学习数学本身迁移到学习运用数学去描述其他学科的信息和情况以及在这样的情境中解决问题的。学习代数的学生学习一系列函数，包括线性函数或指数函数，之后学生能够把关于函数的学习迁移到在科学中描述和建模。细菌种群成长的速度有多快？小球从一栋建筑的屋顶降落，速度是如何变化的？在第五章中，我们分享了一个例子——运用比率去识别各种手机套餐，发现套餐中的流量使用部分都采用相同的费用比率。在那个任务中，教师提供的情境给了学生思考如何建立模型的框架。在化学课上，学习气球中压力和气体体积之间的关系，学生可能必须更为独立地创建表格，并建立联系。

迁移学习的本质

如果学生们不能通过在新的情境中运用他们所学的知识来适当地迁移他们的学习，那么作为教师的我们做的所有工作都是无意义的。哈蒂解释说，一般来说，迁移学习是一种学生通过表面结果和深层认识以及理解来为自己建构知识和现实的方式。由于在这三个层次上，我们通常以偶然的方式进行学习，所以三个层次间的区别并不明显。他认为，对于广阔世界的概念和知识教学，大多只是针对表层学习，同时也有很多关于深层知识和思维技巧重要性的讨论。但只有当我们关注所有的三个层次——观念、思维、建构时，教与学的任务才能最好地结合在一起。

迁移是学习的一个阶段，在该阶段中，学生掌握他们自己所学的内容，并能够将思维应用于新的语境和情境中。

其中需要关心的一点是，数学教学经常止步于表层学习，学生（尤其是学习困难的学生）中的有些人不能钻研得更深或不能进行迁移学习，有些人在迁移学习中没有觉察到现象之间的相似性和差异性。这样迁移就失去了意义，并且学生往往把这个看成他们不能学好数学的一个证据。

正如我们在第一章中所提及的，在数学中，**迁移**不仅是学习的一个目标，也是将学习推动到下一个层次的一个机制。迁移作为目标，意味着教师希望学生能够开始支配他们自己的学习，用元认知的方式思考，并且将他们的所学应用到各种真实世界的情境中。因为概念是跨越年级的，这也在为学生能够通过数学理解获得发展而做准备。这时学生就可以从“工具箱”中自行选择工具，去解决新的复杂问题。当学生到达这个阶段时，学习就已经完成了。

在促进迁移学习时，了解学习者的发展和经验是至关重要的。

琳达（Linda）就是一个例子——她在小学和中学都是优等生。她理解数学运算的方式及原因。她甚至能够（现在依旧能够）解释为什么分数除法中的“反乘”法则有效。她理解这些机制，表层学习（如何）混合着一点深层学习（为什么）。然而给她一页写有将分数运用在各种乘法和除法情境中的任务时，她对采用哪种运算毫无头绪。她有表层学习，还伴随着一些深层学习，但是还不能够将这些知识应用到现实世界的情境中，这表明她缺乏迁移学习。坦白地说，只知道方式和原因，但不能够应用这些知识，就导致孩子们会问一个合理的问题：“我们什么时候去用这些知识？”

我们相信教育的真正目的是，让学生变成他们自己的教师。我们想要他们变成自主的终身学习者，并且保持对于世界的好奇心。我们希望他们拥有所需的工具，去提出他们自己的问题，追求有意义的答案，并且通过元认知意识到他们在这个过程中自己的学习。换句话说，无论教师是否在场，随着学生的学习变得可见，我们希望这整个过程成为学生持续学习的催化剂。然而，我们不能让这些事情成为偶然。因此，我们必须有目的地进行教育，确保学生获得并巩固必需的知识与技能、过程以及元认知的意识，使得自主学习成为可能。回顾哈蒂在第一章中对于学习的定义：

> 学习是发展充分的表层知识后，转换到更深层的理解，使得学生可以适当地将这种学习迁移到新的任务和情境中去的过程。

在数学中，当学生能够在数学理解中建立联结，之后能够在陌生的情境中运用理解的知识去解决问题，与此同时，他们能有目的地意识到自己的行为，迁移学习就发生了。这经常表现为学生自己阐明问题，而他们之所以能这么做的原因是，在深层学习阶段，教师以身示范告诉他们如何去提出问题。

学化学的学生学习压强和体积时，必须谨慎地思考在数据图中使用哪些信息，以及使用何种数学工具（方程式？表格？图？）去确定压强和体积之间关系的类型（线性？指数型？）。学生在学校花园中种植，需要运用有关体积的知识以及一些规范的测量方法，去决定他们该买多少土去覆盖园地。运用涉及真实生活情境的例子，不仅能够给学生提供发展迁移学习的机会，而且能够帮助他们明白数学的价值。

本章的下一节，我们将把关注点转到帮助学生经历学习过程的迁移机制上。当我们能清晰地理解迁移是如何发生时，我们才能够更好地创造条件来确保学生达到迁移的目标。

迁移的类型：近迁移和远迁移

因为学习历程是循环的，而非线性的，所以实际上迁移一直都在发生，并不是只在一节课或者一个单元完成后才发生。事实上，所有学习的目标都是最终发生迁移。（Bransford et al.，2000）因此，我们所表达的教学目标并不是让学生停留在表层甚至更深的层次，而是要确保他们能够将所学知识应用于下个单元，甚至第二年或以后。为了实现这些目标，我们需要理解迁移实际发生的两个维度：近迁移和远迁移。（Perkins & Salomon，1992）

所有学习的目标都是最终发生迁移。

当新情境与学生已经经历过的情境几乎可以配对时，近迁移就发生了。举个例子，小学教师面临的其中一大挑战，是帮助学生熟悉基本事实。我们从经验中得知，简单地让学生去熟记“8倍”并不十分有效。假如我们一开始就给学生提供乘法学习的具体情境，这将会使他们理解乘法的含义，并运用不同的表征去理解每一种情境。

让我们回顾第四章中凯特·富兰克林的课堂。学生利用犬舍活动来理解等组模型，他们从中学习了符号表示法，并且通过活动加深了对此的理解。学生需要充足的时间去熟悉等组模型，但并不止步于此。几周后，富兰克林女士利用被称为排列模型的情境，继续发展学生对乘法概念的理解。学生们将物理表征和真实生活情境联系到一起，例如鸡蛋包装纸盒（2×6 的排列）或者蛋糕罐（3×4 的排列）。同样，在整个课堂中，表层学习和深层学习是紧密结合的。

之后，当学生开始探究面积测量时，他们将先前的经验迁移到一个新的情境来进行理解。然而这不是学习的全部。支持对乘法深层理解的班级和小组活动全年都在进行。小组和整个班级内的讨论都聚焦在寻找一些规律，这些规律能引导学生发现在乘法算式中，改变因数的顺序结果不变。但是他们也学习到一个 2×3 的矩阵看起来和一个 3×2 的矩阵不同。对比于只是简单记忆乘法口诀表，学生们在表层、深层和迁移学习中来回变换，可以更流畅地处理乘法问题。

在远迁移中，跨越的幅度更大，因为学习者能够在看似遥远的情境中建立联系。举个例子，当富兰克林女士开始带着她的学生学习除法时，教学聚焦在乘法模型和除法模型的关系上，以帮助学生更深刻地理解除法，并且能够判断在何种情况下用乘法或者除法。到五年级，当学生开始学习分数的乘除法时，如果只是简单地告诉学生分子相乘和分母相乘，学生很可能不理解分数乘法的意义，更不会思考为何两个分数（均小于 1）的乘积至少小于它们中的一个。可能更好的例子是分数除法。我们中有多少人学会了分数除法的步骤——将除数变成倒数后计算乘法？我们中又有多少人由于这一规则的无意义而快速地忘记它或者被这个规则所困扰？更糟糕的是，需要进行这种运算的问题很少为理解提供情境，因为我们所有的问题都有赖于规则。让我们来看一个例子。

> 一个汽油油箱能装 $16\frac{1}{2}$ 加仑[①]的油。假如油泵一分钟加油 $3\frac{1}{4}$ 加仑，需要花多长时间来加满油箱？（假定一开始油箱是空的。）

很多学生读完这道问题后会问他们自己（或者教师）要怎么做。然而，已经学过分数的意义并且有远迁移能力的人，能够思考情境，并问自己多少个 $3\frac{1}{4}$ 加仑的汽油刚好可以放入 $16\frac{1}{2}$ 加仑的油箱，并且他们能够将这个问题看作除法问

① 1 加仑（美）≈ 3.785 升，1 加仑（英）≈ 4.546 升。——译者注

题。在学习整数除法时，他们也曾问过自己同样的问题！其他人可能会去思考$3\frac{1}{4}$加仑的汽油乘多少分钟才能够充满一个$16\frac{1}{2}$加仑的油箱。这个问题缺少因数，但它仍然需要除法。这是一个迁移的例子，把对整数除法的理解迁移到一个新情境——分数中。简单地教授学生倒数与相乘，发展不了学生的概念性理解，而且还经常会导致许多迷思概念。三年级学习整数除法的早期经历包括表层学习和深层学习，这为之后学生将这些理解应用到分数情境提供了远迁移的机会。

虽然这为我们的数学教学提供了有力的时机，但也要求我们在规划课程和展开概念时，需要仔细思考如何将数学概念相互联结。

迁移的路径：低路环绕和高路跨越

到目前为止，我们已经讨论了从近到远连续统一的迁移。现在让我们来看看迁移的机制或路径：低路环绕和高路跨越迁移。（Perkins & Salomon，1992）表 6.1 对两种迁移方法涉及的思维进行了示例对比，二者的主要不同是学习者受到指示的程度不同。在表格左列，教师通过结构化来支持学生迁移。在右列，学生运用他们的策略进行学习并引导着迁移的进行。

让我们回到乘法概念学习的例子。发展概念的流畅性能帮助学生建立自主性——也就是说，随着学生继续在各种情境下使用这些概念，他们将达到不必再考虑策略或者概念含义就可运用的程度。因为他们通过建立概念性理解学会了概念，他们不仅知道这些概念，还知道什么时候去应用它们。

正如汽油油箱的问题一样，在现实世界中的应用要求更高层次的思维。在这个案例中，如果对数学结构没有深层的理解，对于除法学生就不能够将所学迁移到新的情境中。很多学生对代数思想感到困扰，因为他们没有发展概念性理解，如分配率，他们没有深层学习，也没有将这些思想应用到新的、更抽象的情境中。

重要的是，迁移作为一种机制，它甚至发生在很小的学生中，并且随着学生的不断发展而表现出改变。虽然我们的例子来自小学高年级，但所有年龄段的学生在成长为更独立的学习者时，都能发生迁移学习。

表 6.1　低路环绕和高路跨越的迁移方法示例对比

环绕促进低路迁移	跨越促进高路迁移
学生学习应用技能和知识。 学生可以将他们所学的体积知识应用到各种长方体中。	学生学习在不同概念间建立联系。 学生将他们所知道的关于长方体体积的知识应用到圆柱体中。
教师将先验知识与新知识相联系。 教师提醒学生能够将所学的工具或策略运用到新情境中。	学生使用多种表征来阐述跨学科或跨内容的联结。 学生建立方程来模拟两种不同的情境（例如，放射性衰变和细菌群体的生长），并且意识到两者是相同类型的函数。
学生对信息进行分类。 学生给四边形分类，以思考如何找到每种类型的四边形的面积。	学生根据示例推导规则和原则。 学生可以将梯形分解成更小的部分以确定其面积。
教师问有目的性的问题。 教师向学生询问他们可能用来解决问题的各种策略。	学生运用元认知对计划和组织进行反思。 凭他们自己的力量，学生尝试各种策略来解决问题，并使用先前有效或无效的策略来帮助选择有效的策略。
学生总结和操作知识。 学生应用一个熟悉的概念解决各种问题，并证明想法。	学生创造新的、原创的内容。 学生在不同的个人背景下提出自己的问题，以在新的情境下应用自己的理解。
教师为学生创造建模和模拟的机会，将新知识应用于类似的情境。 学生制作教室的比例图，分享对教室设备安排的想法。	学生应用新知识于不同的情况。 学生通过价格和比萨的大小来比较两个比萨店的促销力度，来找到哪家更划算。

选择促进迁移学习的数学任务

教师应该选择鼓励联结的任务，来为学习者提供迁移的机会和支持。与深层学习任务相比，这些将是具有更高难度和复杂性的任务。它们可能没有一个明确的切入点——事实上，它们可以有多个切入点和多种步骤。它们可能没有一个正确的解决方案，而是要求学生判断出最佳的解决方案，并能够通过证据来证明他们的想法。它们可以是在另一个学科中应用数学思想的任务。例如，在几何问题中应用代数，或者在物理学中应用数学中的微积分。用于迁移学习的任务可能需要多于一节课的时间来完成。教师必须为近迁移和远迁移设计任务。对于一些学习者，近迁移可能是一个新情境中的常见问题。

让我们看看来自高中的例子。阿索夫（Assof）先生给他的十一年级学生布置了一个关于指数函数和对数函数的由三部分组成的任务，让他们以小组形式完成。完成这项任务需用几个课时，每个学生小组都是一个财务顾问团队，来帮助客户决定如何消费、存款及投资。有三个虚拟客户在咨询购车的支付方式，想确定究竟是支付现金还是贷款同时把现金用来投资更划算。任务的第一部分重点讨论汽车贷款和投资账户如何运作，基于客户的信用评分，学生们确定他们客户的不同贷款利率，以及首付要求。阿索夫先生已经为三个虚拟客户拟定了不同的背景信息，包括他们想要购买的汽车价格、他们的信用评分、他们想要的贷款期限，以及是否是信用合作社的成员。学生必须根据这些因素来计算和确定每个客户的汽车付款方式，通过给定的表格来比较银行和信用合作社在不同贷款期限、不同信用评分等级上提供的利率。

一旦学生确定了每个客户在贷款情况下每月将要支付的汽车费用，他们就可以进入任务的第二部分。此时他们将确定每个客户应该为汽车付现金还是贷款，并将现金投资在债券型基金上——詹姆斯（James）总回报债券的互惠基金中。该基金为投资三至五年的投资者提供5.8%至6.2%的年回报率（每月复利）。在这个环节，学生需要运用他们以前学习的关于指数函数和对数函数的内容，以确定每个客户如果投资基金将赚多少钱，以及这个总额多于或少于贷款购车要支付的资金总额，随后就客户该如何购车给出建议。不管结果如何，他们都需要通过计算得到具体的数据来证明他们的回答。

这个任务的第三部分要求学生回答两个问题：（1）汽车销售人员被要求使用这样的规则：每贷款10000美元，你支付的总金额将增加200美元。请判断这样的表述是否准确，并使用具体的例子来说明为什么准确或不准确。（2）你是否同意这个说法："购车，现金支付总是比贷款支付更好？"给出具体的数学例子来证明你的立场。

这个任务是学习迁移的一个很好的范例，因为它需要利用先前关于指数函数和对数函数的表层学习和深层学习；这是一个高度复杂、具有高难度的任务，并且应用于现实世界——这将是许多学生在不久的将来要面临的一个场景。它要求学生考虑他们"工具箱"中的策略，他们需要利用这些来解决一个可能没有标准答案的问题，但需要做出一些判断。它还要求他们深入参与到许多数学实践中。

迁移学习的必要条件

关联性是产生迁移学习的一个主要条件，这一点应该不足为奇。当学习者看到他们的所学在自己的生活中有意义时，学习就会变得更有意义。关联性不一定是世界和平层面的关联，但它确实需要具有适当的发展性，并且要在他们的学习生活中有用。此外，我们在第二章中具体讨论的学习目的和成功标准对促进迁移学习像对促进初始学习一样重要。虽然学生在迁移期间参与了更多自我导向的学习，但他们仍需要目标和方法来衡量自己的进步。

比较并对照新旧问题的效应量 =1.23

许多学生存在的一个问题是，他们急于将他们的所学应用到新的情境中去。这时需要要求他们停下来，并好好花时间去考虑新问题和已完成问题之间的异同。考虑到他们面前的问题的特殊性，问题的性质和任何额外的细节都值得注意。太多学生，特别是学习有困难的学生，并不考虑新问题是如何不同于或相似于以前的问题的，就跳进了新问题当中。

有一组中学教师想通过工程设计挑战性任务，让学生将他们的数学和科学学习进行迁移，解决一个现实世界中的问题。这些教师听到学生们在谈论学校食堂被扔掉的食物数量，于是教师们以讨论并解决这个问题来开始这个单元。教师们为迁移学习创造了有利的条件。教师的教学目的是教他们的学生使用设计思维（Crismond & Adams，2012）来解决一个需要应用所学数学和科学知识的现实世界问题。他们在全班范围内组建了学生小组，以设计团队形式工作，并教会学生作为一个小组要进行有效沟通，设立目标，制定时间表和设置期限。这些小组协作技能对于迁移学习和大部分现实问题的解决至关重要。

虽然教师没有教学生如何解决这个问题，但他们有目的地选择了一个问题，该问题突出了学生在数学和科学方面已经学过的概念并以具有发展性的适当的方式建立在先前的知识基础上。教师知道学生已经学会了收集、组织和分析数据，他们了解食物网和分解作用以及生物在生态系统中如何互相依赖。学生们能够使用这些测量方法来测量和计算，并准备将这种学习迁移到自己学校的某个问题上，即餐厅的浪费问题。

随着学生小组开始工作，他们采取不同的方式来解决问题。其中一个小组希望从学校的其他学生那里收集他们提出的问题及其严重程度和解决问题想法的数据。另一小组决定建立一个堆肥垃圾箱，采取措施来收集每天的食物垃圾量，并用来确定堆肥箱的尺寸。第三个小组决定鼓励自助餐厅提供更多学生可能感兴趣的餐食，这样一来也能减少浪费。虽然每个小组都采用不同的方法，但他们都必须通过合作及运用他们解决问题的方法和所学的数学和科学知识，来设计解决他们学校真实问题的方案。

学生使用问题解决与推理能力，来提出和检验可能的解决方案。对可行的解决方案的实践标准和限制（例如，空间和预算的限制，以及午餐时间学生在餐厅内的快速流动）为潜在的解决方案提供了即时反馈。教师在小组间走动，询问他们的策略，并帮助他们找到有效的方法来处理那些有时冲突的数据。如果教师发现学生缺少必要的表层或深层知识，那数学和科学就会以新的方式被重新教学。

这些教师创造的条件允许学生对概念进行思考，特别是在发现问题及提出解决方案、检验他们的方案、调整及思考替代方案方面，这些也都是贝赖特（Bereiter，2002）所确认的学习迁移的证据。教师发现了建立在学生之前学习基础上的一个相关且适当的问题。他们特意教授小组合作技能，使学生能够以合作的方式应用他们的推理能力。教师就问题提供了反馈意见后，可以在必要时立刻重新教学。

元认知促进迁移学习

让学生对自己的理解水平进行自我反思已被证明是增强理解和动机的强有力策略（National Research Council，2005），因为学生的理解水平与目标相关。这是一种促进迁移学习的自我对话。**元认知**是对我们思维能力的思考，对学习

元认知是对我们思维能力的思考。

元认知的效应量=0.69

过程至关重要。它最早出现在 20 世纪 70 年代的教育文献中（例如，Flavell，1979），此后更是热门词语。全面宣传这一观点是非常值得的：元认知过程已经被清楚地表明可以提高学生成就。马尔扎诺（Marzano，1998）[106] 称元认知是驱动思维的“引擎”。加罗法洛和莱斯特（Garofalo & Lester，1985）甚至提出没有元认知教学的数学指导是不充分的。帕林克萨（Palincsar，2013）将元认知描述为三个方面：

1. 关于我们自己学习的知识；
2. 对任务需求以及完成任务所需策略的理解；
3. 监测学习和自我调节的工具。

换句话说，它描述了我们观察和监测我们自己思维的能力。但是学生需要关于如何变得更具元认知意识的指导，要发展他们的元认知技能，就要让他们学习自我提问的艺术。

自我提问

自我表达和自我提问的效应量=0.64

当学习者完成丰富的数学任务时，如果他们能在其中思考自己的思维，他们将获得最大的成功。他们可能会意识到使用某个策略让他们进入了死胡同，或者错过了一个重要的信息。这些认识来自我们不断问自己的一系列问题中，如：“这是否言之有理？”“我是否在寻找解决方案上得到进展？”这样的**自我提问**是元认知的关键要素，因为它让我们追踪自己的理解，并在我们意识到偏离目标时能够把握好调整自己。

自我提问是让我们追踪自己的理解，并在我们意识到偏离目标时把握好自己的一种元认知的策略。

你如何让学生思考他们自己的思维？黑斯蒂（Hastie，2011）发现，教师可以提出那些促进元认知发展的课前和课后快速问答题。这样，学生不仅学习了更多的数学知识，而且表现出较强的动机和注意力。问题示例如图 6.1 所示。

- 今天的目标是什么？
- 关于今天的目标，我已经知道了多少？（“没有”到“很多”）
- 我认为今天的目标将＿＿＿＿＿完成。（“很难”到“很容易”）

在课程结束时，学生将回答以下问题：

- 今天的目标是什么？
- 我是否实现了这一目标？（“不完全”到“完全”）
- 我付出了多少努力？（“不多”到“很多”）

然后，学生有机会思考为什么他们达到了或没达到自己的目标。他们可以选出以下原因：

- 我想学习今天的课程。
- 我想实现今天的目标。
- 我集中注意力了。
- ＿＿＿＿＿＿。

或是：

- 我放弃了。
- 太难了。
- 我不明白我应该做什么。
- ＿＿＿＿＿＿。

图 6.1　自我表述和自我提问的问题清单示例

黑斯蒂的研究结果令人印象相当深刻，虽然你也许会根据你的学生和课程情况来调整问题清单选项。或者你可以让你的学生生成他们的清单问题。使用问题清单是非常有吸引力的，因为学生可以快速地在清单上做些标记，因此你可以有更多时间用于合作学习和丰富的课堂讨论。

教学小贴士

制定一个促进元认知和加强学习的问题清单。

还有一些关于通过写作清晰表达学生理解的建议，这也使学生能够成为更好的作家。在一节课的开始，中学教师纳特·埃尔南德斯（Nate Hernandez）使用提示性语言让学生写数学日记。

- 关于今天的学习目标，我已经知道了多少？是什么让我这么说？
- 我觉得这个课程有多难？为什么我这样认为？
- 我如何评价我在本课中取得成功的愿望？我为什么要成功？
- 我今天上课会付出多少努力？
- 我认为哪些策略有助于我今天达成学习目标？

埃尔南德斯（Hernandez）先生根据他对学生的认知、元认知和学习态度的持续评估，决定哪些问题最有用。他也考虑到他课上要用于这一部分的时间。埃尔南德斯先生在课上有几次先暂停数学教学，而让学生再次对学习目的的理解进行评价，并解释他们给自己这个评分的原因。这引发了学生一些有趣的写作，因为它们能够反映、分析和澄清他们的理解水平。这也有助于当埃尔南德斯先生的学生们注意到自己的进步时，也关注到学习目标。

自我反思

成功的学习者不仅反思自己，他们还会思考这些问题的答案，并根据最能引导他们取得成功的方法来改变他们的策略和惯例。**自我反思**是一种追踪的技术，一旦课堂开始，它会帮助学生了解他们曾经在哪里，如今在哪里。这种自我反思允许学习者发展专业知识，并在解决类似问题时避免多次出现同样的错误。一旦埃尔南德斯先生的学生完成了大部分的课程，他就会让他们反思自己的经验。图 6.2 呈现了他的一些提示，这些提示用来促进他的学生进行反思和产生元认知意识。

自我反思帮助学生了解他们曾经在哪里，他们如今在哪里。

- 现在我觉得对于＿＿＿＿＿＿＿＿理解到什么程度了？
- 我为什么这样认为呢？
- 通过今天的课程，我的理解是如何提升的？
- 对于今天所学的数学我还有什么问题吗？
- 我还需要做什么？我是怎么知道的？
- 在今天的课程中，我如何评价我的努力？为什么？
- 我如何评价我今天的小组合作？为什么？
- 我寻求帮助了吗？我提供给别人帮助了吗？我鼓励我的队友了吗？
- 我为我小组的努力做出了多大的贡献？
- 如果我能再做一遍＿＿＿＿＿＿＿＿，我哪些地方会做得不同？为什么？
- 对于即将开始这个课程的其他学生，我有什么建议？

图 6.2　促进学生自我反思和元认知意识的提示

埃尔南德斯先生并不把学生对这些问题的回答单独作为掌握与否的证据。有时候，他让学生下课时在“反思便条”上写下对这节课的反思。这对他来说很有趣且有用，因为这些便条可以帮助他衡量学生对自己的学习情况、努力程度和社会性技能进行评估的准确性或完整性。

数学交谈促进迁移学习

本章讨论的任务可用于最终水平的迁移，由丰富的课堂讨论所产生的话语来推动。综观本书，我们已经分享了有目的的数学交谈的重要性，当扩展的讨论发生时，语言、思考、推理在任何地方的发生都不像在迁移学习中那么有力。研究和经验都表明，在会议和讨论以及超过五人的环境中，能够连贯一致并深思熟虑地发言是有益的。此外，课堂讨论已被证实能帮助学生学习。这些讨论使学生有机会大放异彩，互相帮助，听取意见和建立联结，并使数学学习变得更有意义。但并不是所有的课堂讨论都是有帮助的。他们中有些只是讲述无关的故事，随机分享意见，或者如第五章所述，教师的讲话占了大部分时间。

课堂讨论的效应量 =0.82

特别是为了迁移学习，应该组织更多的课堂讨论，而绝对不只是玩“猜测教师在想什么”游戏，研究人员将该玩法称为“发起—应答—评价”（I-R-E）。言语交流是数学课堂的重要组成部分，因此，自 1991 年以来，全美数学教师理事会将其纳入标准，期待着学习数学的学生能够将自己的想法呈现给他人，提出问题，参与到讨论中，并且耐心地对待分歧。你需要的是数学言语交流，而不是对数学的喋喋不休。但是，如果在培养、教导和支持言语交流的方式上没有显著变化，那么这些实践是无法实现的。这并不意味着让教师站在背后，让学生进行所有的讨论。反而教师需要成为积极的引导者，用提问策略来提升学生的思维能力，让他们找证据，并要求他们联系概念。这些谈话策略是前面我们讨论过的负责任的对话技术的延伸。

帮助学生联结数学理解

组织概念性知识的效应量=0.85

在学习的迁移阶段，学生掌握自己的学习。学习者处于主导地位，了解他们想要学习的内容，以及他们将要使用的工具。这要求学习者了解他们所知的数学是如何组织的。在概念理解和程序技能方面，为知识创建有组织结构的过程是一个强有力的工具。

数学同伴辅导

同伴辅导的效应量=0.55

大量元分析表明，同伴辅导对辅导者和被辅导者的成就、自我概念和态度有影响（例如，Ginsburg-Block，Rohrbeck，& Fantuzzo，2006）。以下情况发生时，同伴辅导的效果最好：

- 活动是结构化的。
- 辅导者接受培训。
- 辅导者和被辅导者年龄不同。

有趣的是，在这些条件下，对于正在辅导的人和正在被辅导的人的影响是一样大的。这是因为辅导者必须将他们的学习迁移到辅导情境中。

为了帮助别人更有效地理解数学，同伴辅导者（实际上，任何教师）必须能够将我们想要被辅导者掌握的知识联结到被辅导者已经知道和理解的内容上。当学生担任同伴的辅导者时，他们必须明白自己的知识是如何组织的，从而在自己已经了解的或误解的内容与被辅导者正在学习的数学之间创造出一条通路。

当地的高中有一个辅导俱乐部，在那里，自愿当同伴辅导者的学生会与邻近的中小学生配对为其进行辅导。伊恩（Ian）是代数Ⅱ[①]的学生以及数学辅导者，他配对辅导的是七年级的玛丽亚（Maria）。玛丽亚对于整数运算的掌握有困难，伊恩正在努力帮助她。在辅导俱乐部相关教师的引荐下，第一次见面时，伊恩准备在第一次见面时给出 6 道关于整数加减法的题目让玛丽亚去做。在互相自我介绍后，伊恩让玛丽亚解决他带来的这些题目，由此他可以看出她是如何思考整数加减法的。当玛丽亚做题目时，她大声说出她正在做什么。"7–3……我正在做减法，所以我发现 7 减 3 是 4，正负号是看大数前面的符号，所以它是正的。那是 +4。"

伊恩认真听并意识到，玛丽亚把几种整数加减的速算法混淆在一起。这意味着她有些题目会做对，有些题目会出错。在与俱乐部相关教师交谈之后，伊恩决定在下一次辅导玛丽亚时使用代数卡片，用教具建立数学模型，将加法看作参加小组活动，将减法看作离开小组活动。玛丽亚和伊恩一起解决了许多问题，并且玛丽亚构建了对实际发生事件的理解，而不是盲目地遵循速算法。

这种辅导经验帮助伊恩巩固了对整数加减法的理解。他还必须识别出玛丽亚正在使用的速算法，并找到一条路径来帮助她理解她试图学习的没有联结的"规则"。他开始在没有相关教师的帮助下为玛丽亚挑选题目并让她解答；这需要他预测玛丽亚会如何解答某个题目，以及她可能会出现的错误并帮助她。不但玛丽亚的学习成绩得到了提高，就连伊恩也有了更深刻的理解，因为他在进行迁移学习。

关联性学习

在迁移学习时，学生拥有学习自主权，并且在学校学习与生活之间建立联系，因此激发了许多学习者对新问题的好奇心。进行迁移学习产生的一个策略是为学习者创造时间和空间，让他们用他们的所学去探索属于他们自己的方式。

---

① 所学内容相当于初三或高一水平。——译者注

“当一个年轻人在朋友和关爱自己的成年人的支持下，能追求个人兴趣或热情，并反过来将这种学习和兴趣结合到学业成就、职业成功或公民参与方面时，便实现了关联性学习。”（Ito et al.，2013）[4] 正是个人的热情和学业成就的联结使得这一观点对迁移学习有强大的指导作用。

如果学生没有坚实的知识基础作为调查的跳板，他们就不会从研究和调查自己的机会中受益。值得注意的是，谷歌对创造力的投资——“天才一小时”（Genius Hour）——受到称赞，它针对的是已经拥有深厚知识储备的高水平工程师和技术人员。如果只是简单地宣称每周四下午有一小时来做“天才一小时”，这不太可能有同样效果。当然，结构化是关键。在没有适当的教学时，你不能只是让学生放松，并且期望一切都会很好。“天才一小时工作表”似乎越来越受欢迎，我们对此反而感到有些担忧。

对知识迁移的机会和期望应该融入课堂生活。我们明白，留出神圣时间来投入知识迁移，这是吸引人且貌似合理的。但如果没有准备，在下午一点半就不会发生任何神奇的事情。在学习当天，学生应该不断挑战，去开展项目和调查。在课堂即将结束时，可以问学生：“你是如何使用这个的？”——这能够激发学习必不可少的元认知思维。“你怎么知道你将会成功？”——提醒学生（和我们自己），内部衡量与外部评估一样重要。

帮助学生转变数学理解

问题解决教学

在本书前面，我们注意到，教育工作者的挑战不仅仅在于确定什么是有效的，因为几乎所有东西在某些时候对某些学生来说都是有效的，尤其是在预期零增长的时候。相反，我们需要匹配有效内容来促进学生学习，然后在适当的时间开展学习。（Hattie，2009）基于问题的学习（Problem Based Learning，PBL）是一种这样的实践。证据表明，如果 PBL 在学习周期中使用得太早，学生对于学习所需的陈述性知识和程序性知识没有充足的经验，那么 PBL 的效应量很小，仅为 0.15。这是表层知识，学生只是没有足够的知识来探究。但是当学生在深化知识时采用问题解决教学，效应量就会上升。与在知识获取之前向学生呈现问题的传统 PBL 不同，当学生们已经在深化知识的时候，问题解决教学就得到展开了。

问题解决教学与我们将它作为数学教学的一部分去教授问题解决的过程是截然不同的，尽管你会看到一些相似之处。在广义上，问题解决涉及：

问题解决教学的效应量 =0.61

- 定义或确定问题的原因；
- 使用多个视角来发现与特定问题相关的问题；
- 识别、择优和选择解决方案的替代方案；
- 设计干预计划；
- 评估结果。（Hattie，2009）[210]

STEM 活动，一种工程设计挑战的形式（Hester & Cunningham，2007），是一种促进数学学习迁移的问题解决教学。在工程设计挑战中，学生被要求在一系列标准（我们衡量成功的方式）和限制条件（我们可以使用的资源上的限制）下为问题制订一个解决方案。这要求学习者在设计挑战的要素（问题）与数学和其他学科知识之间建立联系，以找到最佳解决方案。

问题解决教学有助于学生参与到确定问题原因的过程中；利用多个角度发现问题；识别、择优选择解决方案的替代方案；设计干预计划；评估结果。

工程设计过程是一个具有多个成分的迭代过程。请注意与上述问题解决教学的相似之处。

1. 通过对情境提问来定义问题；
2. 探索问题的要素，想象潜在的解决方案，制订计划；
3. 建立和测试一个模型或原型；
4. 反思测试，并确定解决方案如何改进；修改 / 重新测试计划。

只要时间和资源允许，这个迭代过程就能继续进行。虽然中学生对所调查的自助餐厅浪费问题在持续寻找解决方案，但即使在现实世界中，工程师通常也找不到问题的完美解决方案；当给出可利用的时间和资源时，他们能找到最好的解决方案——最优解决方案。

教师经常通过仔细倾听学生对周围世界的想法，来确定为学生设计的挑战性任务。学龄前孩子们可能想知道他们如何能更快或更慢地滑过滑梯；小学生们可能会考虑如何更有效地使用有限的教室储藏空间，或什么是设计学校花园的最佳方式。到高中，学生思考的往往与成年人职业生涯中所要解决的问题有关。

互惠教学

数学教师经常抱怨的是，学生不能很好地理解概念词语并解决这些问题。互惠教学（Palincsar & Brown，1984）是一种读写策略，通过让学生在结构化的合作小组中建立对文本的理解，从而进行阅读理解。数学教育研究人员已经调整了策略（例如，Reilly，Parsons，& Bortolot，2009；van Garderen，2004），以用于数学课堂，来帮助学生理解词语问题。

正如我们所讨论的，迁移学习是通过完成困难和复杂的任务进行学习的。如果学生不理解任务，就不能开始着手去解决它。在一项研究中，赖利等（Reilly，Parsons，& Bortolot，2009）将数学互惠教学调整为四个阶段：预测、明确、解决和总结。在预测阶段，学生利用他们的数学知识和该问题提供的信息来预测问题发生的情况以及解决问题所需的数学知识。在明确阶段，学生列出他们解决问题所需信息的清单：不熟悉的词语、已知的事实和他们需要去确定的解决问题的信息。前两个列表是相当简单的，但后者需要一些推论和更抽象的数学思维。鼓励学生在合作的小组中完成这一过程，一旦他们明确了列表中的项目，便要重新阅读该问题。

在解决阶段，学生运用他们的策略来找到一个或多个解决问题的方案。在预测和明确阶段的基础上，他们的这个过程变得更加顺畅。当学习者找到问题的解决方案时，鼓励他们使用多种表征。最后，总结阶段可以进行个人自我反思。对于学习者来说，这包括证明解决方案的可行性，反思所选策略的有效性，以及评估他们对小组学习的参与情况。在整个过程中，学生们要对自己的思考和学习情况进行记录。

教师们常常在确认学生是否真正理解问题之前就直接解决问题。当学生没有成功时，很难确定这是否是不理解问题，或不能正确理解、应用数学的结果。数学教师通过互惠教学策略，可以帮助学生很好地理解问题，让他们有更好的机会利用数学来解决问题。

结　论

本章重点关注迁移，即将所学的数学应用到不熟悉的情境中。如果学生没有表层知识和深层知识，让学生进行迁移就几乎是不可能的。换句话说，如果你不明白想法、程序或策略，就很难将知识应用到未知的情境中。在许多方面，迁移是在回答这个古老的问题："我什么时候需要这样做？"迁移学习代表了从一个情境到另一个情境的飞跃，这些飞跃可大可小。当通过任务来促进迁移学习时，任务通常都是困难和复杂的。而且重要的是，迁移允许学生开发和使用他们的元认知技能。

迁移也允许学生承担责任和自主学习，本质上是把他们放在"驾驶员的座位"上。从这个角度来看，自我反思和自我提问是迁移学习的关键要素。为构建对任务的理解，我们分享几个策略，使得学习有吸引力且目的明确，并为学习者提供结构化的机会，使他们了解自己所知道的和能做的事情。像表层学习和深层学习一样，迁移学习不应该由机会来做决定。相反，贴心的教师通过运用有效的策略和基于对他们学生的了解，会有意设计这些机会。但是，当迁移学习变得可见时，教师可以清楚地知道，他们是否会对学生产生影响。

反思与讨论问题

1. 思考你用来帮助学习者建立关联性学习的策略。你为你的学生提供近迁移和远迁移的机会是什么？你如何看待为学习者提供的这些脚手架？

2. 为学习者提供的基于问题的任务中，你最喜欢的或认为最有力量的任务是什么？你是否通过它们来实现迁移影响的最大化？你如何改善这些任务，以使学习最大限度地可见？

3. 你学生的热情体现在什么方面？如何为你的学生创造空间，将他们的热情与在课堂上学习的重要数学内容联系起来？

第七章　评价、反馈以及满足所有学习者的需求

柯克·卡尔森（Kirk Carlson）是一位六年级的数学老师。他在教学过程中使用了我们之前提到的多种教学策略，包括丰富的任务以及合作分组，他会平衡好概念性理解、程序性技能以及应用之间的教学。当他做单元计划时，他总是重点考虑表层学习、深层学习以及迁移学习三个层面，这样，当学生掌握一个数学主题内容时，他就可以了解到他的学生正在经历哪个学习阶段。他使用预设的问题和提示来开展以学生为中心的教学。师生之间可以通过负责任的对话来互相分享想法并建立联系。他的学生能够了解每节课的学习目标和成功标准。卡尔森能做到这些，主要是因为他了解他的学生，并能及时地知道学生对每一个知识点的理解水平。他能做到这点，是通过有意图地进行形成性评价和总结性评价，利用评价获得的信息来诊断学生的理解，并基于这些信息去调整他的教学。与此同时，他还时常向学生反馈，这样可以让学生意识到自己需要学习什么以及如何才能最好地完成它。

卡尔森先生通常在课程结束的时候使用“反思便条”快速测评学生对于当天所学知识的理解情况。学生回答反思便条也有助于发展学生有关分数乘法等内容的概念性理解，例如学习分数乘法当天的反思便条包括两个问题。（见图 7.1）

姓名：____________________　　　　日期：________________

回答下面的题目，用图片、数字以及文字来展示你的思考过程。

$$6 \times 5 = \_\_\_\_\_\_$$

$$6 \times \frac{1}{5} = \_\_\_\_\_\_$$

解释这两道题的异同。

图 7.1　反思便条示例

当学生离开教室的时候，卡尔森先生将这些便条收上来，然后快速地将答案进行分类。虽然所有的学生都能给出 6×5 的正确答案，但是一些学生却不能给出很清晰的解释。有些学生认为这表示 6 个 5，鲍勃（Bob）和马蒂（Marty）则认为是 5 个 6。一种是以 5 为单位的跳跃计算，另一种是以 6 为单位的跳跃计算。在计算第二道题时，出现的答案种类更多，包括$\frac{6}{5}$，$1\frac{1}{5}$，$\frac{6}{30}$，$\frac{1}{5}$。很多学生在解释或者用图片表示的时候存在一定困难。卡尔森先生从最后一道题中可以得到的信息是学生是否观察到了所给例子中整数乘法和分数乘法之间的联系。卡尔森先生在跟进学生学习进展的班级记录表格上，对学生的错误概念理解做了简要记录。

从学生那里收集过来的反思便条一方面为他提供了关于每个学生理解或误解的、有价值的反馈信息，同时这也可以帮助他设计第二天的教学，以及了解学生需要哪些额外的帮助。这就是一个关于测评效力的一个例子。

在这一章，我们将分享我们对持续测评和学生反馈的重要作用的看法，这些测评和反馈对学生从当前的学习阶段进入对数学内容真正的掌握阶段是至关重要的。我们将从如何有效地评估对学生理解情况的日常测评以及对学生学习情况的总结性测评开始，这样可以为你的教学提供更多指导信息并向学生提供反馈。我们也将通过详细规划的课程来开展差异教学，以满足不同学生的需求。我们将通过研究对需要额外帮助的学生的干预反应来解决干预问题，并为在数学方面表现出较强能力的学生提供多样化选择。我们将强调一些从研究中了解到的一些事情，这些事情在教学中起不到任何作用，它们的影响力很小，因此，你可以不用为此花费更多的时间和精力。最后，我们将围绕哈蒂所说的十个教师心智框架展开，这些框架总结了大量关于“什么起作用”的文献，这些文献致力于鼓舞你去改进你的教学工具以及最大可能地影响学生的学习。

评价学习和提供反馈

评价需要成为课堂的一个显著特征。不幸的是，它经常被放到单元测试结束的时候，以至于教师和学生对它的理解甚少，同时教师也很少有机会去调整自己的教学以满足学生的需要。正如我们将要讨论的，形成性评价和总结性评价都是很重要的，它们不应该被简单地用于对学生的学习进行评级，而应该用于测量学生的进展，并与已经发生的教学做比较。

嵌入教学的形成性评价

形成性评价是收集证据以指导教学的过程。

形成性评价是收集证据以指导教学的过程。换句话说，这是思考如何在学习过程中测量学生的进展情况并在教学中对此做出反应的一种方式。很多教师或许对它的另一种说法比较熟悉——形成性评估。在本书中，我们更倾向于使用形成性评价和总结性评价来描述这一过程。我们认为，或许可以形成性地或总结性地阐释任何你给予的评价，但是当教师作为评价者去决定如何解释学生在一堂课中以及课程结束时所处的位置，以及如何改进相应的教学时，对评价结果的评估就尤其重要了。收集关于学生在学习过程中所处位置的实时数据，这对于为下一堂课或者之后的教学做出好的决策而言是至关重要的。卡尔森先生的反思便条就是一种形成性评价。他计划在他的指导下让学习暂停，并且找出学生在学习中所处的位置。他不仅收集数据，将这些数据运用到自己的教学计划中，并且将它们分享给学生，以指导他们的学习。

成功完成形成性评价有几个关键因素（Leahy, Lyon, Thompson, & Wiliam, 2005），其中有很多你可能已经比较熟悉：

- 澄清、分享、理解学习目标以及成功标准；
- 有效的课堂讨论、活动，以及引导学生学习的任务；
- 提供向前推进学习的反馈；
- 积极的学习者成为他人的教学资源；
- 积极的学习者成为他们自己学习的主人。

教学小贴士

形成性评价是要收集学生在学习过程中所处位置的实时证据，这对于制订出好的教学计划是至关重要的。

在这一部分，我们将关注评价作为推进学习的一种工具所起到的作用。从形成性评价过程中收集到的证据可以作为对教师有效教学的反馈。反过来，教师给学生提供反馈，并支持学生给自己或是相互提供反馈，这可以推进学习过程。

给教师的反馈：调整教学

日常的形成性评价是帮助教师制订下一阶段教学计划的一种主要方式。在第三章，我们已经讨论了如何使用提问技术检验学生的理解。其他检验理解的方法在表 7.1 中有列出。

定期做这些评价活动，可以给教师和学生提供很多洞察学生理解程度的机会。但是，若没有前测与后测的实施和分析，没有持续性的跟进监测，评价将仅如同一张张即时快照。换句话说，我们所做的这些让评价更有价值。如果仅仅用评价来对学生进行分类，那我们将停滞不前。

如果仅仅用评价来对学生进行分类，那我们将停滞不前。

哈蒂（Hattie，2012）[116] 提到驱动学习者的几个内部问题：

- 我要去哪里？我的目标是什么？
- 我如何到达那里？朝着目标前进的过程中要取得哪些进展？
- 下一步去哪里？为了取得更好的进步，接下去要采取什么活动？

当教师基于他们从学生那里收集到的数据对教学做出调整的时候，上述问题是教师必定询问的关于教学的问题。当卡尔森先生意识到学生在解释他们关于 $6\times\frac{1}{5}$ 的推理过程有困难时，他觉得应该调整第二天的课程，要有关于分数乘法的应用题，以便学生可以回忆起乘法的含义以及进行情境描述时用的语言。

表 7.1 检验学生理解情况的补充说明

给所有学生编号	每个组的每个学生都会得到一个编号，比如说，从 1 到 4。依次，每个组也会被编号。让学生知道当他们与他们的组员讨论完一个问题之后，你将会谈一个数字（比如数字 3）。当学生讨论的时候，你可以在每一组边上听，这样你就可以了解学生理解了多少内容。在他们组内合作学习结束之后，挑选一个组来回答（很多教师采用轮流的方式进行）。然后你对每个组进行指导，以确保所有的团队成员都为回答做好了充分准备，因为他们可能被要求回答。同时，你给每一个参与的学生创造了机会，而不仅仅是回答问题的某个学生。
回应卡片	每个学生可以将回答写在擦写板上，同时举起来让老师看到。这样可以让你快速地测评哪些学生在这堂课上理解了概念，以及哪些学生需要更多的帮助。
有针对性的抽样	当学生们相互交流的时候，倾听他们在说什么。这或许给你很小范围的样本，因为你不可能立刻听到所有学生的回答。有代表性地选择一个高水平的学生、一个低水平的学生以及一个中等水平的学生，就可以给你一个比较的样本。选择一个以独特方式呈现结果的学生可以促进对话。选择一个可以将自己的想法与之前学生的想法联系起来的学生也可以促进对话。邀请一个社会地位低、学习能力强的学生可以提高学生的效能，改变整个班级对他的看法。
反思便条	在课程结束学生离开教室之前，让所有学生写下对一个或几个问题的回答。然后，当学生离开之后，通过阅读他们的回答来了解不同学生掌握知识的情况。七年级初级代数老师艾莉·鲁滨逊（Allie Robinson）在这方面做了很多。她给学生“反思便条”后，发现了一小部分学生不能理解她所教的内容，于是她以不同的方式教授这些内容给他们。她可以这么做是因为她的便条向她展示了哪些学生需要额外的教学。威尔（Will）校长不要求教师提交课程计划，而是让他们上交“反思便条”。这所学校在学生成就和教师士气上均取得了很大的收获。

反馈给学生：调整学习

通过频繁的评价，教师可以了解学生什么时候需要额外的帮助来继续他们的学习。反过来，作为教师的我们所提供的反馈，可以告知学生那些需要被解决的错误或迷思概念。我们应该多了解我们的学生，在密切关注学生之间的学习差距时，还要针对他们的优势进行教学。反馈对学生的学习具有很大的影响，其效应量为 0.75，属于影响学习成就的前十名因素。当学生参与具有一定挑战性的任务时，他们更有可能回应反馈，因为他们需要通过反馈去继续学习和成长。反馈是用于减小学生目前的理解或表现水平与他们被期望达到的理解或表现水平之间的差距，直到学生能够达到我们所说的成功标准。实施反馈时，教师必须明白：

反馈的效应量=0.75

- 学生当前的理解或表现水平；
- 学生被期望达到的理解或表现水平；
- 学生为了减小差距而可以采取的活动。

这里要注意可能不能把分数作为反馈信息。例如埃拉华和科尔诺（Elawar & Corno，1985）以及巴特勒（Butler，1988）所做的研究告诉我们，“同时给予学生分数和评语所带来的效果与只给予分数的效果是一样的”（Wiliam，2011）[109]。仅仅给予分数，或是同时给予分数和评语，不一定能带来像反馈那样的可见的学习效应。“要想有效，反馈需要有方向性，要关注下一个阶段会发生什么”（Wiliam，2011）[128]。正如布鲁克哈特（Brookhart，2008）[1]所描述的，反馈需要是“及时的、有针对性的，在它可以发挥最大作用的时候将信息传递出去”，并用于增强学生的元认知和自我调节能力。如果提供的反馈是及时的、具体的、可理解的以及可操作的，那么学生会将教师使用的语言同化为他们自己的自我对话。换句话说，我们对学生所说的内容以及我们说话的方式，对他们的身份和行事意识是有影响的，就如同对他们取得成功的影响一样。表 7.2 提供了反馈在时间、数量、方式、对象这几个方面的调整情况。

如果提供的反馈是及时的、具体的、可理解的以及可操作的，那么学生会将教师使用的语言同化为他们自己的自我对话。

表 7.2　反馈策略（Brookhart，2008）

反馈策略的调整维度	具体方式	建议
时间	• 何时提供 • 多久提供一次	• 对事实（正确 / 错误）立即提供反馈 • 对学生的思维和过程需要更多综合评论时，需稍微延迟反馈
数量	• 解决了多少主题内容 • 每个主题内容包含多少	• 优先选择最重要的问题 • 选择与主要学习目标相关的问题 • 考虑学生的发展水平
方式	• 口头的 • 书面的 • 可见的 / 示范性的	• 根据信息，选择最好的表达方式。经过学生课桌边时的一句评论就足够了吗？需要小组讨论吗？ • 如果可能的话，相互反馈（与学生交流）是最好的 • 在书面作业或其封面上给予书面的反馈 • 如果问题是关于“如何做某件事”或是学生需要一个例子的时候，使用示范的方式
对象	• 个人的 • 小组的 / 班级的	• 对个人的反馈：“教师评估了我的学习” • 如果班级中大多数学生在一个任务中都误解了相同的概念，就使用小组或班级的反馈，这为重新教学提供了一个机会

我们可以将在学生学习过程中给予的反馈分成四个方面，并不是所有的方面都被认为是最好的。（Hattie，2012）

1. 关于任务的反馈。

任务的执行情况如何？是正确的还是错误的？例如，当回顾学生的应用题完成情况时，教师注意到学生给出的答案经常是数值，而没有情境。他们回答“3”，而不是“制作面包需要 3 量杯的面粉”。反馈可以提醒学生回答时记得包括计量单位，因为“赤裸裸的数字”没有任何意义。

2. 关于过程的反馈。

学生完成任务时采用何种策略？是否有备选策略？例如，对于丰富的数学任务，通常存在多种解决方法。当学生分享他们解决问题的方法时，他们就是在向他人分享他们所使用的策略。

3. 关于自我调节的反馈。

为了让学生了解自己正在做什么，需要哪些条件性知识和认识？这可以包括指向过程和任务的自我监控以及策略性思维。比如，教师可以给学生提供充足的时间来完成一项大课题。给学生反馈的要素之一就是质疑或评论，要求学生将他们在具体项目上取得的进展与总体的时间规划相联系。基于这一点，学生将会重新确认他们正在取得的进步，或是发现他们缺少的必要步骤。

4. 关于自我的反馈。

给予关于个人的评价和鼓励，例如："做得好！你很聪明！"

前两个方面——对任务和过程的反馈，在课堂中的使用较为普遍，我们曾见过有教师在课堂上频繁地使用这两种反馈。当学生处于任务状态或是学习过程中的时候，采用对任务或过程的反馈是最有效的，但是如果你想要将他们推向自我调节的水平，还需要在关于自我的方面提供更多反馈。教学有效的教师通过重演曾经发生的过程，来给予学生反馈。教师告诉学生："我看出你在这部分任务上存在困难，但是你后来解决了这个困难。你是采取了什么措施取得成功的呢？"教师提醒学生仔细思考关于策略性思维和跨越障碍所采取的行动。对学生来说，你在倾听他正在做的事情——这种尊重是受欢迎的，建立了信任，引导学生认识到反馈是为他们准备的。在这么做的过程中，我们给学生内部脚本，来帮助他们逐渐成为自主学习者。

反馈的第三个方面——关于自我调节的反馈，在深层巩固和迁移学习过程中起到了重要作用。在学生日益成为自主学习者的过程中，所有的这些方法都给教师提供了与学生进行对话的重要机会。考虑到自我调节反馈的效果，下面展示了第五章提到的八年级教师宾茨先生给一个学生提供的反馈，这个学生在手机方案比较这一复杂问题上存在一定困难。

宾茨先生：看起来你在如何开始解决这个问题上存在困难。你尝试采用什么策略去进一步解决问题？

克莱门斯阿（Clemensia）：我已经理解了这个问题的重要信息，并且列举了其他一些我需要了解的信息。我只是不确定对于这些信息我能做什么。

宾茨先生：你认为这个问题的答案将会是什么样的？它将以什么方式呈现？

克莱门斯阿：我认为这是在寻找关于最好的手机方案的建议。我不知道哪些正确的证据可以来支撑我的观点。

宾茨先生：让我们来想想看，当选择一个方案时，我们需要考虑哪些重要的事情？

克莱门斯阿：我不是很确定。

宾茨先生：这对于你下一步的思考来说是一件好事。看看你标记出来的重要信息，思考你是如何使用你的手机的，试着与同学交流来帮助理清你的思路。我很欣赏你坚持找出问题的本质以及你将会用到的证据。明天我们再谈吧。你可以分享你发现的东西，以及你接下来决定采取什么步骤去帮助你解决问题。

注意上述对话，教师一直保持温和的语调并且鼓舞学生，然而他关注的是任务和过程的反馈，强调学生采取行动和改变结果的能力。可以肯定的是，开展这个讨论需要花费一定的时间，但它是值得的，而且对学生从深层学习过渡到迁移学习至关重要。

反馈的第四个方面——关于自我的反馈，经常被善意的教师采用。尽管想要增强学生的自尊心，这种反馈对他们学习可能也存在消极影响，尤其是在阻止学生参与进一步完善他们的学习方面。（Hyland & Hyland，2001）我们想要学生对自己进行积极思考，表扬是一种可以促进良好师生关系的工具。教师不应该传递类似“不给予表扬”这样的信息；相反地，所传递的信息应该是将对一个人优点的赞美与他投入任务以及学习的努力分开。

重要的是，教师不要保留他们对学生无条件的积极尊重，但伪装成反馈的表扬在激励和鼓舞的效果上可能会打折扣。德韦可（Dweck，2006）广泛地讨论了关于个人表扬的危害，认为它会强化学生的固定心态，而不是成长心态。拥有固定心态的学生习惯于相信先天固有的品质，例如认为智力和才能是取得成功的关键，同时他们会削弱后天努力或是他们自己的力量所起的作用。尽管我们不经常交流我们自己关于固定心态的信念，但当我们反馈给学生时，往往是说“你的数学很棒！”，而不是“你的问题解决能力在这学期有了很大的进步。看看从上学期以来，你的分数有了很大提高”。强调进步可以进一步增强学生的主体意识，因为他们看到了他们的成功与努力之间的联系。

此外，如果反馈集中在你已经知道的事情上，这并不能改变学生的理解。

反馈源于错误，对此我们应该感到期待和庆幸，因为对学习而言，它们是一种机会。如果学生没有犯错，他们可能会提前掌握学习目标，也可能不会拓展自己。也就是说，如果学生犯错很多，他们可能需要更多的帮助，或是从另一个地方开始学习。不幸的是，在很多课堂上，那些已经了解知识内容的学生是享有特权的，而那些犯错的学生是感到羞愧的。在这些情境中，学习不会发生在那些已经了解知识内容的学生身上，他们已经学会了。但学习也没有在那些犯错的学生身上发生，因为他们隐藏了他们的错误，避免了反馈。课堂必须是一个错误可安然出现的地方。

反馈源于错误，对此我们应该感到期待和庆幸，因为对学习而言，它们是一种机会。

反馈只有被学生接受，并且被他们消化吸收以后才会起作用。学生表面上接受的信息只会成为他们给自己的信息。我们必须确保不仅要评价学生，特别是在他们做得很好时给予表扬，而且要帮助他们确定他们需要采取的行动，以便回到正轨。假设你问学生："为了寻找答案，你接下去会怎么做呢？"这就向学生传递了一个潜在的信息，即他有能力并且可以采取措施。相反，告诉学习者"答案在第 37 页"，这样就不仅没有给学生机会去自行解决困扰他学习的困难，而且相当于告诉他你不相信他有能力这么做。问学生"通过我刚刚给你们的反馈，你们理解到了什么？"，这样可以促进学生对反馈的理解，这比仅仅让教师给予反馈更加重要。事实上，没有理解的反馈没有多大价值，这也是为什么单纯的分数几乎没有价值——它们除了被学生认为"学习结束了"以外，就没有其他含义了。

总结性评价

总结性评价是指在一个给定的时间点，为了明确学生了解什么以及他们可以做什么时，所采用的大规模测评。就数学来说，它表明了学生知道的关于数学的知识内容和对数学问题的解决水平。总结性评价的类型包括以下几种：

- 各州的测评或标准化测验可以提供关于学生表现的数据。它们经常是在相同的条件下实施，对于每个学生都是以相同的方式打分。尽管其中可能包含一些开放性的任务，但大多数问题通常有一个正确答案并以选择题的形式呈现。这些测试可以对所有参与测试的学生进行比较。分数也可以帮助学校和地区寻找模式和做出改变，以提高学生的成绩。反馈给教师和家长的数据通常是比较笼统的，一般仅根据科目报告学生成绩。

- 区域基准测评或临时测评是可以在市面上购买的，或可以由地区内的教师编写。这些测评在学年中的特定时间实施。因为这些测试是在地区指导方针下实施的，因此它们实施的方式、时间，以及所采用的形式会有很大不同。基准测评通常被用于：（1）评估学生的学习进度；（2）确认他们是否可以在将来的测评中表现良好，例如标准化测试或州测试。
- 高等数学课程，例如代数、几何、统计、微积分这些课程，通常在结束时都有累积性的总结性测评，这些测评都是平时积累的。考试成绩在学生成绩中占一定比例。
- 单元测验或章节测验可以来自班级或年级实行或设计的数学课程项目。这些测试采取的形式有计算示例、应用问题、开放式回答或是表现性评价任务。

类似单元测验（unit quiz）和测试（test）的测评（assessing），可以被用于评价（evaluation），因为它们可以提供一些信息来支持学生学习以及指导教师教学。我们认为，理解数学的基础部分就是认识到概念是如何随着时间推移而加深和拓展的。例如，在过去的二十年，数学教育界已经意识到早期代数思维发展在小学低年级阶段培养的重要性，它可以为学生正式学习代数课程奠定坚实的基础。为了真正地理解除法以及逆运算的思维，学生需要理解乘法的含义。从幼儿园开始，就有许多基于重要概念的这种联系的例子。

现在以一个二年级的学生为例，该学生在理解减法中的位值以及数字重组上存在一定困难。教师以具体经验的形式向他提供了额外的帮助，尽管他开始跟上步伐，但是他的大多数同学也在进步，这个小男孩在章节测验中还是没有及格。让我们来考虑这对这个孩子数学学习心态产生的影响。他开始相信自己学不会数学，他父母对他的失望加剧了他的这种信念。在这个案例的章节测试中，如何利用总结性评价的结果为教学和这样的学生制订下一步的计划？

总结性评价的过程是如何帮助教师决定下一步教学的？当一个学生在章节

测试中表现不佳（甚至是低分通过），我们有以下几种选择。我们可以让他进入下一个主题内容的学习，希望他能够跟得上。这种处理方式带来的弊端是学生今后学习更复杂的数学时基础没打好。通常，他到初中后，能在数学上跟上的机会很小，并且很可能会讨厌数学。另一种选择就是分析学生的错误原因和概念困惑点，寻找额外的时间去填补空白，继续聚焦于纠正学生的概念困惑点。这是与父母或校内的辅助老师沟通细节的好机会，这样一来，额外给予的帮助可以准确地关注到学生需求，而不是把时间浪费在不重要的教学上。第三种选择是推荐学生进行干预回应法（Response to Intervention，RTI），在这种情况下，数学专家可以解释差距的深度，学生也需要额外的时间去获得这种帮助。

总结性评价的过程是如何帮助教师决定下一步教学的？毫无疑问，诊断和纠正不是总结性评价的主要目的，不管是在学生的强势领域还是弱势领域，我们都应该抓住一切机会给学生提供反馈。形成性评价提供了持续的反馈，然而有时候，一次章节测试就可能为所有学生（不仅仅是学困生）指出他们需要关注的方面。

利用你从总结性评价中收集到的信息，你可以选用几种不同的方式传递反馈给学生。一般而言，如果这个班级表现得很好，你可以花一些时间去讨论几个学生犯错的测试题目。你可能想要约一个时间与学生一对一地分析测试题。琳达（Linda）采用的办法是让每一个学生用和测试所用颜色不同的铅笔或是钢笔订正他们测试中的错误。我们都有过这样的经历，即在一次测试中，班级中几乎所有人都考砸了。这对于教师和学生来说是一个提示，在我们继续学习之前需要花更多的时间在这些概念上。这帮助我们了解学生在哪里还存在着误解，或是需要更多的帮助，同时也帮助学生了解他们在哪里需要集中努力。

你是否有参加一次数学测验后经过一周才有评分和反馈的经历？这对于学生来说是不公平的，这样不能给学生及时提供关于他们所知道的和不知道的反馈。有一点需要强调，尽管测试是采用总结性评价的形式，但是学生仍然值得并且应该及时收到关于他们所知道的或为准备下一个单元需要学习内容的反馈。

尽管测试是采用总结性评价的形式，但是学生仍然值得并且应该及时收到关于他们所知道的或为准备下一个单元需要学习内容的反馈。

通过差异教学满足个体需求

正如第一年我们在课堂所发现的那样，一节课对某些学生来说是好的，但对于其他学生而言未必是好的。就像均码的 T 恤并不适合所有人，一刀切的教学往往不能很好地满足所有学生的需求。我们作为教师的挑战就是要进行差异教学，给学生提供一系列经过深入思考的选择，使教学更加满足学生的需求。差异教学是在满足学生个体差异的需要和保持课程可管理的需要之间找到一个平衡点，而不是试图对课堂上每个学生都开展个性化教学。

差异教学是“连续使用多种教学方式来改变教学内容、过程和 / 或结果，来回应有不同学术追求的学生的学习准备和兴趣”。

汤姆林森（Tomlinson，1995）[80] 将**差异教学**定义为“连续使用多种教学方式来改变教学内容、过程和 / 或结果，来回应有不同学术追求的学生的学习准备和兴趣”。在这一部分，我们将讨论在常规课堂上进行差异教学的结构和策略。

差异教学的课堂结构

差异教学的课堂结构具有两个关键特征：可供学生使用的广泛的学习资源和灵活的课堂环境。数学课堂中可供学生使用的广泛的学习资源包括：一系列操作工具；一系列问题解决策略；以及尤其是对于中学生而言，一系列可帮助解决问题的参考资料。通过这些可利用的策略和工具，教师和学生都可以在不同的时间使用不同的工具。在小学，这可能意味着一些学生仍然利用计数器和记数符号图表来表示加减法，而其他学生开始利用基础的十进制小棒和草图来计算。到中学阶段，学生应该能适应更多的问题解决策略。这些策略可以是简单的（行动起来或是制定结构化的清单），也可以是比较复杂的（概括或是改变你的观点）。教师应该有目的地创造一种课堂环境，在这种课堂环境中，广泛的策略和工具将得到使用和重视。

正如我们在第五章所讨论的，学生能以多种方式分组学习。当课堂规范要求小组成员经常基于手头的学习任务进行变换，学生便会习惯于在小组中与不同的学生一起学习，此时的差异教学几乎是顺畅的。当教师开发一系列可供选择的教学菜单，以多种方式给学生分组所体现出来的灵活性就使得执行这些选择成为更加明确的任务。

将教学调整为差异教学

教师可以通过以下三个方面的教学调整来开展差异教学：内容、过程以及结果。当教师开始进行差异教学时，我们建议每次选择一个方面进行调整。记住我们的目标是确保每个学习者都在适当程度的挑战下，在维果斯基（Vygotsky，1978）所说的"最近发展区"中掌握年级标准方面取得进步和发展。当学生在做一个他们已经知道如何去做的任务时，他们可以流畅地完成它，但他们可能学不到新东西。最近发展区是指学生在那里会感到一定的挑战，但是可以在成人或同伴的帮助下取得成功。在最近发展区才会有学习发生。差异教学要确保所有学生都处于他们自己的最近发展区内。

当教师调整内容时，他们是在对学生的学习内容做出改进。调整内容并不意味着学生可以通过学习超出他们所处年级水平的标准来更快地前进。相反，调整教学意味着在相应的年级水平标准之内，提供给学生不同层次的、与他们的学习相匹配的困难和复杂任务。这可能意味着在学生要解决的应用题中使用更大或是"不太友好"的数值，或者调整问题的复杂程度。比较下面两个三年级的例子：

> 巴勃罗（Pablo）为他的卧室买了一条新的地毯，他需要知道房间的面积。巴勃罗的房间宽 10 英尺，长 8 英尺。巴勃罗的房间需要多大面积的地毯？
>
> 巴勃罗为他的卧室买了一条新的地毯，他需要知道房间的面积。巴勃罗的房间宽 9 英尺，长 8 英尺。在房间窗户下面有一个面积为 5 平方英尺的壁龛。巴勃罗的房间需要多大面积的地毯？

这两个问题都是在有关面积的情境中涉及整数的乘法，同时，这些数值的大小相近，是在三年级学生的接受范围内。第二个问题中房间包含两个部分，当学生准备去解答这样一个更复杂的问题情境时，这对于他们来说将更具有挑战性。

当教师调整过程时，他们是对学生获取信息时所使用的策略做出调整。数学中的过程差异可能意味着对不同学生群体采用不同的表述。这在科拉尔

（Corral）女士的幼儿课堂中是新奇的，孩子们正在为这样一个问题寻求解答：胡安有 4 个网球，达莎恩（Dashaun）比胡安多 5 个，那么这两个男孩一共有多少个网球呢？对于一个还把计算总数作为一种加法策略的孩子来说，教师给他提供计数器，并且鼓励他去画图，以此来帮助学生转向一种更加可见的表达。对于另一组学生，教师可能引导他们使用计数策略，利用数轴计数来找出答案。正如在第三章中讨论过的那些丰富的数学任务，它们具有多个切入口，有非常强大的功能，其中部分原因是它们使得差异教学变得更加简单了。在整个课堂中，大家都致力于完成相同的任务，但是使用不同的工具和策略来寻找解决方案。

当教师要求学生去完成不同的任务来展示他们所学到的东西时，他们可以来调整结果。一个学生可能搭建了各式各样的几何图形模型，另一个学生可能展示了一个艺术作品，将各种图形作为其组成部分。由于学生已经掌握了图形的性质，他们自己创建具有正确属性的模型，这一挑战足够推进他们的学习。对于一个已经了解了图形基础知识的学生来说，可以给学生提供一个稍加复杂的任务，如在艺术或是建筑的情境中去识别它们将会在一个比较合适的挑战水平上。

差异教学往往作为一种教学策略，去满足那些学术上以及智力上有天赋的，或是在本书中提到的那些在数学学习内容上表现优异的学生的需求。这些相同的差异教学策略可用于回顾和强化学生已有的基本想法，同时使得那些现在处于这个年级水平的学生可以继续他们自己的学习进程。关键是教师需要一个可操作的结构来调整教学，以满足课堂中不同学习者的需求。

干预回应法专注于提供高质量的教学，以及与学生需求有关的干预，通过不断检测进展来对教学或目标中的变化做出决策，同时将学生的反应数据运用到重要的教育决策中。

干预

当你听到术语干预时，你可能想到了对于那些学困生的帮助模式，干预回应法（RTI）可能是最有效的模式。**干预回应法**专注于提供高质量的教学，以及与学生需求有关的干预，通过不断检测进展来对教学或目标中的变化做出决策，同时将学生的反应数据运用到重要的教育决策中。然而，我们往往会遗忘那些在数学上拥有特殊能力或天赋的并且会在常规学校课程以外积极去探究数学思想的学生。接下来，我们将讨论基于研究的 RTI 数学策略，它可以支持可见的教学和学习，同时也可以满足那些在数学上拥有天赋的学生的需求。

就像我们之前提到的那样，不存在某种正确的教学方式，教师所做的很多事情都是有效的。教学应对那些特殊学生群体有帮助的内容做出调整和决策。进行有效教学的教师能够提供学习机会，监测产生的影响，然后做出调整。但是这里需要以更加规范的方式去监测其影响。

干预回应法（RTI）

对于干预回应法的证据是显著的，到目前为止这是最具影响力的因素之一，其效应量为 1.07。换句话说，它能起作用（例如，Van Der Heyden，McLaughlin，Algina，& Snyder，2012）。有效的干预回应法具有一些组成元素，它们结合在一起才有了研究中所看到的效果。这些元素包括普遍化的筛选，聚焦质量的教学，进展监测，以及补充的和强化的干预。（Lembke，Hampton，& Beyers，2012）我们知道，那些需要帮助的学生越早被识别和关注到，他们成功的概率就越大。关于干预回应法已经有研究者写了一本书（Gersten & Newman-Gonchar，2011），所以在这一部分将仅仅强调那些教师需要理解的重要组成部分。

干预回应法的效应量 =1.07

干预回应法致力于为那些对有核心质量的学没有回应的学生提供基于证据的干预，这种干预也叫作层级 1 的干预。这种核心教学质量包括之前讨论的差异化的经验。在干预回应法的语言方面，学生可以收到层级 2（也称作补充的干预）和层级 3（也称作加强的干预）两种干预，或者是两者的组合。这种多元系统的支持最终可以促进学生的学习。当学生没有做出反应时（当干预产生的影响不够时），教师需要注意到并且改变教学或者实施干预，以达到预期的结果。

以下问题是由格雷沙姆和李特（Gresham & Little，2012）提出的，当在地区、学校或是班级层面实施干预时，这些问题可以指导我们思考需要为学生提供些什么。

1. 哪些重要的数学概念和技能是需要每一个学生学习的？

2. 在我的课堂中，目前的资源是如何与基于课程标准所挑选出的课程中的数学概念和技能相匹配的？

3. 为了达到内容标准，哪些先前的数学知识是学生需要的，或者是他们必须掌握的？

4. 学生困难和困惑的来源可能是什么？

5. 这堂课是如何基于学生的先前知识和经验展开的？

6. 学生在课堂教学中会思考什么，以及做出哪些反应？

7. 进行差异教学和适应个体需求时，我需要提供哪些脚手架和支持来满足每一个学生的需要？

8. 哪些问题、资源、策略、活动、案例等将阐明概念，扩展学生的概念化学习？

9. 对于班级 / 小组的学生而言，哪些小组安排、调节、改编、学习水平的区分、认知 / 元认知策略和技术是需要的？

10. 在不改变目标的情况下，我如何将数学学习任务变得更加简单？

11. 哪种数据是有效的，并且可以帮助我们测评学生的数学学习过程，使之趋近数学目标？

12. 我将如何检查学生对数学的概念性理解和数学知识的深度？

在网上考试系统（IES）实践指导《帮助学生学习数学：针对中小学的干预回应法（RTI）》（Gersten et al.，2009）中，一个由专业的数学研究者和实践者组成的委员会，基于最有效的研究证据提出了八条建议。以下是对每条建议的简要概述。

建议 1：对每一个学生进行筛查，识别出那些潜在的数学困难的风险，并为处于危险水平的学生提供干预。为了使 RTI 的效果达到最佳，教师们必须在学年初就筛查学生。这些筛查工具通常能够快速地识别出那些可能需要额外干预的学生。

- 筛查时间可以从 5 分钟到 20 分钟不等。

- 在小学阶段，数感是很重要的。测评会涉及整数概念的各个方面：性质、基本运算、对大小的理解，以及将数学知识运用到应用题中。
- 在小学高年级和初中各年级，参加筛查测评（通常是10分钟）的学生应该从各个年级进行比例抽样。

筛查工具可以关注基础的（例如，计算总和为12的加法，0—20的减法，加减法的几组基本性质）或是高级的（多位数与将它们的数字重组以后的数相乘，将数转化为百分数，解方程）计算技巧。有证据表明，这两者能筛查出那些可能需要额外的干预或加强干预的学生。（VanDerHeyden & Witt，2005）

建议2：那些接受干预的学生的教学材料内容，应该集中在从幼儿园到5年级的整数以及从4年级到8年级的有理数概念上。根据最新标准，整数操作的概念性理解应该在从幼儿园到5年级阶段得到关注。虽然其他内容也是课程的重要组成部分，但是我们知道如果没有经过适当的表层和深层学习就进入下一年级，那么他们在高级课程上将面临失败的危险。对于从4年级到8年级有理数概念（分数和小数）来说同样也是这样的。再次强调，通过使用具体的和图形的表征方式来关注概念的理解，并明确地将程序性技能和应用联系起来，是很重要的。仅仅关注训练技能将不能为这些学生提供他们所需的帮助。

建议3：干预过程中的教学应该是明确的、系统的。这包括提供成熟的问题解决的模型、出声思维的过程、有指导的实践、纠正性的反馈，以及频繁的累计评论。美国的数学顾问小组（National Mathematics Advisory Panel，2008）最终的报告对显性教学的特征做了描述：

- 教师提供清晰的模型和大量的案例来帮助学生解决问题；
- 对最近所学的策略和技能广泛实践；
- 给学生出声思维的机会，让他们去表达他们的决定和步骤；
- 给学生大量的反馈。

注意：这些策略也是我们这本书一直讨论的策略。让我们来看一个有关集中干预的教学片段。詹森（Jensen）女士教5年级，他们正在学习分数的加法。但在5年级，分数的加减标准是关于异分母的，詹森女士从筛选的数据中得知这些学生在等值分数以及同分母分数加法上存在困难。因为这两个概念在异分母分数的学习中很重要，因此她决定在学年开始时就着手构建一套等值分数集合。她为每个学生准备了一组分数条。分数条是用阴影表示不同分数的实物模型。分母不同，则分数卡片的颜色也不同：二分之一是绿色，三分之一是黄色，四分之一是蓝色，等等。詹森女士决定要将学生的学习聚焦在相关的分数中，所以她从课桌上取出代表二分之一、四分之一、八分之一以及十二分之一的分数卡片，用于第一个记忆游戏活动。当学生进来时，她已经在课桌上将分数条面朝下摆成了一个长方形。她向学生解释和示范游戏的规则。学生轮流翻开两个分数条。如果化简后的数相同，他们就保留这些分数条；如果不相同，他们就将这些分数条翻转回去，然后下一个学生接着操作。

当游戏结束时，学生将配对的分数条正面朝上摆放。詹森女士带大家一起复习如何对应每个分数条写出相应的分数——阴影部分的数目就是分子，总的数量就是分母。她和学生一起写这些分数。课程的最后部分是让学生记录他们所发现的每个配对分数。当学生记录的时候，詹森女士在黑板上写出一些它们的等式。她也邀请学生去补充他们可能发现的其他配对。

$$\frac{1}{2}=\frac{2}{4} \qquad \frac{1}{4}=\frac{3}{12} \qquad \frac{3}{4}=\frac{9}{12}$$

詹森女士引导学生复习相关概念（分子、分母、等值分数、方程）。她也在词汇墙上留下了这些词。这给学生提供了展开讨论时所需要的言语。

詹森女士用问题引导讨论，这些问题将会让学生专注于寻找模式。她这堂课的学习目标是让学生看到等值分数之间的关系。等学生离开教室时，他们已经实现了一个概念性理解，即等值分数是建立在分子、分母同乘一个相同的因数的基础上的。更深入地说，在这样的情况下，他们开始意识到等值分数实际上就是将分数乘了一个数。她花了 45 分钟的时间去教授这个概念，当学生几天后返回课堂的时候，她将增加分数的集合，包括三分之几、五分之几、六分之几以及十分之几。学生将通过使用具体的和图形的表征方式来继续识别等值分数并与符号表征建立明确的联系。

詹森女士对分数主题的发展有一个非常清晰的理解，这些概念是学生达到学会异分母分数加法这一最终目标之前所必须学习的。她精心安排她的课堂教学顺序，以有足够的时间来确保学生在进入程序规则和技能学习阶段之前对主题有一个概念性理解。然而这可能比常规课堂的数学教学要花费更多时间，但是学生通过更明确、更系统的课程得到了他们需要的支持。

建议 4：干预应该包括解决基于常见基础结构的应用题的教学。当我进行数值操作时，应用题可以为理解所发生的事情提供一个情境。我如何知道在一个给定的情境下执行什么操作？你知道应用加减法的十五种不同的情境吗？（National Governors Association Center for Best Practices and Council of Chief State School Officers，2010）通常，在学生还没能进行探究、建模和理解每个问题之前，教师给了学生各种各样的加减法应用题，这些应用题是对这些情境的混合。研究表明，教师经常使用的一种策略——关键词的使用是无效的。（van de Walle，Karp，& Bay-Williams，2013）另一种策略或许是让学生提出他们自己用于解决问题的策略。一群 4 年级学生被问及解决问题时，他们是如何决定使用哪种操作的。总体上的回答都是"当问题中包含两个以上数字时，你就相加，因为这是你可以处理两个以上数字的唯一操作。如果问题包含两个数字，并且它们相近，你就相减。如果这两个数字相差很远，你就相除，但是如果你相除后得到一个余数，那么这就是错的，因此你可以用乘法来代替。"我们大多数情况下采用类似的方法去解决应用题。通过示范和建立联系，提供给学生关于问题解决的显性教学，如表 7.3 和表 7.4 所呈现的那样。这样一来，学生将获得经验，这种经验不仅可以帮助他们解决问题，而且可以帮助他们看清每步操作的潜在结构和意义。

表 7.3　加减法的情境

	结果未知	变化未知	初始未知
加入	2 只兔子坐在草地上。3 只兔子在草地上蹦跳。请问草地上现在有多少只兔子？ 2+3=?	2 只兔子坐在草地上。有一些兔子在草地上蹦跳。草地上共有 5 只兔子。请问有几只兔子在蹦跳？ 2+？=5	有几只兔子坐在草地上。3 只兔子在草地上蹦跳。草地上共有 5 只兔子。请问之前有几只兔子在草地上？ ？+3=5
去除	桌子上有 5 个苹果。我吃掉了 2 个。请问现在桌子上还有几个苹果？ 5−2=?	桌子上有 5 个苹果。我吃掉了一些。现在桌子上还有 3 个苹果。请问我吃掉了几个苹果？ 5−？=3	桌子上有一些苹果。我吃掉了 2 个。现在还有 3 个苹果。请问之前桌子上有几个苹果？ ？−2=3

续表

	总数未知	加数未知	两个加数均未知
合并 / 分离	在桌子上有 3 个红苹果和 2 个绿苹果。请问桌上有几个苹果？ 3+2=?	桌上有 5 个苹果。其中 3 个是红苹果，其他是绿苹果。请问绿苹果有几个？ 3+？=5，5−3=?	祖母有 5 枝花。她在红色的花瓶里和蓝色的花瓶里分别可以放几枝？ 5=0+5，5=5+0 5=1+4，5=4+1 5=2+3，5=3+2
	区别未知	较大的数未知	较小的数未知
比较	（“多多少？”版本）： 露西（Lucy）有 2 个苹果。朱莉（Julie）有 5 个苹果。朱莉比露西多几个苹果？ （“少多少？”版本）： 露西有 2 个苹果。朱莉有 5 个苹果。露西比朱莉少几个苹果？ 2+？=5，5−2=?	（“更多”版本）： 朱莉比露西多 3 个苹果。露西有 2 个苹果。请问朱莉有几个苹果？ （“更少”版本）： 露西比朱莉少 3 个苹果。露西有 2 个苹果。请问朱莉有几个苹果？ 2+3=？，3+2=?	（“更多”版本）： 朱莉比露西多 3 个苹果。朱莉有 5 个苹果。请问露西有几个苹果？ （“更少”版本）： 露西比朱莉少 3 个苹果。朱莉有 5 个苹果。请问露西有几个苹果？ 5−3=？，？+3=5

来源：全美州长协会最佳实践中心和首席州立学校官员理事会（National Governors Association Center for Best Practices & Council of Chief State School Officers，2010）。改编自美国国家研究委员会早期儿童数学学习专栏 2–4（2009）的第 22–23 页。

说明：1. 这些分离情境可以被用于展示一个给定数的所有的分解。相关等式中，总数在等号的左边，帮助学生理解等号不仅仅意味着“产出”或“结果”，也可以表示“总量相同”。

2. 一个加数未知，在这些问题情境中有三种不同的情况。两个加数均未知的情况是这种基本情境的一个扩展，尤其是对于小于或等于 10 的数字。

3. 对于较大数未知或者较小数未知的情境，一个版本直接指向正确的运算（这个版本多使用较大的未知数，对较小的未知数使用得很少）。另一个版本就更难一些。

表 7.4　乘除法的情境

	相乘结果未知 3×6=？	组的大小未知（“每个组内有多少？”除法） 3×？=18，18÷3=？	组数未知（“有几个组？”除法） ？×6=18，18÷6=？
等组	有 3 个袋子，每个袋子里装有 6 个李子。请问一共有多少个李子？	如果 18 个李子平均分装到 3 个袋子里，每个袋子将分到几个李子？	如果 18 个李子被打包成 6 个一组，每组装一个袋子，那么需要多少个袋子？
等组	**测量实例**。你需要 3 段一定长度的绳子，每段长 6 英寸。请问你一共需要多长的绳子？	**测量实例**。你有 18 英寸长的绳子，你要把它平均分成 3 段。请问每段绳子的长度是多少？	**测量实例**。你有 18 英寸长的绳子，你要将它平均分成几段，每段 6 英寸长。请问你将得到几段绳子？
数组 1 面积 2	有 3 排苹果，每行有 6 个。请问有几个苹果？	如果 18 个苹果被平均摆放成 3 排，那么每排有几个苹果？	如果 18 个苹果被平均分成几排，每排 6 个，那么将会有几排苹果？
数组 1 面积 2	**面积实例**。3 cm 乘 6 cm 的长方形面积是多少？	**面积实例**。一个长方形的面积是 18 cm^2，如果其中一条边长是 3 cm，那么相邻的另一条边长是多少？	**面积实例**。一个长方形的面积是 18 cm^2，如果其中一条边长是 6 cm，那么相邻的另一条边长是多少？
比较	一顶蓝色帽子是 6 美元，一顶红色帽子的价格是蓝色帽子的 3 倍。请问红色帽子需要多少钱？	一顶红色帽子是 18 美元，价格是蓝色帽子的 3 倍。请问一顶蓝色帽子需要多少钱？	一顶红色帽子是 18 美元，一顶蓝色帽子是 6 美元。请问红色帽子的价格是蓝色帽子的几倍？
比较	**测量实例**。一条橡皮筋长 6 cm，当它伸长到 3 倍长时，这条橡皮筋有多长？	**测量实例**。一条橡皮筋伸长到 18 cm，长度是一开始的 3 倍。请问这条橡皮筋一开始有多长？	**测量实例**。一条橡皮筋一开始的长度是 6 cm，现在将它伸长到 18 cm。请问橡皮筋现在的长度是一开始的几倍？
一般情况	$a\times b=?$	$a\times ?=p$，$p\div a=?$	$?\times b=p$，$p\div b=?$

来源：全美州长协会最佳实践中心和首席州立学校官员理事会（National Governors Association Center for Best Practices & Council of Chief State School Officers，2010）。

注意：每个单元格中的第一个例子均是独立事件。对于学生而言，它们是比较简单的，应该在测量实例之前呈现出来。

1. 这些数组例子的表述展示了最简单的数组问题形式。比较难的问题要用到行和列上的内容。如：“杂货店的苹果摆成 3 行 6 列，请问有多少个苹果？”两种问题形式均有意义。

2. 面积涉及被堆积在一起的正方形数组，它们要没有空隙或重叠，所以数组问题包括这些重要的测量情境。

建议 5：干预材料应该给学生机会去可见地表征数学概念，同时干预者应该能熟练使用数学概念的可见表征。学生需要多接触实物，接着对数学概念进行绘图表征。早期数字、位值以及运算概念的学习应该使用拼插式积木或吸管等教具。分数运算时应使用分数条、长方形或者圆形教具。对学生而言，能够实际操作这些材料很重要，当他们进行特定的数学运算时，这可以帮助他们看清正在发生的运算结构。在给予充足的时间进行实物操作之后，需要对绘图式表征做出明确的联系。通常，我们会给学生一些时间去学习这些材料，并且我们期望他们能在指导较少的情况下将它们转换为图片。接下去我们再让学生多次进行可见的表征，对符号（数字符号）表征做出明确的联系。当学生使用实物或者是图形表征方式时，再过渡到数学符号表示法，这可以帮助教师示范如何使用数字去写表达式或者方程。当学生准备好了，他们可以开始与符号表征建立联系。

建议 6：对每个年级的干预，都应在每堂课投入 10 分钟左右的时间，用于练习流畅地进行四则运算。期望学生的运算能变得流畅，远远不只是布置“回家后整晚记忆和为 6 的组合”这样的任务。流畅意味着学生灵活、高效、准确地思考算术准则（Bay-Williams & Kling，2014）。年纪小的学生需要精心规划、循序渐进的指导，以掌握那些全面支持流畅性发展的策略。这是基于使用模型、发现模式，以及建立联系来展开的。

建议 7：监测学生接收补充性指导的过程，以及其他有一定风险的学生。过程监测从专业上看是基于实践的，它曾被用于测评学生的学术性表现以及评估教学效果。过程监测可以对单个学生或是整个班级实行。

形成性评价和终结性评价都可以用于监测过程。重要的一点是，要有一个具体的计划以跟踪展现学生成长和进步的数据，以便可以基于每个学生的需要做出进一步的指导。

- 监测过程的测评工具可以从多种来源获取（例如美国学生过程监测中心：www.studentprogress.org）。测评可以区分学生的成长，这一点很重要。
- 课程嵌入式测评可能是商业机构、研究人员或是区域/学校开发的。单元测试、精熟测验、每日探索，以及其他测评都可以被用来参考，基于这些做出哪些概念需要回顾，哪些需要重教，以及哪些已经被掌握了的判断。

建议 8：层级 2 和层级 3 干预中的激励策略。让我们面对现实吧，一方面，数学教得不好就会变得无聊。另一方面，如果通过使用各种教学技术（分组学习，丰富的任务、游戏）教得很好，它可以成为学校课程中最令人兴奋的项目之一！不断地进行技能训练，使用学习单以及课本，这只不过是在练习计算，并不能激励每一个学生，尤其是那些学习数学有困难的学生。思考如何使得教学内容变得有趣，以及挖掘学生的好奇心，这不仅可以对学生的成功造成重大影响，而且可以鼓励学生发展成长型思维。谁不喜欢好的推理剧或是游戏呢？将你提供给学生的数学任务当作潜在的好的推理任务让他们去解决，或是提供一个有趣的游戏，都让学生有了学习或实践某一特定概念或技能的机会。

在网上可以获取很多可用的好资源，但是需要小心——但凡有一个拥有好的活动、丰富的问题或游戏的好网站，就会有大约超过十倍数量的网站涉及不好的例子，对启迪、支持或激励学生几乎不起任何作用。

总的来说，RTI 的努力是基于这样一种期望，即学生持续参与学习活动的一部分，就是获得优质的核心教学——也被称作“良好的第一教学”，它包含 RTI 努力的层级 1。期望每一个学生接受额外或加强的干预是不切实际的——这里没有时间和金钱允许我们这样做。如果大多数学生没有被常规的课堂环境所影响，那么我们认为这本书中原则的意义就不大。基于这本书中描述的对学生成就的影响，在学校系统中实施高质量的教学，然后监测这些行动产生的影响，会使得越来越少的学生需要通过 RTI 提供额外的支持。（Gersten et al.，2009）我们认为，优质教学的核心至少包括以下几个方面：

- 教师澄清、交流学习目标与成功标准；
- 学生主导学习的期望；
- 积极的、人性化的、成长型的师生关系；
- 对教学内容进行示范和直接指导；
- 每天提供合作学习的机会；
- 基于教学需要而不是感知能力的小组学习；
- 间隔的（而不是大量的）独立实践和应用内容。

这些写起来很简单，对很多人来说也是显而易见的，但是在世界范围内的课堂上却是不常见的。当这些行动在课堂上变成规范时，额外干预的必要性就会降低，学生就能学习更多和更好的数学知识。

对优等生的干预

教学小贴士

对成绩较好的学生的干预，可以帮助他们在不同的情境中以及在日益严格的环境中探索他们了解的数学内容。

有关干预的很多研究都关注学困生，然而优等生同样也能从干预中受益。这些学生需要的不仅仅是差异教学所提供的——他们总是能找到正确的答案，但是或许在解释为什么他们的答案是正确的上存在一定困难，因为他们仅仅只是知道它。这些学生在学年的开始就已经掌握了很多年级水平标准要求的内容。总的来说，他们可能代表了给定年级的前 3%—5% 水平的学生。

测评对于这些学生而言是很重要的，因为将时间花在他们已经了解的内容上，会导致厌倦的情绪和不良的行为。正如第六章所述，如果这些学生的社会或情感的发展能成功地做到这一点，那么他们可以通过担任同伴导师来从中获益。然而，这些学生继续学习新的数学知识这一点也是很重要的。例如，谢菲尔德（Sheffield，1999）以及鲁宾斯基和本博（Lubinski & Benbow，2006）等研究者与这些学生有长时间的接触，并且有比较有效的教学策略。这些学生可以从压缩的课程中获益（美国天才儿童协会，National Association for Gifted Children），在策略上，教师重新将学生已经掌握的内容与新的内容、丰富的选项或是其他活动放在一起。

新的内容可能意味着学生探索数学的能力将超出他们的年级水平。例如，对于小学较高年级而言，《数学，人类的努力》（*Mathematics*，*A Human Endeavor*）（Jacobs，1994）中的数学概念和问题，对于拓展学生的思维（深层学习和迁移学习）来说是极好的开端。在这些任务中，学生于每天的日常生活中研究数学的用途，同时看看数学怎样与推理相关联。这些任务既丰富又复杂，在没有进行大量的正式数学教学的情况下，它们仍然可以使用。丰富的选择可以包括更多高区分度的任务，就像具有较大范围的项目一样。为了完成这些专门的任务，学生应该与具有相似学习需求的同学一起组队。

有时，学生能成功完成新的内容或是更多高区分度的任务，这可能表明学生已经准备好继续学习下一年级的数学内容。很重要的一点是，做出这个决定是基于可见的学习的证据——表层、深层和迁移——对于每一年级的要求标准。通常，决定去加快学生学习进度，尤其是决定让学生提前进入代数Ⅰ[①]课程，这样的决定是父母身份的标志，而不是基于学生掌握情况和学习的需要而做出的决定。正如我们在这本书中所说的，学习的可见的证据应该指导教学，并帮助每一个学生保持有充满挑战性的学习状态。

从无效的事物中学习

到目前为止，我们将注意力主要集中在对学生的学习产生积极影响的因素上。我们探索了表层学习、深层学习以及迁移学习三个层次，并且注意到有一些教学方案在每个水平上都能很好地发挥作用。当教师对学生产生的影响不是我们所期望的那样时，我们也分享了一些方式，通过这些方式教师可以影响学生的学习，并且做出回应。现在，是时候去关注一些我们从哈蒂的研究中所了解到的在构建学生数学思维中的确不起作用的东西。我们不希望教师把宝贵的学习时间浪费掉，甚至让学生做对理解有害的练习，这样会毁掉教师已经做的所有的辛苦工作。不幸的是，这些情况在现实中很常见。更糟糕的是，这些实践中有很多并不是在关注有效教学策略的潜在影响，而是花费很多时间在记录学生的缺点上面。

留在本年级继续修读（留级）

基于学生的成绩，他们经常会在某个年级水平上被留下来。对此的元分析显示，这种做法实际上是起反作用的，其效应量为 −0.13。正如弗雷（Frey，2005）和其他人所指出的，留级不是一种站得住脚的做法。但是学校和区域仍然保持着希望，来年学校教育可以确保学生在更高水平上进行学习。为什么来年同样

留级的效应量 = − 0.13

干预回应法的效应量 =1.07

① 所学内容相当于六年级或初一水平。——译者注

的课程、相同的教学类型，以及相同的测评任务，结果却有所不同？那些学习上有困难的学生最需要的不是更多相同的教学，而是明显不同和更好的教学。相反，明智的做法是对干预进行反应。在 RTI 的大多数努力中，学生在一年中都接受由知识渊博的成年人提供的额外的和强化的干预，他们能够根据需要进行监测和调整来达到预期的成就水平。

按能力分组

按能力分组的效应量 =0.12

我们已经记不清和好心的教育者谈话的次数了，这些教育者希望提高学生学习成就的方法在于根据他们的能力进行分组。选取一个年级的学生，给其中一个教师分配表现最差的学生，给另一个教师分配表现一般的学生，表现最好的学生可能是最受欢迎的，但是证据显示并不是这样的。两种最常见的能力分组形式是：

小组学习的效应量 =0.49

- 班级内部的分组——基于测评结果，将学生分成合作小组。
- 班级之间的分组——基于学生之前的学习成绩，将他们分散到不同的班级、课程、系列课程或课程体系中。

这样写的风险就是一些读者可能会一概而论，认为班级内和班级之间的能力分组应该被避免。这种刻板、长期的分组有时被称为跟踪，通常假定学生学习的需要和潜力不会随着时间而改变。这种做法没有得到研究的支持。但是以需求为基础的教学、灵活的小组，不应该被取消。以学生为中心的教学，是将教学活动建立在学生的理解之上，然后鼓励学生参与到小组学习中去的，这是非常有效的，这样提供的分组是灵活的而不是固定的。这种方法的关键在于小组改变的条件，以及教学必须符合学习者的需求，包括基于能力的需求。让我们来看看发生在同一个学校里的分组的区别。在一个六年级的教室里，教师实施前测来了解学生关于体积测量的知识掌握情况。她基于学生的分数，将他们分组。分数低的学生为一组，表现稍微好一点的学生为第二组，以此类推。

然后在几周内，她对每个小组实施符合需求的教学。这听起来很熟悉、很有道理，但它不起作用。后测与初始的情况没有多大区别。表现最差的学生仍然是最差的，他们的分数几乎没有提升。这是一项几乎无效的工作。

接着，另一位六年级教师实施了同样的测评。然后她分析了学生学习中存在的错误模式和迷思概念，并且基于初始的测评结果将学生重新分组，同时使用每天的随堂测验去判断哪些学生仍然存在困难。有一天，她的一组学生在概括长方体体积公式方面需要更多的帮助，而另一组学生需要一些合适的问题将他们对长方体体积的理解与圆柱体联系起来。当教师与小组学生一起学习时，她用到了之前提过的很多差异教学的教学方案，为这些准备继续深入学习的学生去加强和扩展概念。

对于两位教师而言，时间是一样的，但通过小组教学，第二位教师可以解决很多学生的指导需求。结果也不言而喻。学生的平均分提升了一大截，并且没有一个学生对圆柱体的概念，以及如何求解圆柱体体积公式并将其运用到各种场合中去的做法还不理解。这些差别是细微的，但它们很重要。小组教学是有效的，但当对学生实施干预时，这仅仅只是小组的功能而已。小组必须是灵活的，这样每个小组的教学才能与目前学生的表现和理解能力相联系起来。

简单地说，没有证据表明随着时间的推移，刻板的按能力分组将会使学生获得突破性的进展。按能力分组的效应量就其影响来看是微不足道的，但是它仍然在很多学校存在。作为实施的典型，按能力分组的最大效果就是扰乱学习共同体，孤立一些学习者，以及让社交技能无法发挥，等等。（Sapon- Shevin，1994）分组对少数群体的影响则更加严重，这些学生很多可能是处在较低能力班级，基于较低的期望，他们在小组中注定只有差的表现，并且这种情况下通常他们的教师也是效率最低的。（Butler，2008）

将学习风格与教学相匹配

匹配学习风格的效应量 =0.17

另一种普遍的做法是，将学生的学习风格与教学紧密地结合起来，但这并没有证据支持。这很可能因为我们获取和分享信息方式的偏好是存在差异的，并且这种偏好可能在不同的情况下随着不同的人群发生变化，但是以一种局限于我们对学生特定类型智力观察的方式来教学生是没有什么价值的。以一位名叫穆萨布（Musab）的学生为例。他喜欢音乐，在任何允许的时候他都戴着耳塞。他能根据问题和短文提示引用说唱歌曲。他在大厅里静静地唱歌，并在学校组织的才艺表演中表演。他能听完一首曲子后就马上在钢琴上弹奏出来。有些人可能会说他在音乐领域有天赋。其他人可能会说他喜欢的学习风格是音乐型。这是否意味着他可以不发展人际交往技能？我们就应该原谅他的计算错误吗？应该鼓励他的教师用说唱的方式开展他们的教学吗？如果他和有其他爱好的学生在一起，我们应该将他们分开吗？不。将教学与感知的学习风格相匹配，并不会从根本上提高数学成绩。当确实需要教授穆萨布其他的学习方式时，为什么要只用他最擅长的这一种形式（通过音乐）？我们认识到学习者之间有差异，但不要给学生贴标签。相反，这让我们要把注意力放在教学常规和习惯上，这将确保每一个学生在高水平上进行学习。教师可能需要通过多种方法来利用学生的多种学习方式，但错误的是将学生归类为一种或多种学习方式，并认为这就足够了。

不给学生贴标签的效应量 =0.61

测试准备

学习技能的效应量 =0.63

测试准备，包括应试技巧，这是另一个没有足够证据表明可以继续使用的领域。我们之所以这么做，是因为教授学生一般的应试技巧，其表面的逻辑有一种吸引力。但这只会浪费很多宝贵的时间。我们注意到小的效应影响主要与短期收益有关，但很少有长期收益，学习没有迁移，而且往往通过备考学到的材料在测试后很快就被遗忘了！相反，我们应该将学习本身和技能学习作为每一节课的主要组成部分（不是作为一个单独的主题）。重点在于教授学生内容以及如何学习这一内容，因为有效的外部测量已证明这能够更有效地提高学生的成绩。这并不是说学生不应该理解测试的形式，但这只需要花很短的时间即可。教师应该教学生

备考指导的效应量 =0.27

如何最好地安排时间去做各种任务，因为这可能也是测试准备技能的关键，但同样，我们应该在常规课程的背景下做这件事，而不是作为一项独立的技能。测试准备和教授应试技能会花费大量的教学时间，尽管我们知道没有证据表明这些措施将从根本上改善教学或学习。（Hattie，2015；Hattie & Donoghue ，2016）

测试准备的另一个方面是在高风险测试之前停止所有的教学。我们去过许多州，在那里，教师的表现是基于学生对这些测试的结果而判定的。我们知道随着时间的推移，间隔式练习对考试的影响要比在考试前几周为了做大量的巩固练习而停止所有新的教学大得多。正如我们的一位同事准确描述的那样，“最好的测试准备是持续的、高质量的教学”。

家庭作业

本节要谈的最后一个不起作用的部分是家庭作业。总的来说，家庭作业对学生的学习影响不大。在这种情况下，审视不同年级家庭作业的价值是值得的。在小学阶段，家庭作业对学生学习的影响有限，其效应量为 0.10。中学阶段为 0.30，高中阶段为 0.55。这些差异的主要原因是家庭作业的性质。家庭作业可以让学生练习已经学过的并且已经开始掌握的内容，这是很有效的（而且很多高中作业都是这种性质的），但是家庭作业中如果包括新的材料、项目，或是学生需要独自面对的存在困难的工作，这是最没有效果的（太多的小学阶段的作业是这种性质的）。重要的是，家庭作业可能不能提高学生的成绩，同时通过布置学生必须在家独立完成的更多学习任务来提高学校教育的严谨性，这是错误且可能有害的。学生可以通过他们在学校里所学到的来获得成功，因此我们不应该要求他们在家里又创建一所学校，若要完成那些独立任务，许多学生需要成年人的专业知识。虽然几乎所有的父母都想帮助他们的孩子，但有些人不知道该怎么做。许多家长可能是学校里的差劲教师。

家庭作业的效应量 =0.29

本节的重点是关注不起作用的教师行为。我们也可以把注意力集中在一些学校的常见问题上。的确，学生流动对学生的学习学生成绩变化的很大一部分归因于教师。教师的所做所想真的很重要。

存在负面影响，例如暑假。哈蒂（Hattie，2012）指出，在学校中发现的学生成绩变化约有 50% 是归因于学生特征和人口统计学。不幸的是，在很多学校里，就是这 50% 占主导。除了学生本身，教师对学生成绩的影响最大，其次是学校效应、校长、家长和家庭。这真的非常重要：学生成绩变化很大一部分归因于教师。教师的所做所想真的很重要。基于证据，对采取什么行动做出明智的决定，这应该是专业学习会议和年级或部门对话的重点，而不是赞赏某些问题和指责学生所处的环境。

可见的数学教学和可见的数学学习

学生需要见证自己的学习。要做到这一点，他们需要一个能清楚地讲授学习目标和成功标准的教师。他们需要大量与反馈相结合的形成性评价，来衡量他们在学习迁移过程中的进展。反过来，教师需要清楚地认识到自己对学生学习产生的影响。只有这样，教学对于教室里的每一个人才能变得可见。表 7.5 概括了我们作为教师所做的教学行为和这些教学行为如何为迁移学习创造条件之间的关系。

表 7.5 可见的教学和可见的学习之间的联系

高效的教师	对应的学生
清晰地表达学习目标	理解学习目标
拥有具有挑战性的成功标准	受到成功标准的挑战
教授一系列的学习策略	发展一系列的学习策略
知道学生什么时候没有进展	知道自己什么时候没有进展
提供反馈	寻求反馈
让他们（学生）的学习可见	让他们（教师）的教学可见

来源：Hattie（n. d.）。

我们已经说过很多次了，教师应该把重点放在学习上。如果我们要确保学生的发展，我们每个人就需要具备这样一种心态。这本书的一个重要主题是教师如何思考（以及我们希望学生如何思考）。哈蒂（Hattie，2012）提出可以用来指导教师决策的思维框架，从课程适应到课程规划。（见图 7.2）总之，思维框架总结了大量有关“什么起作用”的文献。

1. 我与其他教师合作。
2. 我使用对话，而不是独白。
3. 我设置挑战性任务。
4. 我谈论学习，不是教学。
5. 我了解所有关于学习的语言。
6. 我认为学习是需要努力的。
7. 评估是对我的反馈。
8. 我是变革的推动者。
9. 我是一个评价者。
10. 我发展积极的人际关系。

图 7.2　教师的思维框架（Hattie，2012）

结　　论

若要衡量一个人对学生学习的影响，那就意味着测评是课堂的一个显著特征。测评目的不是为了对学生的作业评分，而是衡量他们的进步情况，并与已经发生的教学情况进行比较。教师主要会依据日常测评对接下去将会发生什么而做出教学决策。检验学生理解情况的方法包括问问题，使用随堂测验，以及让学生进行自我测评。但如果没有通过管理和前后测的分析，以及定期的进展监测来达到进一步情境化，这些仍然只是短暂的快照而已。这本书中讨论的测评提醒我们追踪学生进展有许多方法。但这是我们对他们所做的有价值的事。如果测评只用于对学生进行排名，我们将无法突破我们以往的成绩。这些测评也是对我们取得进展情况的衡量，但前提是我们要仔细审视自己所产生的影响。

如果我们的学生忽视我们的影响，这带来的风险是极大的，并且具有破坏性。对无效做法的依赖，例如留级和按能力分组，是由善意但被误导的成年人所做决定的结果，他们把注意力集中在学生的特点上，而忽视了他们所接受的教学的有效性。我们应该在密切监测学生学习差距的同时很好地了解我们的学生，并充分发挥他们的长处。但是证据很清楚地表明，虽然在学习背景方面，学生给学校带来的影响是重要的，但成绩差异的很大一部分原因是来自教师的影响。（Hattie，2009）然而通常，教师经常将更多的精力倾注在对学生的解释上，远远超过了检验这些解释对学生学习的影响并做出相应调整所付出的努力。

“我是变革的推动者。”

这不是陈词滥调。在一个卓有成效的教师手中，可见的教与学是我们实践的中心。这是一个必要的思维框架，如果你想促进学习的迁移，那它是至关重要的。的确，有些学生会在我们不太关注的情况下进行迁移学习，但这也意味着他们失去了机会。刚才那句话中的关键词是推动者。作为教师，只要我们抓住机会这样做，我们就有潜力发挥巨大的作用，让学习成为可能。做一个变革的推动者，就意味着要为学生的学习进行见证，反思它，并且认识到学生的进步可以告诉我们一些关于我们自己的事情。如果我们不深入地参与学生的学习生活，我们将如何知道他们真正的能力呢？

本书就是要让教育工作者有能力做到这一点。从事这个职业的都是致力于改善儿童和青年生活的、有奉献精神的专业人士，他们在数学方面具有杰出的才能。好消息是教师很重要。我们的意思是，这并不是标准化的量具（如咖啡杯），而是一种赋权的情感。当教师从表层学习扩展到深层学习，再到迁移学习，并将学习方法与学生知识的概念水平相匹配时，教师所做的都是很重要的。当教师监测他们对学生的影响，并利用这些信息去指导教学和进行干预时，他们所做的事很重要。当教师拒绝那些损害学习的制度性做法时，他们所做的事很重要。最重要的是，当教师让数学学习对学生变得可见时，他们所做的事很重要，因为这样学生就可以成为自己的教师。

反思与讨论问题

1. 形成性评价的过程是以什么方式成为你常规课堂的一部分的，特别是在你不用成绩进行反馈的情况下？你如何能更有效地和 / 或更经常地做到这一点？

2. 思考在本章中讨论的差异教学的框架。回想一下你最近教过的单元，你最经常使用的差异教学形式是什么？哪一种形式下，你的学生可以经常获益？你是如何做的？

3. 本章讨论了当差异教学不能提供足够的支持或者挑战的时候，干预可以作为一种工具来支持学习者。你的学校或课堂上进行了什么干预？你将如何利用本章（和本书）所学的内容去对优等生和学困生加强你的干预计划？

4. 你对图 7.2 思维框架中哪一项共鸣最大？它将如何影响你的教学实践？

附录 A：效应量

排名	影响因素	效应量
1	自评成绩 / 学生期望	1.44
2	皮亚杰项目	1.28
*3	干预回应法	1.07
*4	教师的可靠性	0.90
5	提供形成性评价	0.90
6	微格教学	0.88
*7	课堂讨论	0.82
8	针对有学习障碍学生的综合干预	0.77
9	教师表达的清晰度	0.75
10	反馈	0.75
11	互惠教学	0.74
12	师生关系	0.72
13	间隔练习相对于集中练习	0.71
14	元认知	0.69
15	加速学习	0.68
16	课堂行为	0.68
17	词汇量	0.67
18	反复阅读项目	0.67
19	创造力项目	0.65
20	先前成就	0.65
21	自我表达和自我提问	0.64
22	学习技能	0.63
23	教学策略	0.62
24	问题解决教学	0.61
25	不给学生贴标签	0.61
26	理解力项目	0.60
27	概念构图	0.60
28	合作学习相对于个别学习	0.59

续表

排名	影响因素	效应量
29	直接教学	0.59
30	触觉刺激活动	0.58
31	掌握学习	0.58
32	样例	0.57
33	视知觉项目	0.55
34	同伴辅导	0.55
35	合作与竞争学习	0.54
36	自然拼读教学法	0.54
*37	以学生为中心的教学	0.54
38	课堂凝聚力	0.53
39	早产儿体重	0.53
40	凯勒的个人化教学系统	0.53
41	同伴影响	0.53
42	课堂管理	0.52
43	户外 / 探险项目	0.52
44	家庭环境	0.52
45	社会经济地位	0.52
46	交互式视频法	0.52
47	专业发展	0.51
48	目标	0.50
49	游戏项目	0.50
50	二次 / 三次机会项目	0.50
51	家长参与	0.49
52	小组学习	0.49
53	提问	0.48
54	注意力 / 毅力 / 参与度	0.48
55	学校效应	0.48
56	动机	0.48
57	学生对教学质量评估	0.48
58	早期干预	0.47
59	自我概念	0.47
60	学前教育项目	0.45
61	写作项目	0.44
62	期待	0.43

续表

排名	影响因素	效应量
63	学校规模	0.43
64	科学项目	0.42
65	合作学习	0.42
66	浸润在阅读中	0.42
67	行为组织者 / 附属问题	0.41
68	数学项目	0.40
69	减少焦虑	0.40
70	社交技能项目	0.39
71	综合课程项目	0.39
72	拓展	0.39
73	校长及学校领导者	0.39
74	职业生涯干预	0.38
75	任务时间	0.38
*76	心理治疗项目	0.38
77	计算机辅助教学	0.37
78	辅助材料法	0.37
79	双语项目	0.37
80	戏剧 / 艺术项目	0.35
81	与成就相关的创造力	0.35
82	对数学 / 科学的态度	0.35
83	测验的频率和效果	0.34
84	减少干扰行为	0.34
*85	多种有关创造力的教学	0.34
86	模拟	0.33
87	归纳教学	0.33
88	种族	0.32
89	教师效应	0.32
90	药物	0.32
91	探究式教学	0.31
*92	系统性责任制	0.31
93	针对资优生的能力分组	0.30
94	家庭作业	0.29
95	家访	0.29
96	锻炼 / 放松	0.28

续表

排名	影响因素	效应量
97	种族融合	0.28
98	备考指导	0.27
99	计算器的使用	0.27
*100	志愿者老师	0.26
101	少生病	0.25
102	随班就读	0.24
103	价值观 / 道德教育项目	0.24
104	竞争学习与个别学习	0.24
105	程序教学	0.23
106	暑期学校	0.23
107	财政	0.23
108	宗教学校	0.23
109	个别化教学	0.22
110	视觉 / 视听方法	0.22
111	综合教学改革	0.22
*112	教师的口头表达能力	0.22
113	班级规模	0.21
114	特许学校	0.20
115	能力倾向和处理的交互作用	0.19
116	课外项目	0.19
117	学习层次	0.19
118	合作教学 / 协同教学	0.19
119	人格	0.18
120	班内分组	0.18
121	学院专项项目	0.18
122	家庭结构	0.18
*123	学校咨询效应	0.18
124	基于网络的学习	0.18
125	匹配学习风格	0.17
126	教师亲和力	0.16
127	家校项目	0.16
128	基于问题的学习	0.15
129	语句组合项目	0.15
130	辅导	0.15
131	按能力分组	0.12

续表

排名	影响因素	效应量
132	饮食	0.12
133	性别	0.12
134	教师教育	0.12
135	远程教育	0.11
136	教师的学科知识	0.09
*137	改变学校日历 / 时间表	0.09
138	校外课程经验	0.09
139	运动感知项目	0.08
140	整体语言教学	0.06
*141	学生种族多样性	0.05
142	寄宿学校	0.05
143	混合年级 / 混龄班级	0.04
144	学生掌控学习	0.04
145	开放与传统的学习空间	0.01
146	暑假	−0.02
147	福利政策	−0.12
148	留级	−0.13
149	电视	−0.18
150	学生流动	−0.34

来源：改编自哈蒂（Hattie，2012）。经许可转载。

* 代表自可见的学习（一个关于成就的超过 800 个元分析的综合）发表以来被添加进原始列表中的效果。（Hattie，2009）

说明：本书提到的小学年级的按能力分组、比较并对照新旧问题、目标设定、小学初中高中阶段的作业、教具、记忆术、组织的概念知识和学生的自我监控等效应量在此不一一列出，这是基于正在进行的综合学习策略研究。

附录 B：数学实践标准

数学实践标准	教师做什么	学生做什么
1. 理解问题并坚持不懈地解决问题	● 为学生提供关注并且促进理解重要数学概念的丰富任务。 ● 提供充足的时间并促进有关问题解决的讨论。 ○ 要求你要找到什么？ ○ 你之前有解决过类似的问题吗？ ○ 你解决这个问题的计划是什么？ ○ 你可以解释下你是怎么解决这个问题的吗？ ○ 你的答案有意义吗？ ○ 你有用不同的方法检查你的答案吗？	● 通过理解来自问题和提问中的信息来积极进行问题解决。 ● 选择适合的教具和图表帮助理解问题中的行为。 ● 使用各种有意义的策略来解决问题。 ● 问自己解决方案是否有意义。
2. 推理的抽象性与数量化	● 提供各种具体的材料并鼓励学生使用这些材料来发展数学思维。 ● 给学生提供问题情境并鼓励多种途径解决。 ● 通过提问类似下面问题，帮助学生进行数学推理： ○ 你可以告诉我这里发生了什么吗？ ○ 你如何使用材料展示这个问题中发生了什么？ ○ 你能通过这个故事列算式（等式）吗？ ○ 算式中的数字代表什么？	● 使用各种策略、模型和图表来思考数学任务和例子。 ● 证明给定情境中“数量”的数学理解（定量推理）。 ● 根据发展需要，将具体例子与图像和符号表示联系起来。

续表

数学实践标准	教师做什么	学生做什么
3. 建构可行的论证，评判他人的推理	● 提供鼓励学生构建数学论证的任务。 ● 期望学生向其他人解释他们的数学策略和数学思想。 ● 期望学生倾听他人的推理。 ● 通过提问如下问题，帮助学生比较策略和方法： ○ 你如何证明你的答案是正确的？ ○ 你怎么看待_____的策略？ ○ 你的方法和_____有何不同？有何相似？ ○ 你对_____有什么问题吗？	● 用具体的模型、图表、行动或数字来口头或书面表达他们的策略和想法。 ● 用数感判断解决方案是否合理。 ● 倾听班级里其他人的想法。 ● 向老师和其他人提问并阐明自己的理解。 ● 寻找不同解题方法之间的相似处。
4. 数学模型	● 提供各种材料供学生使用，以便理解数学思想和解决问题。 ● 陈述适合学生发展的现实任务。 ● 通过使用具体模型、图案模型，以及当学生准备好时进行符号表征，以使概念理解得到发展。 ● 鼓励学生在创建数学论证时使用模型，并向他人阐述自己的观点。 ● 向学生提出下列问题： ○ 你可以向我展示你是如何使用_____解决问题的吗？ ○ 你可以画个图或者演示下这个问题正在发生什么吗？ ○ 这个模型奏效吗？或者你需要改进你的模型吗？	● 用自己的话阐述这个问题或者情境。 ● 用具体的材料和恰当的策略（例如，排列、面积模型、分数线、数轴、小数模型等）对情境进行建模。 ● 描述他们对模型所做的工作及其与问题情境的关联。 ● 检查答案是否有意义，并在必要时改进模型。
5. 策略地使用恰当工具	● 鼓励学生使用模型来构建数学论证。 ● 提供各种具体材料并鼓励学生使用以发展学生的数学思维。 ● 帮助学生从具象到图示再到数字表征进行联结，以适应发展。	● 选择能帮助发展学生对概念理解的具体材料。 ● 当概念理解很显见时，开始从具象向图示表征的过渡。 ● 确定心算、具体模型或者纸笔运算是否是解决问题或完成任务最有效的方式。

续表

数学实践标准	教师做什么	学生做什么
6. 注意精确性	● 通过明确地引入术语和让学生可以使用（如词汇墙）来支持学生发展对数学词汇的理解。 ● 必要时用准确的词语重复学生的解释。 ● 通过提问下列问题，支持学生表达的精确性： ○ ____是什么意思？ ○ 你的答案可以标记什么？ ○ 当你测量____的时候，你可以用什么测量单位？	● 准确地使用恰当年级的词汇进行交流。 ● 认真制定清楚的解释。 ● 阐明符号的含义，准确而有效地计算。 ● 选择合适的测量单位。 ● 测量时准确标记。
7. 探求并利用结构	● 提供清晰的情境使学生可以运用策略发展概念理解。 ● 提供适合概念理解的材料（例如，使用区域模型和排列来学习乘法与除法）支持学生的思考。 ● 提出帮助学生了解数学结构的问题并归纳： ○ 当你把一个数乘 1 后会发生什么？乘 0 呢？ ○ 当一个数是另一个数的 10 倍时，你注意到了什么？ ○ 当你把一个数除以 10 时，你注意到了什么？ ○ 你怎样运用你所知道的知识来解释为什么会这样呢？ ○ 你看到了什么模式？	● 在发展位值、整数运算和有理数概念理解时寻找模型。 ● 识别与加法和减法相关联的模型。 ● 在各种情境中用具体材料确定有效策略，然后推广到类似的情境中。 ● 通过确定数字为什么起作用的方式来促进概念理解。
8. 在不断的推理中探求并表征规律	● 提供各种聚焦于模式和反复推理的例子。 ● 向学生提出下列问题来微调他们的数学论证： ○ 在 5 × 3 和 3 × 5 的结果中你发现了什么？ ○ 如果你思考这些数字的意义，你能找到一个更简单的方法来思考这个问题吗？ ○ 解决这个问题对你解决其他问题有什么帮助？	● 注意反复计算和概括。 ● 不断评估他们的答案和思想的合理性。 ● 通过查看基于属性、模型或模式的方法进行概括，并利用这些概括发展概念理解。

来源：全美州长协会最佳实践中心 & 首席州立学校官员理事会（2010）。

附录 C：一系列国际数学实践或过程标准①

美国州际核心数学课程标准中的八条数学实践②	美国得克萨斯州的必备知识与技能的七条数学实践标准③	美国弗吉尼亚州数学的五条学习标准④	国际中学毕业会考六条评估项目⑤	中国香港关键学习领域的七条通用技能⑥	新加坡数学问题解决过程⑦	澳大利亚 F-10 数学课程的核心思想⑧
1. 理解问题并坚持不懈地解决问题。 2. 推理的抽象性与数量化。 3. 建构可行的论证，评判他人的推理。 4. 数学模型。	A. 把数学应用到日常生活、社会和工作场所出现的问题中。 B. 使用问题解决模型，其中包含分析给定的信息、制订计划或者策略，确定解决方案，证明解决方案，以及评价问题解决的过程和解决方案的合理性。	数学问题解决； 数学交流； 数学推理； 数学联系； 数学表征。	知识与理解； 问题解决； 交流与解释； 技术； 推理； 探究方法。	合作技能； 交流技能； 创造力； 评判性思维技能； 信息技术技能； 计算技能； 问题解决技能。	推理； 交流和联系； 应用与建模； 思维技能与启发。	理解； 流畅； 问题解决； 推理。

① 这是 2016 年 6 月国际数学实践 / 过程标准中非详尽的列表。因为标准还会经常经过审查后进行更新，你可以通过查看你自己所处的国家或者地区的文件去查阅最新的实践 / 过程标准。

② 检索于 2016 年 6 月 22 日，来自 http://www.corestandards.org/Math/Practice/。

③ 检索于 2016 年 6 月 22 日，来自 http://ritter.tea.state.tx.us/rules/tac/chapter111/ch（1）1a.html。

④ 检索于 2016 年 6 月 22 日，来自 http://www.doe.virginia.gov/testing/sol/standards.docs/mathematics/2009/stds_math.pdf。

⑤ 检索于 2016 年 6 月 22 日，来自 http://www.ibo.org/globalassets/publications/recognition/5_mathsl.pdf。

⑥ 检索于 2016 年 6 月 22 日，来自 http://www.edb.gov.hk/attachment/en/curriculum-development/kla/ma/curr/Math_CAGuide_e_2015.pdf。

⑦ 检索于 2016 年 6 月 22 日，来自 http://www.moe.gov.sg/docs/default-source/document/education/syllabuss/sciences/files/mathematics-syllabus-（primary-1-to-4）.pdf。

⑧ 检索于 2016 年 6 月 22 日，来自 http://www.australiancurriculum.edu.au/mathematics/curriculum/f-10?layout=1。

续表

美国州际核心数学课程标准中的八条数学实践	美国得克萨斯州的必备知识与技能的七条数学实践标准	美国弗吉尼亚州数学的五条学习标准	国际中学毕业会考六条评估项目	中国香港关键学习领域的七条通用技能	新加坡数学问题解决过程	澳大利亚F-10 数学课程的核心思想
5. 策略地使用恰当工具。 6. 注意精确性。 7. 探求并利用结构。 8. 在不断的推理中探求并表征规律。	C. 选择工具，包括实际物体、教具、纸、笔和适当的技术。 D. 通过多种表征方式，包括恰当的符号、图表、曲线图和语言，来交流数学观念、推理其含义。 E. 创造并使用表征去组织、记录以及交流数学思想。 F. 分析数学关系，进而连接并交流数学概念。 G. 在书面或口头交流中，用准确的数学语言展示、说明并证明数学思想和论点。					

附录 D：八项有效的数学教学实践

教学实践	目标	教师做什么	学生做什么
1. 建立聚焦学习的数学目标。	● 设置指导教学决策的阶段。 ● 期望学生理解课堂目标，而不仅仅简单重复标准。	考虑广泛的目标以及单元目标和实际课程目标，包含如下： ● 要学什么？ ● 为什么这个目标很重要？ ● 学生需要去哪里？ ● 如何扩展学习？	● 理解新概念和技能，包括和先前年级所学的概念相联系。 ● 亲身经历标准和跨区域的联系。 ● 深化他们的理解并且期望数学有意义。
2. 实施促进推理和问题解决的任务。	● 给学生提供进行探索并理解数学重要性的机会。 ● 鼓励学生运用与理解相关联的步骤。	选择如下类型的任务： ● 建立在学生当前的理解之上。 ● 有多种切入点、多种方法解决问题。 ● 对学生而言是有趣的。	● 努力完成任务且坚持不懈地解决问题。 ● 使用多种模型和材料来理解任务中的数学。 ● 说服自己和他人的答案是合理的。
3. 使用和联结数学表征。	● 提供具体的表征使学生发展概念理解并且之后将程序性技能与理解相联结。 ● 提供多种表征，按照从实物模型到抽象标记排列。	● 使用允许学生用多种表征方式的任务。 ● 鼓励使用不同的表征来支持学生解释他们的想法和推理，包括物理模型、图片、文字以及数字。	● 使用材料来解决问题情境。 ● 将表征与数学思想和大的思想结构相联系，包括整数、分数和小数的运算意义。

续表

教学实践	目标	教师做什么	学生做什么
4. 促进有意义的数学对话。	• 提供学生分享想法、说明他们的理解以及提出有说服力的论点的机会。 • 通过交谈和大声分享，发展全班的数学思维。	• 让学生在小组和班里解释他们的数学推理。 • 促进可以支持理解不同的策略和方法的学生间的讨论。 • 搭建可连接表征和所发生的数学思想的课堂讨论的脚手架。	• 在小组和全班中解释他们的想法和推理。 • 倾听其他人的推理。 • 通过向他人提问以理解他们的想法。
5. 提出有目的的问题。	• 揭示学生当前的概念理解。 • 鼓励学生解释、阐述并且说明他们的想法。 • 使数学学习对学生来说更可视化，更易达到。	• 提出能够建构和拓展学生思维的问题。 • 有意向地提出问题，使数学对学生来说更加可见。 • 使用等待时间，为学生提供思考和检查他们想法的时间。	• 深入思考数学的过程，而不是简单关注答案。 • 倾听和评论班级里其他人的解释。
6. 从概念理解出发构建过程的流畅性。	• 通过具体的材料提供经验来允许学生理解数学的重要性以及灵活地从各种方法中选择解决问题的方法。	• 给学生提供推理数学思想的机会。 • 期望学生解释为什么他们的策略有效。 • 把学生的方法适当地和有效程序相联系。	• 理解并解释他们使用的步骤以及它们为什么有效。 • 用多种策略解决问题并理解数学思想。 • 不要依赖于数学速算法和小技巧。
7. 支持数学学习中有成效的努力。	• 为有效纠结提供机会，这对理解数学来说是有意义和必要的。 • 让学生努力理解想法和关系。 • 给学生充足的时间学习并理解新的思想，这对他们的理解和学习至关重要。	• 为学生的纠结提供支持，而不是演示或告知一个程序，侧重于重要的数学思想。 • 提出具有脚手架作用和促进学生思考的问题。 • 围绕重要的学生困惑概念构建问题和计划课程，而不是专注于正确答案。 • 认识到学生致力于理解新思想的重要性。	• 坚持一项任务并且认识到纠结是理解的一部分。 • 提出会帮助他们更好地理解任务的问题。 • 相互支持想法，而不是相互告诉答案或者如何解决问题。

续表

教学实践	目标	教师做什么	学生做什么
8. 激发学生思维并以此为证据。	● 激发学生思维并以此为证据，能帮助教师了解学生的学习过程，并且在教学过程中做出教学决策，也能帮助教师预设下节课将会发生什么。 ● 在学生书面呈现和口头表达观念时，通过形成性评价评估学生的思维和理解情况。	● 决定在搜集学生学习证据时要寻找什么。 ● 提出问题并回答学生的问题，以为促进学生理解提供信息、策略和推理支持。 ● 通过证据来确定下一个教学步骤。	● 接受推理和理解是和问题的答案同等重要的。 ● 用错误和感到困惑概念去反思他们的理解。 ● 向教师和同伴提问来阐明困惑和误解。 ● 评估数学理解的进度。

来源：改编自全美数学教师委员会（National Council of Teachers of Mathematics，2014）。

附录 E：帮助可见的数学学习的网站

http://illumintaions.nctm.org

该网站致力于为您提供更多的基于质量标准的教学和数学教学资源，包括为学生提供交互式工具和为教师提供教学支持。

http://www.illustrativemathematics.org

该网站为教师、评估者和课程开发人员提供丰富的教学和评估任务，教学设计和其他资源。

http://www.insidemathematics.org

该网站介绍了丰富的任务、视频、表现性评价任务、教师工具，以及关于内容的信息、资源和实践标准。

http://mathforum.org

该数学论坛提供了资源、材料、活动、人与人之间的互动以及教育产品和服务，丰富和支持日益发展的技术世界中的教与学。

http://www.nctm.org

这是全美数学教师委员会的网站，是学前班至大学四年级数学教师的国家专业组织。在该网站可以查找当前数学教育、出版物、期刊和支持材料的有关研究现状的信息。

http://nrich.math.org

NRICH 项目旨在丰富所有学习者的数学课程经验，提供具有挑战性和吸引力的活动，发展数学思维和问题解决技能，并在有意义的背景下展示丰富的数学内容。

http://www.teachingchannel.org

一个在网络和电视上的非营利性的、有启发性的、高质量的、有效教学实践视频展示平台。

http://visible-learning.org

本网站的目的是汇集约翰·哈蒂可见的学习的研究（视频、研究论文、图书和新闻文章），促进教师更深层地理解基本概念。

参考文献

Ainsworth, L., & Viegut, D. (2006). *Common formative assessments: How to connect standards-based instruction and assessment.* Thousand Oaks, CA: Corwin.

Atkinson, R. K., Derry, S. J., Renkl, A., & Wortham, D. W. (2000). Learning from examples: Instructional principles from the worked examples research. *Review of Educational Research*, *70*, 181-214.

Bahekar, A. A., Singh, S., Saha, S., Molnar, & Arora, R. (2007). The prevalence and incidence of coronary heart disease is significantly increased in periodontitis: A meta-analysis. *American Heart Journal*, *154*(5), 830-837.

Bahrick, H. P., & Hall, L. K. (1991). Lifetime maintenance of high school mathematics content. *Journal of Educational Psychology*, *120*, 20-33.

Bandura, A. (1997). *Self-efficacy: The exercise of control.* New York: Freeman.

Bay-Williams, J. M., & Kling, G. (2014). Enriching addition and subtraction fact mastery through games. *Teaching Children Mathematics*, *21*(4), 238-247.

Bay-Williams, J. M., & Livers, S. (2009). Supporting math vocabulary acquisition. *Teaching Children Mathematics*, *16*(4), 238-245.

Beck, I. L., McKeown, M. G., & Kucan, L. (2013). *Bringing words to life: Robust vocabulary instruction* (2nd ed.). New York: Guilford.

Bennett, N., & Cass, A. (1989). The effects of group composition on group interactive processes and pupil understanding. *British Educational Research Journal*, *15*(1), 19-32.

Bereiter, C. (2002). *Education and mind in the knowledge age.* Mahwah, NJ: Lawrence Erlbaum.

Biddle, M. (2007). When opportunity knocks: Integrating language arts and the daily calendar. *Reading Teacher*, *60*(5), 488-491.

Biggs, J., & Collis, K. (1982). *Evaluating the quality of learning: The SOLO taxonomy.* New York: Academic Press.

Black, P. J., & Wiliam, D. (1998). Inside the black box: Raising standards through classroom assessment. *Phi Delta Kappan*, *80*(2), 139.

Boaler, J. (1997). Setting, social class and survival of the quickest. *British Educational Research Journal*, *23*(5), 575-595.

Boaler, J. (2015). *What's math got to do with it? How teachers and parents can transform mathematics learning and inspire success* (Rev. ed.). New York: Penguin.

Boaler, J. (2016). *Mathematical mindsets.* New York: Jossey-Bass.

Bransford, J., Brown, A. L., & Cocking, R. R. (2000). *How people learn: Brain, mind, experience, and school* (Expanded ed.). Washington, DC: National Academy Press.

Brookhart, S. M. (2008). *How to give effective feedback to your students.* Alexandria, VA: ASCD.

Butler, R. (1988). Enhancing and undermining intrinsic motivation: The effects of task-involving and ego-involving evaluation on interest and performance. *British Journal of Educational Psychology*, *58*, 1-14.

Butler, R. (2008). Ego-involving and frame of reference effects of tracking on elementary school students' motivational orientations and help seeking in math class. *Social Psychology of Education*, *11*(1), 5-34.

Carmody, G., & Wood, L. (2009). Peer tutoring in mathematics for university students. *Mathematics & Computer Education*, *43*(1), 18-28.

Carpenter, T., Fennema, E., Franke, M. L., Levi, L., & Empson, S. B. (2014). *Children's mathematics: Cognitively guided instruction* (2nd ed.). Portsmouth, NH: Heinemann.

Center on Disability & Community Inclusion. (2014). Core concepts. Retrieved from http://www.uvm.edu/~wfox/CoreConcepts.html.

Chapin, S., O'Connor, C., & Anderson, N. (2009). *Classroom discussions: Using math talk to help students learn* (2nd ed.). Sausalito, CA: Math Solutions.

Clarke, S., Timperley, H., & Hattie, J. A. C. (2003). *Unlocking formative assessment: Practical strategies for enhancing students' learning in the primary and intermediate classroom* (1st New Zealand ed.). Auckland: Hodder Moa Beckett.

Crismond, D. P., & Adams, R. S. (2012). The Informed Design Teaching and Learning Matrix. *Journal of Engineering Education, 101*(4), 738-797.

Cronbach, L. J. (1942). Measuring knowledge of precise word meaning. *Journal of Educational Research, 36*(7), 528-534.

Cunningham, P. M. (2000). *Classrooms that work: They can all read and write.* New York: Addison-Wesley.

DeLashmutt, K. (2007). *A study of the role of mnemonics in learning mathematics* (Summative Projects for MA Degree). Retrieved July 12, 2012, from http://digitalcommons.unl.edu/mathmidsummative/19.

Domino, J. (2010). *The effects of physical manipulatives on achievement in mathematics in Grades K-6: A meta-analysis.* Unpublished doctoral dissertation, State University of New York at Buffalo.

Dweck, C. S. (2006). *Mindset: The new psychology of success.* New York: Random House.

Elawar, M. C., & Como, L. (1985). A factorial experiment in teachers' written feedback on student homework: Changing teacher behaviour a little rather than a lot. *Journal of Educational Psychology, 77*(2), 162-173.

Elliot, A., & Harackiewicz, J. (1994). Goal setting, achievement orientation, and intrinsic motivation: A meditational analysis. *Journal of Personality and Social Psychology, 66*(5), 968-980.

Ellis, J. A., Semb, G. B., & Cole, B. (1998). Very long-term memory for information taught in school. *Contemporary Educational Psychology, 23*, 419-433.

Fendick, F. (1990). *The correlation between teacher clarity of communication and student achievement gain: A meta-analysis.* Unpublished doctoral dissertation, University of Florida, Gainesville.

Fisher, D., & Frey, N. (2014). *Better learning through structured teaching: A framework for the gradual release of responsibility* (2nd ed.). Alexandria, VA: ASCD.

Flavell, J. H. (1979). Metacognition and cognitive monitoring: A new area of cognitive-developmental inquiry. *American Psychologist, 34*, 906-911.

Flores, M. M., & Kaylor, M. (2007). The effects of a direct instruction program on the fraction performance of middle school students at-risk for failure in mathematics.

Journal of Instructional Psychology, *34*(2), 84-94.

Foundation—Year 10 Australian Curriculum. (2015). Retrieved from http:// www.australiancurriculum.edu.au/mathematics/curriculum/f-10?layout=l.

Frayer, D., Frederick, W. C., & Klausmeier, H. J. (1969). *A schema for testing the level of cognitive mastery.* Madison: Wisconsin Center for Education Research.

Frey, N. (2005). Retention, social promotion, and academic redshirting: What do we know and need to know? *Remedial and Special Education*, *26*(6), 332-346.

Frey, N., & Fisher, D. (2013). *Rigorous reading: 5 access points for comprehending complex texts.* Thousand Oaks, CA: Corwin.

Fuson, K. C., Kalchman, M., & Bransford, J. D. (2005). Mathematical understanding: An introduction. In M. S. Donovan &J. D. Bransford (Eds.), *How students learn: History, mathematics, and science in the classroom* (pp. 217-256). Washington, DC: National Academies Press.

Garofalo, J., & Lester, F. K., Jr. (1985). Metacognition, cognitive monitoring, and mathematical performance. *Journal for Research in Mathematics Education*, *16*(3), 163-176.

Gentry, M., & Owen, S. (1999). An investigation of the effects of total school flexible cluster grouping on identification, achievement, and classroom practices. *Gifted Child Quarterly*, *43*(4), 224-243.

Gersten, R., Beckmann, *S.*, Clarke, B., Foegen, A., Marsh, L., Star, J. R., & Witzel, B. (2009). *Assisting students struggling with mathematics: Response to Intervention (RtI) for elementary and middle schools* (NCEE 2009-4060). Washington, DC: National Center for Education Evaluation and Regional Assistance, Institute of Education Sciences, U.S. Department of Education. Retrieved from http:// ies.ed.gov/ncee/wwc/publications/practiceguides/.

Gersten, R., & Newman-Gonchar, R. (Eds.). (2011). *Understanding RTI in mathematics: Proven methods and applications.* Baltimore: Brookes.

Ginsburg-Block, M. D., Rohrbeck, C. A., & Fantuzzo, J. W. (2006). A meta-analytic review of social, self-concept, and behavioral outcomes of peer-assisted learning. *Journal of Educational Psychology*, *98*(4), 732-749.

Graves, M. F. (1986). Vocabulary learning and instruction. *Review of Research in*

Education, *13*, 49-89.

Graves, M. F. (2006). *The vocabulary book: Learning & instruction.* New York: Teachers College Press.

Gresham, G., & Little, M. (2012). RtI in math class. *Teaching Children Mathematics*, *19*(1), 20-29.

Hastie, S. (2011). *Teaching students to set goals: Strategies, commitment, and monitoring.* Unpublished doctoral dissertation, University of Auckland, New Zealand.

Hattie, J. (2009). *Visible learning: A synthesis of over 800 meta-analyses relating to achievement.* New York: Routledge.

Hattie, J. (2012). *Visible learning for teachers: Maximizing impact on learning.* New York: Routledge.

Hattie, J. (2015). The applicability of visible learning to higher education. *Scholarship of Teaching and Learning in Psychology*, *1*(1), 79-91.

Hattie, J. (n.d.). Visible Learning that makes the difference in education [PowerPoint Presentation]. Visible Learning Laboratories, University of Auckland, New Zealand.

Hattie, J., & Donoghue, G. (2016). Learning strategies: A synthesis and conceptual model. *Nature Partner Journals*, *1.* doi: 10.1038/npjscilearn.2016.13.

Hattie, J., & Yates, G. (2014). *Visible learning and the science of how we learn.* New York: Routledge.

Herbel-Eisenmann, B. A., & Breyfogle, M. L. (2005). Questioning our patterns of questioning. *Mathematics Teaching in the Middle School*, *10*(9), 484-489.

Hester, K., & Cunningham, C. (2007, June). *Engineering is elementary: An engineering and technology curriculum for children.* Paper presented at the 2007 Annual Conference & Exposition, Honolulu, Hawaii, https://peer.asee.org/1469.

Hufferd-Ackles, K., Fuson, K., & Gamoran Sherin, M. (2004). Describing levels and components of a math-talk learning community. *Journal for Research in Mathematics Education*, *35*(2), 81-116.

Humphreys, C., & Parker, R. (2015). *Making number talks matter: Developing mathematical practices and deepening understanding, Grades 4-10.* Portland, ME: Stenhouse.

Hyland, F., & Hyland, K. (2001). Sugaring the pill: Praise and criticism in written feedback. *Journal of Second Language Writing, 10*(3), 185-212.

Iacoboni, M., Molnar-Szakacs, I., Gallese, V., Buccino, G., Mazziotta, J. C., & Rizzolatti, G. (2005). Grasping the intentions of others with one's own mirror neuron system. *PLoS Biology*, 3(3), e79.

Ingersoll, R. M. (2011). Do we produce enough mathematics and science teachers? *Kappan Magazine*, *92*(6), 37-41.

Ito, M., Gutierrez, K., Livingstone, *S.*, Penuel, B., Rhodes, J., Salen, K., Schor, J., Sefton-Green, J., & Watkins, S. C. (2013). *Connected learning: An agenda for research and design.* Irvine, CA: Digital Media and Learning Research Hub.

Jackson, R. (2015). *10 promises worth keeping to your students.* Retrieved from https:// mindstepsinc.com/2015/08/10-promises-worth-keeping-to-your-students/.

Jacobs, H. R. (1994). *Mathematics: A human endeavor* (3rd ed.). New York: Freeman.

Jensen, E. (2005). *Teaching with the brain in mind* (2nd ed.). Alexandria, VA: ASCD.

Jeon, K. (2012). Reflecting on PEMDAS. *Teaching Children Mathematics*, *18*(6), 370-377.

Kapur, M. (2008). Productive failure. *Cognition and Instruction*, *26*(3), 379-424.

Kapur, M. (2012). Productive failure in learning the concept of variance. *Instructional Science*, *40(4)*, 651-672.

Karp, K. S., Bush, S. B., & Dougherty, B. J. (2014). 13 rules that expire. *Teaching Children Mathematics*, *21*(1), 18-25.

Knight, J., & van Nieuwerburgh, C. (2012). Instructional coaching: A focus on practice. *Coaching: An International Journal of Theory, Research and Practice*, *5*(2), 100-112.

Kolb, D. A. (1984). *Experiential learning: Experience as the source of learning and development.* Englewood Cliffs, NJ: Prentice Hall.

Kulik, J. A., & Kulik, J. C. (1992). Meta-analytic findings on grouping programs. *Gifted Child Quarterly*, *3*, 72-76.

Leahy, S., Lyon, C., Thompson, M., & Wiliam, D. (2005). Classroom assessment:

Minute-by-minute and day-by-day. *Educational Leadership*, *63*(3), 18-24.

Lembke, E. S., Hampton, D., & Beyers, S. J. (2012). Response to intervention in mathematics: Critical elements. *Psychology in the Schools*, *49*(3), 257-272.

Leinwand, S. (2016). *Thoughts on revising how we do math homework.* Personal communication.

Lesh, R., Post, T., & Behr, M. (1987). Representations and translations among representations in mathematics learning and problem solving. In C. Janvier (Ed.), *Problems of representation in the teaching and learning of mathematics* (pp. 33-40). Hillsdale, NJ: Lawrence Erlbaum.

Levasseur, K., & Cuoco, A. (2003). Mathematical habits of mind. In H. L. Schoen (Ed.), *Teaching mathematics through problem solving: Grades 6-12* (pp. 23-37). Reston; VA: National Council of Teachers of Mathematics.

Lin-Siegler, X., Ahn, J. N., Chen, J., Fang, F. A., & Luna-Lucero, M. (2016). Even Einstein struggled: Effects of learning about great scientists' struggles on high school students' motivation to learn science. *Journal of Educational Psychology*, *108*(3), 314-328.

Livers, S. D., & Bay-Williams, J. M. (2014). Vocabulary support: Constructing (not obstructing) meaning. *Mathematics Teaching in the Middle School*, *10*(3), 153-159.

Lobato, Clarke, D., & Ellis, A. B. (2005). Initiating and eliciting in teaching: A reformulation of telling. *Journal for Research in Mathematics Education*, *36*(2), 101-136.

Locke, E. A., & Latham, G. P. (1990). *A theory of goal setting and task performance.* Englewood Cliffs, NJ: Prentice Hall.

Loehr, A. M., Fyfe, E. R., & Rittle-Johnson, B. (2014). Wait for it ... Delaying instruction improves mathematics problem solving: A classroom study. *Journal of Problem Solving*, 7(1), Article 5. Retrieved from http://docs.lib.purdue.edU/jps/vol7/issl/5.

Lubinski, D., & Benbow, C. P. (2006). Study of mathematically precocious youth after 35 years: Uncovering antecedents for the development of math-science expertise. *Perspectives on Psychological Science*, *1*(4), 316-345.

Marzano, R. J. (1998). *A theory-based meta-analysis of research on instruction.* Aurora, CO: Mid-Continent Regional Education Lab.

McGinn, K., Lange, K., & Booth, J. (2015). A worked example for creating worked examples. *Mathematics Teaching in the Middle School, 21*(1), 26-33.

Munter, C., Stein, M. K., & Smith, M. S. (2015a). Dialogic and direct instruction: Two distinct models of mathematics instruction and the debate(s) surrounding them. *Teachers College Record, 117*(11), 1-32.

Munter, C., Stein, M. K., & Smith, M. S. (2015b). Is there a common pedagogical core? Examining instructional practices of competing models of mathematics teaching. *NCSM Journal of Mathematics Education Leadership, 16*(2), 3-13.

Nathan, M. J., & Petrosino, A. (2003). Expert blind spot among preservice teachers. *American Educational Research Journal, 40*(4), 905-928.

National Association for Gifted Children, (n.d.). *Curriculum compacting.* Retrieved June 4, 2016, from https://www.nagc.org/resources-publications/gifted-education-practices/curriculum-compacting.

National Council of Teachers of Mathematics. (1991). *Professional standards for teaching mathematics.* Reston, VA: Author.

National Council of Teachers of Mathematics. (2000). *Principles & standards for school mathematics.* Reston, VA: Author.

National Council of Teachers of Mathematics. (2014). *Principles to actions: Ensuring mathematical success for all.* Reston, VA: Author.

National Governors Association Center for Best Practices & Council of Chief State School Officers. (2010). *Common core state standards for mathematics.* Washington, DC: Authors.

National Mathematics Advisory Panel. (2008). *Foundations for success: The final report of the National Mathematics Advisory Panel.* Washington, DC: U.S. Department of Education.

National Research Council. (2001). *Adding it up: Helping children learn mathematics.* Washington, DC: National Academies Press.

National Research Council. (2005). *How students learn: History, mathematics, and science in the classroom.* Washington, DC: National Academies Press.

National Research Council. (2009). *Mathematics learning in early childhood: Paths toward excellence and equity.* Washington, DC: National Academies Press.

National Research Council. (2012). *Education for life and work: Developing transferable knowledge and skills in the 21st century.* Washington, DC: National Academies Press.

Orlowski, M., Lorson, K., Lyon, *A.*, & Minoughan, S. (2013). My classroom physical activity pyramid: A tool for integrating movement into the classroom. *Journal of Physical Education, Recreation & Dance, 84*(9), 47-51.

Palincsar, A. S. (2013). Reciprocal teaching. In J. Hattie & E. Anderman (Eds.), *International guide to student achievement* (pp. 369-371). New York: Routledge.

Palincsar, A. S., & Brown, A. L. (1984). Reciprocal teaching of comprehension-fostering and comprehension-monitoring activities. *Cognition and Instruction, 1*(2), 117-175.

Pape, S. J., & Tchoshanov, M. A. (2001). The role of representation(s) in developing mathematical understanding. *Theory Into Practice, 40*(2), 118-127.

Parks, M., Solmon, M., & Lee, A. (2007). Understanding classroom teachers' perceptions of integrating physical activity: A collective efficacy perspective. *Journal of Research in Childhood Education, 21*(3), 316-328.

Perkins, D. N., & Salomon, G. (1992). Transfer of learning. *Contribution to the International Encyclopedia of Education* (2nd ed.). Oxford, England: Pergamon Press.

Plato. (1996). *The republic* (R. W. Sterling & W. C. Scott, Trans.) (Paperback ed.). New York: Norton.

Purkey, W. W. (1992). An introduction to invitational theory. *Journal of Invitational Theory and Practice, 1*(1), 5-15.

Reilly, Y., Parsons, J., & Bortolot, E. (2009). Reciprocal teaching in mathematics. *Proceedings of the Mathematics of Prime Importance Conference, the 46th Conference of the Mathematical Association of Victoria* (pp. 182-189). Retrieved from http://www.mav.vic.edu.au/files/conferences/2009/13Reilly.pdf.

Resnick, L. B., Michaels, S., & O'Connor, C. (2010). How (well structured) talk builds the mind. In R. Sternberg & D. Preiss (Eds.), *Innovations in educational psychology: Perspectives on learning, teaching and human development* (pp. 163-

194). New York: Springer.

Rizzolatti, G., & Craighero, L. (2004). The mirror-neuron system. *Annual Review of Neuroscience*, *27*(1), 169-192.

Rosenzweig, C., Krawec, & Montague, M. (2011). Metacognitive strategy use of eighth-grade students with and without learning disabilities during mathematical problem solving: A think-aloud analysis. *Journal of Learning Disabilities*, *44*(6), 508-520.

Sapon-Shevin, M. (1994). *Playing favorites: Gifted education and the disruption of community. Albany*, NY: SUNY Press.

Schoenfeld, A. H. (1992). Learning to think mathematically: Problem solving, metacognition, and sense making in mathematics. In D. Grouws (Ed.), *Handbook of research on mathematics teaching and learning* (pp. 334-370). New York: Macmillan.

Schunk, D. H. (1996). Goal and self-evaluative influences during children's cognitive skill learning. *American Educational Research Journal*, *33*, 359-382.

Scott, P. (2007). Successfully bringing parents into the classroom. *Education Digest: Essential Readings Condensed for Quick Review*, *73*(2), 47-49.

Senko, C., & Hulleman, C. S. (2013). The role of goal attainment expectancies in achievement goal pursuit. *Journal of Educational Psychology*, *105*, 504-521.

Sheffield, L. J. (Ed.). (1999). *Developing mathematically promising students.* Reston, VA: National Council of Teachers of Mathematics.

Short, D., & Fitzsimmons, S. (2007). *Double the work: Challenges and solutions to acquiring language and academic literacy for adolescent English language learners— A report to Carnegie Corporation of New York.* Washington, DC: Alliance for Excellent Education.

Sidney, P. G., & Alibali, M. W. (2015). Making connections in math: Activating a prior knowledge analogue matters for learning. *Journal of Cognition and Development*, *16*(1), 160-185.

Simpson, A., & Cole, M. W. (2015). More than words: A literature review of the language of mathematics research. *Educational Review*, *67*(3), 369-384.

Sloyer, C. W. (2004). The extension-reduction strategy: Activating prior knowledge. *Mathematics Teacher*, *98*(1), 48-50.

Smith, M. S., & Stein, M. K. (1998). Selecting and creating mathematical tasks: From research to practice. *Mathematics Teaching in the Middle School*, *3*(5), 344-350.

Smith, M. S., & Stein, M. K. (2011). *5 practices for orchestrating productive mathematics discussion.* Reston, VA: NCTM.

Sousa, D. (2011). *How the brain learns.* Thousand Oaks, CA: Corwin.

Stein, M. K., Smith, M. S., Henningsen, M., & Silver, E. A. (2000). *Implementing standards-based mathematics instruction: A casebook for professional development.* New York: Teachers College Press.

Stiggins, R. J. (2001). The unfulfilled promise of classroom assessment. *Educational Measurement: Issues and Practice*, *20*(3), 5-15.

Stinson, D. W. (2004). Mathematics as "gate-keeper" (?): Three theoretical perspectives that aim at empowering all children with a key to the gate. *Mathematics Educator*, *14*(1), 8-18.

Sweller, J. (2006). The worked example effect and human cognition. *Learning and Instruction*, *16*(2), 165-169.

Texas Essential Knowledge and Skills for Mathematics. (2012). 19 TAC Chapter 111. Retrieved from http://ritter.tea.state.tx.us/rules/tac/chapterl 11/chl 1 la.html.

Throndsen, I. (2011). Self-regulated learning of basic arithmetic skills: A longitudinal study. *British Journal of Educational Psychology*, *81*(4), 558-578.

Tomlinson, C. A. (1995). Deciding to differentiate instruction in middle school: One school's journey. *Gifted Child Quarterly*, *37*(2), 77-87.

VanDerHeyden, A., McLaughlin, T.; Algina, J., & Snyder, P. (2012). Randomized evaluation of a supplemental grade-wide mathematics intervention. *American Educational Research Journal*, *49*, 1251-1284.

VanDerHeyden, A. M., & Witt, J. C. (2005). Quantifying the context of assessment: Capturing the effect of base rates on teacher referral and a problem-solving model of identification. *School Psychology Review*, *34*, 161-183.

Van de Walle, J. A., Karp, K. S., & Bay-Williams, J. M. (2013). *Elementary and middle school mathematics: Teaching developmentally* (8th ed.). Boston: Pearson.

Van Garderen, D. (2004). Reciprocal teaching as a comprehension strategy for understanding mathematical word problems. *Reading & Writing Quarterly*, *20*(2), 225-

229.

Van Loon, M. H., de Bruin, A. B. H.; van Gog, T., & van Merriernboer, J. J. G. (2013). Activation of inaccurate prior knowledge affects primary-school students' metacognitive judgments and calibration. *Learning and Instruction*, *24*, 15-25.

Veenman, M. V., Van Hout-Wolters, B. H., & Afflerbach, P. (2006). Metacognition and learning: Conceptual and methodological considerations. *Metacognition and Learning*, *1*(1), 3-14.

Vygotsky, L. S. (1962). *Thought and language.* Cambridge, MA: MIT Press.

Vygotsky, L. S. (1978). *Mind in society: The development of higher mental processes.* Cambridge, MA: Harvard University Press.

Webb, D. C., Boswinkel, N., & Dekker, T. (2008). Beneath the tip of the iceberg: Using representations to support student understanding. *Mathematics Teaching in the Middle School*, *14*(2), 110-113.

Wiliam, D. (2011). *Embedded formative assessment.* Bloomington, IN: Solution Tree Press.

Willingham, D. T. (2009). *Why don't students like school? A cognitive scientist answers questions about how the mind works and what it means for the classroom.* San Francisco: Wiley.

Wood, T. (1998). Alternative patterns of communication in mathematics classes: Funneling or focusing? In H. Steinbring, M. G. Bartolini Bussi, & A. Sierpinska (Eds.), *Language and communication in the mathematics classroom* (pp. 167-178). Reston, VA: NCTM.

Yackel, E., & Cobb, P. (1996). Sociomathematical norms, argumentation, and autonomy in mathematics. *Journal for Research in Mathematics Education*, *27*(4), 458-477.

Zevenbergen, R. (2005). The construction of a mathematical habitus: Implications of ability grouping in the middle years. *Journal of Curriculum Studies*, *37*(5), 607-619.

出 版 人　李　东
责任编辑　郑　莉
版式设计　郝晓红
责任校对　张晓雯
责任印制　叶小峰

图书在版编目（CIP）数据

可见的学习：K—12 数学版 /（新西兰）约翰·哈蒂（John Hattie）等著；徐斌艳等译．— 北京：教育科学出版社，2021.12

书名原文：Visible Learning for Mathematics, Grades K–12: What Works Best to Optimize Student Learning

ISBN 978 - 7 - 5191 - 2810 - 4

Ⅰ. ①可… Ⅱ. ①约… ②徐… Ⅲ. ①科学知识—学前教育—教学参考资料 ②科学知识—中小学—教学参考资料 Ⅳ. ① G613.3 ② G633.73

中国版本图书馆 CIP 数据核字（2021）第 230640 号

北京市版权局著作权合同登记号：01-2021-7251

可见的学习（K—12 数学版）

KEJIAN DE XUEXI（K-12 SHUXUEBAN）

出版发行	教育科学出版社		
社　　址	北京·朝阳区安慧北里安园甲 9 号	邮　　编	100101
总编室电话	010-64981290	编辑部电话	010-64981357
出版部电话	010-64989487	市场部电话	010-64989009
传　　真	010-64891796	网　　址	http：//www.esph.com.cn

经　　销	各地新华书店		
制　　作	北京浪波湾图文设计有限公司		
印　　刷	保定市中画美凯印刷有限公司		
开　　本	720 毫米 × 1020 毫米　1/16	版　　次	2021 年 12 月第 1 版
印　　张	15	印　　次	2021 年 12 月第 1 次印刷
字　　数	245 千	定　　价	49.80 元

图书出现印装质量问题，本社负责调换。

Visible Learning for Mathematics, Grades K–12: What Works Best to Optimize Student Learning

By John Hattie, Douglas Fisher, Nancy Frey, Linda M. Gojak

Sara Delano Moore, William Mellman